西　南　政　法　大　学
马上消费金融股份有限公司

消费金融个人信息保护法律问题研究

Research on Legal Issues of Personal Information Protection in Consumer Finance

岳彩申　孙　磊　/　主编

中国民主法制出版社

图书在版编目（CIP）数据

消费金融个人信息保护法律问题研究/岳彩申，孙磊主编.—北京：中国民主法制出版社，2022.12

ISBN 978-7-5162-3020-6

Ⅰ.①消…　Ⅱ.①岳…②孙…　Ⅲ.①消费贷款—个人信息—法律保护—研究—中国　Ⅳ.①D922.282.4 ②D923.74

中国版本图书馆 CIP 数据核字（2022）第233608号

图书出品人：刘海涛
出版统筹：贾兵伟
图书策划：张　涛
责任编辑：周冠宇

书名/ 消费金融个人信息保护法律问题研究
作者/ 岳彩申　孙　磊　主编

出版·发行/ 中国民主法制出版社
地址/ 北京市丰台区右安门外玉林里7号（100069）
电话/（010）63055259（总编室）　83910658　63056573（人大系统发行）
传真/（010）63055259
http：//www.npcpub.com
E-mail：mzfz@npcpub.com
经销/ 新华书店
开本/ 16开　710毫米×1000毫米
印张/ 11.5　**字数**/ 191千字
版本/ 2022年12月第1版　2022年12月第1次印刷
印刷/ 三河市宏图印务有限公司

书号/ ISBN 978-7-5162-3020-6
定价/ 68.00元

序　言

随着信息技术的快速发展，数据正逐渐成为驱动经济社会发展的核心生产要素。基于个人信息的大数据分析和应用推动了社会发展、企业创新、科学技术进步，大数据时代个人信息的价值归属已不是单纯的个体隐私、人格权益的消极存在，而是具有社会属性、财产价值和积极利用，个人信息的个体性与社会性、人格性与财产性、消极性与积极性等多元价值交叉，为消费者保护个人信息权带来困难，为金融（科技）企业合理收集和利用个人金融信息带来困难，也为监管和司法部门的执法和裁判带来新的挑战。自 2016 年以来，我国先后颁布了《中华人民共和国网络安全法》《中华人民共和国数据安全法》和《中华人民共和国个人信息保护法》。尤其 2021 年 8 月《中华人民共和国个人信息保护法》正式出台，作为我国第一部专门针对个人信息保护的系统性、综合性法律，标志着我国个人信息保护法律体系基本确立，为加强个人信息保护提供了基本法律保障。对于我国快速发展的消费金融而言，个人信息多属敏感信息，信息保护涉及面广，涉及人数多，存在的问题比较复杂且相对较多。尤其消费金融机构所使用的信息数据来源渠道多，大量使用外部数据，信息处理主要在线上完成，数据融合衍生场景较多，处理智能化和交互频繁，个人信息保护界限不明确，采集的合理范围较难厘定以及监管标准不统一等，这些特点为消费金融领域的个人信息保护带来一定的难度，为消费金融机构依法保护和利用个人信息带来困惑，也为执法机构精准执法和司法机构精准裁判带来不确定性。因此，消费金融领域个人信息的有效保护与合理利用不仅成为行业发展亟待解决的问题，也成为信息数据法律治理应当尽快研究和解决的问题。

为深入探讨消费金融领域个人信息保护相关法律问题，西南政法大学经济法学院与马上消费金融股份有限公司采用理论与实践结合、学术与实务结合的研究路径，整合学术与实务资源，联合成立课题组，将西南政法大学金融法学术团队的深厚学术积淀与马上消费金融股份有限公司丰富的行业实践深度融合。西南政法大学经济法学院金融法学术团队是国内高水平的教学科研团队，有着丰硕的学术成果和优秀的学术人才。马上消费金融股份有限公司是一家持有消费金融牌照的科技驱动型金融机构，2015 年 6 月正式开业，系重庆首家持牌消费金融公司，秉承“科技让生活更轻松”的使命，致力于打造成为全球最被信赖的金融服务商。目前已获得国家高新技术企业认定（重庆首家）、连续四年入选“中国服务业企业 500 强”、“重庆企业 100 强”，连续六年蝉联“毕马威中国领先金融科技企业 50 强”，先后成立国家级博士后科研工作站、省部级的智慧金融与大数据分析重点实验室等科研平台，与中科院、南开大学、华中科技大学等十余所高校、科研院所联合共建实验室，并成为全国首批、重庆唯一国家应用数学中心共建单位、工信部“新一代人工智能产业创新重点任务”揭榜单位，全国信息技术标准化技术委员会人工智能分技术委员会首批单位委员。2022 年马上消费金融股份有限公司与西南政法大学经济法学院联合创建中国消费金融法治研究中心，率先聚焦消费金融领域个人信息保护法律问题，借鉴国外成熟的个人信息保护的经验，在我国网络安全法、数据安全法、个人信息保护法的框架下着重研究消费金融领域个人信息的范围边界、个人信息的权益归属、敏感信息的单独同意、“最小必要”的具体标准等行业共性问题。对于个人信息保护与合理利用的关系，我们始终坚持辩证立场，既着眼于充分保护个人信息，也积极探讨如何依法促进个人信息的合理利用。我们期待本书能够抛砖引玉，有更多实务和学术专家共同探讨这一领域的问题及解决方案，并坚信“道阻且长，行则将至”！

本书编写团队由西南政法大学副校长、两江学者岗位特聘教授、中国法学会银行法学研究会副会长岳彩申教授和马上消费金融股份有限公司党委委员、董事、副总经理兼董事会秘书孙磊博士领衔，依托中国消费金融法治研究院学术平台，结合马上消费金融股份有限公司丰富的行业实践，组织学术及实务部门的专家学者和部分博士研究生参与课题研究。本书的撰稿分工如下：胡瀚月（西南政法大学博士研究生）负责撰写第一章；青彤（西南政法大学博士研究生）负责撰写第二章；赵莹（西南政法大学副教授）负责撰写第三章；徐玖玖（中国社会科学院法学研究所助理研究员）负责撰写第四章；张桦（重庆市高级人民法院法官、博士）负责撰写第五章；张闽（山东财经大学法学院副教授）负责撰写第六章。马上消费金融股份有限公司的欧阳怡婕女士、陶欢女士、王春来先生、周蓉蓉女士对整体书稿给予指导和帮助。

此外，中银投资控股公司（香港）的岳嘉仪博士、赤壁基金公司（香港）的张宸宁女士、西南政法大学经济法学院博士研究生尹博文参加了课题研究。西南政法大学经济法学院卢代富院长、张波副院长为本课题的研究提供了帮助，在此一并表示感谢。据初步了解，本书可能是我国第一部专门研究消费金融领域个人信息保护法律问题的著作，难免有不当之处，欢迎批评指正。

岳彩申

2022 年 11 月 23 日

目　　录

第一章　消费金融领域个人信息的类型和特征

第一节　个人信息的定义

一、个人信息的定义

（一）采用“相关说”

个人信息保护法第四条第一款对“个人信息”作出了界定，个人信息是以电子或者其他方式记录的与已识别或者可识别的自然人有关的各种信息，不包括匿名化处理后的信息。在国内法学界，对于个人信息的界定是采取识别说的标准还是关联说的标准，学者之间一直存在较大的争议。例如，有观点认为关联说的标准过于宽泛，使实践中难以区分出个人信息这一类别，对个人信息难以实施有效的保护，所以个人信息保护法应当与民法典保持一致，对个人信息的界定采取识别说。也有观点认为个人信息采用识别说的标准或关联说的标准所界定的个人信息的范围其实基本相同。①

个人信息保护法第四条第一款规定，个人信息是以电子或者其他方式记录的与已识别或者可识别的自然人有关的各种信息，不包括匿名化处理后的信息。民法典第一千零三十四条第二款规定，个人信息是以电子或者其他方式记录的能够单独或者与其他信息结合识别特定自然人的各种信息，包括自然人的姓名、出生日期、身份证件号码、生物识别信息、住址、电话号码、电子邮箱、健康信息、行踪信息等。个人信息保护法第四条第一款对个人信息的界定与民法典第一千零三十四条第二款等法律规定对个人信息的界定有所不同。民法典第一千零三十四条采取的是“识别说”，即能够单独或者与其他信息结合识别特定自然人作为确定该信息是否属于个人信息的标准。但是，个人信息保护法第四条第一款采取的却是“相关说”，即“与已识别或者可识

① 程啸：《个人信息保护法理解与适用》，中国法制出版社 2021 年版，第 126 页。

别的自然人有关的各种信息”。个人信息保护法与欧盟《通用数据保护条例》采取的个人信息的标准相同。识别说界定个人信息是从信息本身出发，只有可以直接或间接识别特定自然人的信息才是个人信息，看是否能够从中找到与特定自然人的关联性；关联说界定个人信息是从信息主体出发，认为只有与已识别或可识别的自然人相关的信息才是个人信息。[①] 虽然民法典与个人信息保护法对个人信息的定义选择了不同的界定标准，但两者所界定的个人信息的范围实质差别不大，基本相同。[②]

（二）个人信息的要素

首先，个人信息是指自然人的信息。所谓自然人，原则上是指活着的自然人，至于已经死亡的自然人即死者的个人信息保护的问题，应当适用个人信息保护法第四十九条的规定，即由其近亲属行使死者在个人信息处理中的权利。胎儿虽然没有出生，不属于民事主体，但是我国民法典第十六条规定："涉及遗产继承、接受赠与等胎儿利益保护的，胎儿视为具有民事权利能力。但是，胎儿娩出时为死体的，其民事权利能力自始不存在。”因此，当个人信息的保护涉及胎儿的利益时，应当将胎儿视为具有民事权利能力，胎儿的个人信息也应当受到法律的保护。而且，根据个人信息保护法第四条第一款的规定，在我国任何法人和非法人组织等组织的信息均不属于个人信息，所以不适用个人信息保护法。而且，域外绝大多数的国家或地区都规定个人信息仅限于自然人的信息，而不包括法人和非法人组织等组织的信息。在我国，无论立法还是学说，一直都主张个人信息指的是自然人的信息。深层的原因在于，保护个人信息的目的主要是为了维护自然人的人格尊严和人格自由，而只有自然人才享有人格尊严和人格自由，法人和非法人组织等作为组织体并不存在人格尊严和人格自由。

其次，已识别或者可识别的自然人。所谓已识别（identified）与可识别（identifiable），是从特定自然人是否已经被识别进行的区分。已识别指的是特定的自然人已经被识别出来；可识别是指识别出特定的自然人的可能性，无论是通过直接识别还是间接识别而产生的此种可能性。关于如何判断自然人是否可识别，欧盟《通用数据保护条例》导言部分的第二十六条规定："需要考虑所有可能使用的手段，比如，利用控制者或其他人来直接或间接地确认自然人身份。为判断所使用的手段是否可能用于识别自然人，需要考虑所有客观因素，包括对身份进行确认需要花费的金钱和时间，考虑现有处理技术

① 程啸：《个人信息保护法理解与适用》，中国法制出版社2021年版，第126页。
② 程啸：《个人信息保护法理解与适用》，中国法制出版社2021年版，第126页。

以及科技发展。”由此可见，特定信息是否可以识别特定自然人并非固定不变的，在不同的国家或地区可能不同的，而且还可能随着科学技术的发展及由此产生的识别成本、识别时间等因素的变化而发生改变。当前还无法识别特定自然人的信息在未来可能就具有可识别性。此外，信息的识别性还可以分为直接识别和间接识别。直接识别是指依据某个信息本身就可以识别出特定的自然人。例如，在我国，可以直接识别出特定自然人的个人信息最典型的就是居民身份证件号码。我国居民身份证法第三条第二款规定：“公民身份号码是每个公民唯一的、终身不变的身份代码，由公安机关按照公民身份号码国家标准编制。”间接识别是指与其他信息结合后才能够识别，也即仅凭该信息本身并无法识别出特定的自然人，只有将此信息与其他信息进行结合才可以识别出特定的自然人。例如，在“朱某与北京百度网讯科技有限公司隐私权纠纷案”中就涉及这一问题，[①] 一般而言，仅靠单纯的关键词检索记录是无法识别出特定自然人的，但是如果将关键词检索记录和 IP 地址结合起来就可能很容易识别出特定自然人。

虽然个人信息的界定方式有多种，但是个人信息的核心特征均在于“可识别性”，即能够单独或者与其他信息相结合识别出特定的自然人。无论是采取可识别说还是关联说，那些无法单独识别或者与其他信息结合不能识别特定的自然人的信息或者与已识别或可识别的自然人无关的信息，都不属于个人信息。因为如果某些信息根本无法识别特定的自然人，那么对这些信息进行收集、存储、使用、共享等就不会对特定自然人的权益造成侵害或产生侵害的危险，也没有必要基于维护自然人的权益的考虑而通过个人信息保护制度对这些信息的处理加以规范。例如，判断“唯一设备识别码”（手机 IMEI、MAC 地址等）是否属于个人信息，应当主要判断其是否具有“可识别性”，包括直接识别和间接识别。最后，从个人信息保护法第四条第一款采取的“各种信息”的表述可以看出，个人信息包括与已识别或者可识别的自然人有关的各种信息。个人信息的范围非常广泛，种类繁多，如个人信息包括一般个人信息和敏感个人信息，还包括自然人的基因信息、疾病信息等客观信息和对该人的看法或信用、工作表现的评价等主观信息，也包括个人的生活信息、经济信息、职业信息等各个方面的信息。换言之，只要已识别或可识别的自然人的各类信息都可以归入个人信息的范畴，而不用考虑该信息的具体内容为何。

---

① 南京市中级人民法院（2014）宁民终字第 5028 号民事判决书。

（三）匿名化处理

个人信息保护法规定的个人信息的定义中“匿名化”（Anonymi - sation）的判断标准模糊。依据个人信息保护法第四条第一款后半句的规定，个人信息不包括“匿名化处理后的信息”。个人信息保护法第七十三条第（四）项规定，匿名化是指个人信息经过处理无法识别特定自然人且不能复原的过程。由此可见，匿名化是一种修改个人信息的方法，其结果是使得信息与个人没有关联。匿名化处理后的信息必须是无法识别特定自然人并且不能复原。与此同时，个人信息保护法中对去标识化也进行了定义，去标识化指个人信息经过处理，使其在不借助额外信息的情况下无法识别特定自然人的过程。显然，在个人信息保护法的定义下，匿名化与去标识化的最大区别便在于，去标识化后的信息在借助其他信息后能够产生识别特定自然人的效果，而匿名化后的信息则不能具备此效果，处理后的信息不能识别特定自然人也不能复原。

考虑到匿名化处理后的信息已经无法识别特定的自然人，一般而言不会对个人的权益造成影响，故此将其排除在个人信息保护法的范围之外。个人信息保护法沿用网络安全法第四十二条第一款后段“大数据条款”，将“匿名化信息”排除在保护之外，有助于推动大数据产业发展。欧盟《通用数据保护条例》也作出了类似的规定，其导言部分的第二十六条规定：“数据保护原则不适用于匿名信息，即不适用于已识别的或可识别的自然人或者个人数据是匿名的并且不再能对所属自然人的身份进行确认的信息。所以，本条例不考虑对类似匿名信息的处理，包括基于数据统计或研究目的。”此外，《汽车数据安全管理若干规定（试行）》第八条第二款规定了必须进行匿名化处理的情形，即因保证行车安全需要，无法征得个人同意采集到车外个人信息且向车外提供的，应当进行匿名化处理，包括删除含有能够识别自然人的画面，或者对画面中的人脸信息等进行局部轮廓化处理等。然而，“匿名化”的概念非常抽象，缺乏具体的实施标准，“匿名化”具体应当如何认定，应当以“相对匿名”，还是“绝对匿名化”作为认定标准还需要进一步明确。

未来应当进一步明确个人信息定义中“匿名化”的判断标准。个人信息定义中“匿名化”的判断应当以“相对匿名”作为标准。个人信息保护法将“匿名信息”排除在保护范围之外，旨在促进大数据产业的发展。基于此，在对“匿名化”的判断中，有必要采用“相对匿名标准”，即特定的信息处理者无法通过合理可行的手段对个人进行识别，从而避免“绝对匿名化”在技术上和商业上的强人所难，以导致立法意图的失败。个人信息或个人数据的匿名性是在特定的时空和技术背景下决定的，不是绝对的，而是相对的。在可获得的数据来源越来越丰富、算法越来越强大的大数据时代，随着云计算、量子计算机等技术的发展和普及，以及可能发生的其他附加信息的泄露，使得匿名化信息被还原为个人信息的可能性将逐渐变大，也即以往无法识别个人的数据在未来也可能具有可识别特定个人的可能。例如，重组大量匿名数据进行相关性分析完全有可能导致特定个人的身份信息被识别，从而泄露隐私。美国学者 Paul Ohm 教授认为，随着大数据和云计算等新技术的兴起，传统的只删除姓名和社保号码的匿名化技术已经失败。技术专家可以通过再识别（Re - identify）或者去匿名化（De - anonymize）来重新识别他们的个人身份。

二、个人金融信息的定义

个人金融信息是个人信息的一种特殊类型，消费金融领域个人信息涉及了大量的个人金融信息。当前我国已经有多部法律文件对个人金融信息的处理活动进行了专门的规定。《个人金融信息保护技术规范》指出：个人金融信息是个人信息在金融领域围绕账户信息、鉴别信息、金融交易信息、个人身份信息、财产信息、借贷信息等方面的扩展与细化，是金融业机构在提供金融产品和服务的过程中积累的重要基础数据，也是个人隐私的重要内容。不同于一般个人信息，个人金融信息一旦泄露，不但会直接侵害个人金融信息主体的合法权益、影响金融业机构的正常运营，甚至可能会带来系统性金融风险。为了加强个人金融信息安全的管理，指导各相关机构规范处理个人金融信息，最大程度保障个人金融信息主体合法权益，维护金融市场稳定，所以需要结合个人金融信息的特征对其作出具有针对性的规定。

关于个人金融信息的定义，我国金融法领域已经有多部法律文件对其作出了明确的规定，然而不同法律文件的相关规定并不统一。当前主要有《中国人民银行金融消费者权益保护实施办法》《个人金融信息保护技术规范》《中国人民银行关于银行业金融机构做好个人金融信息保护工作的通知》等法律文件对个人金融信息的定义作出了明确的规定。例如，2020 年 9 月 15 日发布的《中国人民银行金融消费者权益保护实施办法》第二十八条规定："本办法所称消费者金融信息，是指银行、支付机构通过开展业务或者其他合法渠道处理的消费者信息，包括个人身份信息、财产信息、账户信息、信用信息、金融交易信息及其他与特定消费者购买、使用金融产品或者服务相关的信息。"再如，2020 年 2 月 13 日中国人民银行发布的《个人金融信息保护技术规范》规定："个人金融信息（personal financial information）是指金融业机构通过提供金融产品和服务或者其他渠道获取、加工和保存的个人信息，包括账户信息、鉴别信息、金融交易信息、个人身份信息、财产信息、借贷信息及其他反映特定个人某些情况的信息。”再如，2011年1月21日发布的《中国人民银行关于银行业金融机构做好个人金融信息保护工作的通知》规定：“个人金融信息，是指银行业金融机构在开展业务时，或通过接入中国人民银行征信系统、支付系统以及其他系统获取、加工和保存的以下个人信息：（一）个人身份信息，包括个人姓名、性别、国籍、民族、身份证件种类号码及有效期限、职业、联系方式、婚姻状况、家庭状况、住所或工作单位地址及照片等；（二）个人财产信息，包括个人收入状况、拥有的不动产状况、拥有的车辆状况、纳税额、公积金缴存金额等；（三）个人账户信息，包括账号、账户开立时间、开户行、账户余额、账户交易情况等；（四）个人信用信息，包括信用卡还款情况、贷款偿还情况以及个人在经济活动中形成的，能够反映其信用状况的其他信息；（五）个人金融交易信息，包括银行业金融机构在支付结算、理财、保险箱等中间业务过程中获取、保存、留存的个人信息和客户在通过银行业金融机构与保险公司、证券公司、基金公司、期货公司等第三方机构发生业务关系时产生的个人信息等；（六）衍生信息，包括个人消费习惯、投资意愿等对原始信息进行处理、分析所形成的反映特定个人某些情况的信息；（七）在与个人建立业务关系过程中获取、保存的其他个人信息。”

从上述法律文件对个人金融信息的定义可以看出，上述法律文件对于个人金融信息的个人信息处理者的规定不统一。《中国人民银行金融消费者权益保护实施办法》规定的个人金融信息的信息处理者仅限于银行、支付机构。《个人金融信息保护技术规范》规定的个人金融信息的信息处理者是指金融业机构。《中国人民银行关于银行业金融机构做好个人金融信息保护工作的通知》规定的个人金融信息的信息处理者仅限于银行业金融机构。而且，上述法律文件在个人金融信息的定义规则中规定的个人金融信息的信息处理者似乎排除了非持牌金融机构。我国规范个人金融信息的金融法律法规，都是规范持牌金融机构的。某些非持牌而实际上从事金融服务的机构，目前无法直接适用专门的个人金融信息保护规则。个人金融信息的定义规则排除了非持牌金融机构，导致非持牌金融机构目前游离于金融监管的范围之外，所以不具有合理性。

未来在立法上应当统一个人金融信息的定义规则，修改个人金融信息的信息处理者的规定。个人金融信息规范应当将非持牌金融机构纳入调整范围，对金融机构和从事金融业务的非金融机构提出一体要求，防止监管套利，实现个人信息的有效保护与维护金融公平和金融安全。非金融机构也可能会从事金融业务，而只要其从事了金融业务，其收集的个人信息就属于“个人金融信息”，就必须适用个人金融信息保护的专门规范。因此，未来应当修改现行法律文件对个人金融信息定义的规定，统一规定个人金融信息的信息处理者包括金融机构，同时还包括从事金融业务的非持牌金融机构。

三、个人信用信息的定义

个人信用信息是个人信息的一种特殊类型。关于信用信息的定义，《征信业务管理办法》第三条第二款规定：本办法所称信用信息，是指依法采集，为金融等活动提供服务，用于识别判断企业和个人信用状况的基本信息、借贷信息、其他相关信息，以及基于前述信息形成的分析评价信息。可以看出，信用信息不仅包括个人信用信息，还包括企业信用信息。个人信用信息作为个人信息的一种特殊类型，应当适用个人信息保护法的规定。《征信业务管理办法》也是按照对个人信息依法保护、有限共享的原则，与个人信息保护法关于个人信息主体权益的保护规定全面衔接。例如，《征信业务管理办法》与个人信息保护法在立法理念和基本原则上保持一致。《征信业务管理办法》贯彻个人信息保护法“告知—同意”的个人信息处理规则，采集个人信用信息，应当采取合法、正当的方式，遵循最小、必要的原则，不得过度采集；从事征信业务及其相关活动，应当遵循独立、客观、公正的原则，不得危害国家秘密、侵犯个人隐私和商业秘密；使用信用信息，应当基于合法、正当的目的，不得滥用，等等。再如，《征信业务管理办法》强调对个人信息主体同意权的保护。《征信业务管理办法》规定，征信机构采集个人信用信息应当经信息主体本人同意，并且明确告知信息主体采集信用信息的目的；信息使用者查询个人信用信息需取得信息主体同意，并且按照约定用途使用。再如，《征信业务管理办法》注重对个人信息主体知情权的保护。《征信业务管理办法》规定，征信机构提供信用报告等信用信息查询产品和服务的，应当客观展示查询的信用信息内容，并对查询的信用信息内容及专业名词进行解释说明；提供画像、评分、评级等信用评价类产品和服务的，应当建立评价标准，不得将与信息主体信用无关的要素作为评价标准。再如，《征信业务管理办法》强调对个人信息主体异议投诉权的保护。《征信业务管理办法》规定，信息主体认为信息存在错误、遗漏的，有权提出异议；认为自身合法权益受到侵害时，有权投诉。征信机构、金融机构应依法依规办理异议事项，人民银行分支机构应依法依规处理投诉。

大数据背景下消费金融机构在业务开展过程中，其授信审查、风险控制等严重依赖个人信息，不仅包括传统的个人借贷信息，还包含其他与个人信用状况相关的数据应用。通过对这些数据进行分析、整理、加工，对个人的信用状况做出判断，帮助金融机构触达客户、识别客户、判断客户，帮助缺乏信贷记录或只有少量借贷记录的人群享受普惠金融服务。近年来，随着数字经济的快速发展，互联网和大数据等新技术在征信领域广泛应用，大量有效“替代数据”被采集、分析和应用于判断企业和个人信用状况，征信已突破传统借贷信息共享的范围。由于大数据技术广泛应用，征信业服务领域也逐步从银行信用扩展到商业信用以及与信用相关的替代数据领域，多种类型的替代数据在信贷领域显现，包括个人的交易、社交、上网痕迹等。采集和利用替代数据刻画企业和个人的信用状况，正成为近年来世界范围内兴起的新趋势。同时，金融机构围绕小微企业融资和长尾客户普惠金融服务的征信需求不断提升，人民群众对高质量征信服务也提出了更高的要求。新时代背景下，已有的法律法规和制度不能完全覆盖征信的新业态、新特征。为更好地贯彻“征信为民”的发展理念，满足新时代征信业规范发展的需求，切实保障征信市场主体的合法权益和信息安全，人民银行制定出台了《征信业务管理办法》。

2021 年 9 月《征信业务管理办法》出台，主要是为了将征信替代数据应用纳入监管，强调从事征信业务需取得合法资质，将原先游离于监管之外的新兴征信活动纳入法治监管的轨道，以解决“无证驾驶”的问题。对于征信业务的含义，《征信业务管理办法》第三条第一款规定：本办法所称征信业务，是指对企业和个人的信用信息进行采集、整理、保存、加工，并向信息使用者提供的活动。同时，《征信业务管理办法》第四条规定：从事个人征信业务的，应当依法取得中国人民银行个人征信机构许可；从事企业征信业务的，应当依法办理企业征信机构备案；从事信用评级业务的，应当依法办理信用评级机构备案。《征信业务管理办法》第五条规定：金融机构不得与未取得合法征信业务资质的市场机构开展商业合作获取征信服务。上述《征信业务管理办法》的规定，意味着金融机构未经央行批准不得擅自从事个人征信业务，也即未取得征信资质的金融机构不能对个人信用信息进行采集、整理、保存、加工，并向信息使用者提供；同时，金融机构不得与未取得合法征信业务资质的市场机构开展商业合作获取征信服务。事实上，《征信业务管理办法》规定的信用信息划定了未取得征信资质的金融机构个人信息处理活动的范围：除非取得征信资质，否则金融机构不得对个人信用信息进行采集、整理、保存、加工，并向信息使用者提供，而对于个人信用信息以外的其他信息，金融机构可以进行采集、整理、保存、加工，并向信息使用者提供。

《征信业务管理办法》将信用信息的范围规定为“基本信息、借贷信息、其他相关信息”。其中，“基本信息、借贷信息”比较明确，但“相关信息”的表述非常模糊，“相关信息”与其他信息的界限亟待明确，由此才能明确未取得征信资质的普通消费金融机构的个人信息处理活动的范围。《征信业务管理办法》规定的“相关信息”似乎把各大平台提供购物、打车、订餐、旅行、住宿、其他支付、通信服务等所有交易场景获取的信息全部涵盖在内。然而，动辄将与金融交易信用无关的过马路闯红绿灯、频繁跳槽等“泛道德行为”纳入失信之列，不仅有信息过度采集之嫌，也有违征信初衷。而且，像地址、交通、通信这类信息与跟金融活动的关联度，有待于进一步探讨。此外，因信用信息在市场经济中具有重要的作用，《征信业务管理办法》要求对信用信息进行采集、整理、保存、加工，并向信息使用者提供，不仅需要取得征信资质，而且对于信用信息的处理者还规定了许多更为严格的义务。如《征信业务管理办法》要求：一方面，从事个人征信业务的，应当依法取得中国人民银行个人征信机构许可；另一方面，对信用信息进行采集、整理、保存、加工，并向信息使用者提供的个人处理者还应当遵守《征信业务管理办法》规定的个人信用信息保护的特殊义务，如征信机构和监管机构都要审查上游信息的合法性，而且征信机构应审查使用者，以确保信息下游的使用的合法性。所以，若将个人信用信息的范围界定过大，将限制一般消费金融机构对个人信息的利用，尤其是创新性利用，阻碍数据价值的充分挖掘。

征信业务中个人信用信息的范围的确定应当遵守个人信息保护法规定的“目的限制”原则。同时，《征信业务管理办法》已经规定“采集个人信用信息，应当采取合法、正当的方式，遵循最小、必要的原则，不得过度采集”，这也是“目的限制”原则在信息采集环节的体现。对于目的限制原则，个人信息保护法规定处理者只能对个人信息实施符合初始目的的相应的处理活动，不得从事与处理目的无关的个人信息处理。其中“处理目的”是指个人信息处理者在处理个人信息前，以符合法律规定的方式告知个人的“处理目的”。在判断“与处理目的直接相关”上，应当采取非常严格的标准，即考察处理者后续实施的处理行为的目的是否被告知个人的处理目的所包含，或者虽然不包含，但是合理的人认为二者之间是密切联系的。[①] 征信机构个人信息处理活动的目的主要是判断企业和个人信用状况，以为金融等活动提供服务。个人信用信息的应用是为了能够更好地进行信贷交易等金融活动，所以只涉及与金融交易活动有直接因果关系的信息。同时，《征信业务管理办法》的“信

① 程啸：《个人信息保护法理解与适用》，中国法制出版社 2021 年版，第 91 页。

用”应当是最狭义上的金融信用，不应扩展到经济性和社会性。因此，《征信业务管理办法》规定的“相关信息”就是为形成金融信用的最小必要信息，也即征信机构采集个人信用信息的范围应当是与判断参与金融活动的个人信用状况直接相关的信息。对于个人信用信息，未取得征信资质的消费金融机构无权进行采集、整理、保存、加工，并向信息使用者提供，而对于个人信用信息以外的其他信息，普通消费金融机构则可以进行采集、整理、保存、加工，并向信息使用者提供。

第二节　消费金融的定义、发展历程与特征

随着经济转型步伐加快，消费已成为中国经济增长第一驱动力。面对市场机遇，电商、互联网、科技等创新平台纷纷借助科技手段投身消费金融，业态创新、产品创新层出不穷。统计资料显示，2018 年，我国最终消费对经济增长的贡献率达到 76.2%，连续五年成为经济增长的第一驱动力。[①] 随着大数据、云计算、人工智能、区块链等金融科技的广泛应用，消费金融模式在获客、产品设计、业务流程、风险控制、贷后管理等各环节出现了全面变革，技术的新突破将带来服务模式的更多创新，促进了消费金融市场的发展。在国际上，消费金融体制已有 400 多年的发展历史，无论在海外发达市场还是新兴市场，均发挥了重要作用并显示了独特优势。从扩大内需角度看，金融危机缩减了国外需求，启动内需成为我国经济增长的新动力和未来转型的方向；而消费金融体制在一定程度上是能够促进消费的，进而成为经济发展的主要动力。

一、消费金融的定义

（一）消费金融的定义

当前我国立法上对于消费金融的定义并无明确的规定，国内和国外学术界均未对其达成共识，如何对消费金融进行准确的界定，以划定本书的研究范围，是一个十分重要的前置性问题。尽管我国消费金融的实际业务开展时间并不短，但是法律对其进行规范最早可以追溯到 2009 年颁布的《消费金融公司试点管理办法》，该法律规范并没有对消费金融予以明确界定，但其第二条规定对消费金融公司进行了明确的界定。2013 年，中国银监会对《消费金

① 王志峰、杜娟：《科技驱动消费金融创新》，载《中国金融》2019 年第 12 期。

融公司试点管理办法》进行修订，增设第三条对消费贷款进行了明确的界定。通过梳理发现，我国现行立法上涉及消费金融的定义相关立法规定也主要包括《消费金融公司试点管理办法》第二条和第三条规定。《消费金融公司试点管理办法》第二条规定："本办法所称消费金融公司，是指经银监会批准，在中华人民共和国境内设立的，不吸收公众存款，以小额、分散为原则，为中国境内居民个人提供以消费为目的的贷款的非银行金融机构。"《消费金融公司试点管理办法》第三条规定："本办法所称消费贷款是指消费金融公司向借款人发放的以消费（不包括购买房屋和汽车）为目的的贷款。"

在消费金融的国外学术研究方面，学术界还未形成消费金融的完整的理论体系和清晰的概念界定。部分学者将消费金融称为消费者金融（Consumer Finance），指为消费者提供的各种金融服务来满足消费者的目标，包括储蓄、信贷、资产配置等。Merton 和 Bodie 认为消费金融应当按照基本金融功能来定义。同时，Tufano 进一步提出应当按照消费者需要的金融功能来定义消费金融的范围，主要包含支付、风险管理、信贷以及投资四个方面。① 而且，在消费金融的国内学术研究方面，学术界也没有对消费金融进行清晰的概念界定。例如，有观点认为消费金融是指由金融机构向消费者提供包括消费贷款在内的金融产品和金融服务。② 也有观点认为应当将 Consumer Finance 翻译为消费者金融，因为它既包括消费问题，也包括资产配置问题，这是一个综合性概念。③ 还有观点认为消费金融指金融机构提供的为促进消费者实现消费的金融产品和服务。④

本书认为消费金融是指消费金融机构为个人提供的以消费为目的的小额、分散的贷款的活动。消费金融可分为广义的消费金融与狭义的消费金融。广义的消费金融泛指一切以个人消费为目的的信用贷款，包括购房、购车等大额信贷。狭义的消费金融不包括购房、购车等大额贷款，专指为满足个人日常消费需求的小额、分散的贷款。本书中消费金融专指狭义的消费金融，即消费金融机构向个人消费者提供以消费为目的的小额、分散的信用贷款。消费金融定义中的消费金融机构包括商业银行、持牌消费金融公司、电子商务平台、分期购物平台、网络借贷平台等。消费金融机构可以分为传统消费金

---

① Tufano，P.，2009，"Consumer Finance"，Journal of Economic Literature 1，227—247.

② 王江、廖理、张金宝：《消费金融研究综述》，载《经济研究》2010 年 S1 期，第 5—29 页。

③ 廖理、张学勇：《首届中国消费金融研讨会综述》，载《经济研究》2010 年 S1 期，第 153—160 页。

④ 田长海、刘锐：《消费金融促进消费升级的理论与实证分析》，载《消费经济》2013 年第 6 期，第 18—21 页。

融机构和新型互联网消费金融机构。传统消费金融机构主要包括商业银行、持牌消费金融公司等，新型互联网消费金融机构主要包括电子商务平台、分期购物平台、网络借贷平台等。在消费金融领域，消费金融公司是一类十分重要的消费金融机构类型，我国专门出台了《消费金融公司试点管理办法》对其行为进行规范。对于消费金融公司的定义，《消费金融公司试点管理办法》第二条作出了明确的规定：消费金融公司是指经银监会批准，在中华人民共和国境内设立的，不吸收公众存款，以小额、分散为原则，为中国境内居民个人提供以消费为目的的贷款的非银行金融机构。

（二）消费金融与互联网消费金融

消费金融可以分为传统消费金融和互联网消费金融。从互联网消费金融的发展模式理论来看，基于双边理论视角，广义上的互联网消费金融参与方既包括商业银行、消费金融公司等传统消费金融机构的互联网化，也包括电子商务平台、分期购物平台、网络借贷平台等互联网机构的消费金融化，后者可称之为狭义上的互联网消费金融。互联网技术等金融科技应用的日益深化，促使消费金融的质量与效率大幅度提升，“互联网 + 消费金融”日益成为时代发展的趋势。近年来互联网消费金融发展速度突飞猛进，逐步成为拉动内需与促进经济增长的重要动力来源。当前金融科技在消费金融领域中的应用主要包括以下几个方面：一是，在营销环节，消费金融机构通过利用金融科技对其金融产品或服务进行精准营销，包括准确分析客户行为特征、持续跟踪评估营销效果、维护关键客户关系、进行市场预测与决策分析等。二是，在客户准入环节，消费金融机构利用人工智能模式识别、知识图谱等对用户进行身份验证，以及利用深度学习、神经网络技术等对客户个人信息进行分析，以减少人工干预，提高分析结果的可靠性、准确性。三是，在风险控制环节，消费金融机构大量应用金融科技对其风险进行控制，例如，在反欺诈领域，利用图像或活体识别技术、人工智能等技术；在信用风险评估领域，利用大数据算法等技术；在逾期贷款催收领域，例如，人工智能技术等进行逾期贷款的催收。

关于互联网消费金融的定义，当前我国学术界对互联网消费金融的定义进行界定的还主要是从金融学的角度展开。例如，有观点认为消费金融即为与消费相关的所有金融活动，而互联网消费金融是一种金融产品或者服务，提供主体包括传统与新型金融机构，对象主体为个人消费者。[①] 也有观点认为

---

① 王江、廖理、张金宝：《消费金融研究综述》，载《经济研究》2010 年 1 期，第 5—29 页。

互联网消费金融是一种新型金融服务，它采用互联网与消费金融相结合的方式，其目的在于满足个人消费信贷之需求。[①] 同时，有观点认为互联网消费金融是传统消费金融与互联网结合而成的产物。[②] 还有观点认为消费金融根据展业方式的不同可以分为传统消费金融与互联网消费金融两类，互联网消费金融是消费金融的重要组成部分。[③] 也有观点认为互联网消费金融是利用互联网技术向社会公众提供消费信贷的金融服务。[④] 同时，我国法学界对互联网消费金融的定义也未达成共识。例如，有观点认为互联网消费金融是指为满足个人消费需求而提供的消费信贷，其本质在于以消费为内核的信贷。[⑤] 还有观点认为互联网消费金融是商业银行、消费金融公司以及互联网公司等通过采用互联网、信息科技、大数据、人工智能等技术，为中国境内各阶层个人消费者提供以消费为目的的小额、分散贷款服务。[⑥]

本书认为互联网消费金融是指消费金融机构通过采用互联网、信息科技、大数据、人工智能等技术，为个人提供的以消费为目的的小额、分散的贷款的活动。与消费金融类似，互联网消费金融也有广义和狭义之分。广义的互联网消费金融泛指一切以个人消费为目的的信用贷款，包括购房、购车等大额信贷。狭义的互联网消费金融不包括购房、购车等大额贷款，专指为满足个人日常消费需求的小额、分散的贷款。而本书中互联网消费金融专指狭义的互联网消费金融，也即专指为满足个人日常消费需求的小额、分散的贷款。互联网消费金融定义中的消费金融机构包括商业银行、消费金融公司以及互联网公司等。互联网消费金融的金融本质仍然是消费信贷，法律的本质仍然是当事人之间形成的债权债务关系。互联网消费金融是传统消费金融的数字化、科技化、智能化的体现，有助于大幅降低消费金融的行业成本，还有助于提升消费金融行业的效率。但与此同时，互联网消费金融机构通过金融科技的助力，覆盖的用户范围极其广泛。互联网消费金融的客户主要针对中低净值的“长尾”用户，通常还款能力较弱，如果没有及时建立有效的法律规制体系与风险防范机制，则很有可能诱发严重的金融危机。

---

① 黄小强：《我国互联网消费金融的界定、发展现状及建议》，载《武汉金融》2015 年第 10 期，第 39—41 页。

② 冯科、何理：《互联网消费金融的创新》载《中国金融》，2016 年第 11 期，第 32—34 页。

③ 黄林、董文翰：《互联网消费金融：现状、问题与政策建议》，载《现代管理科学》2018 年第 8 期，第 67—69 页。

④ 王晓芳：《互联网消费金融的健康发展之路》，载《人民论坛》2019 年第 9 期，第 84—85 页。

⑤ 商文江、刘帆：《消费金融法律监管研究》，载《西南政法大学学报》2019 年第 1 期，第 103—113 页。

⑥ 程雪军：《互联网消费金融的法律规制研究》，上海交通大学博士学位论文，2020 年 6 月。

（三）互联网消费金融与互联网金融

当前我国学术界关于互联网金融并没有形成统一的定义，也没有完善的法律规则对互联网金融与互联网消费金融进行区分。2015年中国人民银行等十部委联合印发的《关于促进互联网金融健康发展的指导意见》（银发〔2015〕221号）提出应当对互联网金融要进行分类指导，同时明确了互联网金融范围。同时，《关于促进互联网金融健康发展的指导意见》在第七条至第十二条确立了互联网金融的七类主要金融业态，包括互联网支付、网络借贷、股权众筹融资、互联网基金销售、互联网保险、互联网信托和互联网消费金融。从《关于促进互联网金融健康发展的指导意见》的规定可以看出，互联网消费金融属于互联网金融的重要构成，并受中国银保监会监管。因此，互联网金融的法律边界比互联网消费金融的法律边界更大，互联网消费金融是互联网金融的重要组成部分。

互联网金融作为一种全新的商业模式，发展时间较短，所以当前无论是国内，还是国外学术界都还没有对其形成统一的概念界定和完整的理论体系。互联网金融不是互联网和金融业的简单结合，而是在实现安全、移动等网络技术水平上，被用户熟悉接受后（尤其是对电子商务的接受），自然而然为适应新的需求而产生的新模式及新业务。互联网金融是传统金融行业与互联网技术相结合的新兴领域，具有新型的各种金融风险。为了应对互联网金融带来的各种风险，2015年中国人民银行等十部委联合印发的《关于促进互联网金融健康发展的指导意见》（银发〔2015〕221号），以及2016年10月13日国务院办公厅发布《互联网金融风险专项整治工作实施方案的通知》等法律文件对互联网金融的风险进行专门的治理。

关于互联网金融的定义，国内学术界一直存在不同的定义。在正式的法律文献中，2015年中国人民银行等十部委联合印发的《关于促进互联网金融健康发展的指导意见》（银发〔2015〕221号）对互联网金融所下的定义比较准确和全面，因此本书将主要采纳该《指导意见》对互联网金融的定义，将互联网金融（ITFIN）界定为"是传统金融机构与互联网企业（以下统称从业机构）利用互联网技术和信息通信技术实现资金融通、支付、投资和信息中介服务的新型金融业务模式。"① 在国内学术界学者们从不同角度给出了诸多关于互联网金融的定义，都有一定的参考价值。其中，皮天雷和赵铁所提出的定义相对比较全面，认为"互联网金融（ITFIN）就是互联网技术和金融功

---

① 中国人民银行等十部委发布《关于促进互联网金融健康发展的指导意见》。

能的有机结合，依托大数据和云计算在开放的互联网平台上形成的功能化金融业态及其服务体系，包括基于网络平台的金融市场体系、金融服务体系、金融组织体系、金融产品体系以及互联网金融监管体系等，并具有普惠金融、平台金融、信息金融和碎片金融等相异于传统金融的金融模式”。[①] 本书对互联网金融的研究也将重点参考这一定义。

二、消费金融的发展历程

消费金融是一项现代金融服务，主要是向社会各阶层人群提供消费贷款，满足居民的消费需求。促进消费金融产业的发展有助于扩大内需，推动经济生产供给，支持国民经济持续稳定发展。我国消费金融的出现最早可以追溯到20世纪80年代，从发展历程来看，我国消费金融的发展主要经历了四个阶段：兴起阶段、试点阶段、快速发展阶段、规范整顿阶段。

（一）兴起阶段

兴起阶段（20世纪80年代—2009年）：消费金融市场的兴起主要体现为商业银行开始向居民提供信用卡和住房按揭、汽车按揭等消费信贷，持牌汽车金融公司开始向居民提供汽车信贷产品等。从1981年到1983年初，中国人民银行在我国六个省市的6个行、处、所均开办了消费信贷业务。此后很长一段时间，我国消费金融的发展进程较为缓慢，直到1999年，中国人民银行发布了《关于开展个人消费信贷的指导意见》，指出要稳步推进和拓展消费信贷业务、建立健全消费信贷职能机构、加大消费信贷投入、逐步扩大消费信贷的服务领域、开发新的消费信贷品种等，促进和规范个人消费信贷业务的健康有序发展。

（二）试点阶段

试点阶段（2009年—2013年）：该阶段因受美国“次贷危机”的影响，我国在投资与进出口方面对拉动经济发展的能力受限。因此，我国提出了以消费拉动经济的新发展战略，通过解决银行对个人消费信贷需求覆盖不足的问题，大力推动消费金融产业的发展。2009年7月，中国银监会颁布了《消费金融公司试点管理办法》，在北京、上海、天津、成都4个城市都开放了消费金融的试点。同年，在这些城市成立了首批试点消费金融公司。此后，消费金融的试点范围逐步扩大，消费金融公司成为了消费金融行业的新主体，推动了消费金融行业的快速发展。2013年11月，中国银监会对《消费金融公

① 皮天雷、赵铁：《互联网金融：范畴、革新与展望》，载《财经科学》2014年第6期。

司试点管理办法》进行修订，支持覆盖居民家庭的大宗耐用消费品、教育、旅游等方面的信贷需求，鼓励民间资本成立消费金融公司，同时将消费金融的试点城市增加到10个。近年来，随着互联网等新兴科学技术的高速发展，众多互联网公司、电商巨头逐步涌入我国金融市场，开始探索新兴的“互联网+金融”的交易模式，以P2P、网贷等为代表的互联网金融交易模式相继兴起。消费金融市场中涌现出一大批互联网消费金融机构，互联网消费金融的交易模式突破了传统“金融抑制”的束缚，大幅激发、释放了国内居民的消费金融需求。

（三）快速发展阶段

快速发展阶段（2013年—2016年）：随着互联网、大数据等金融科技（Fin Tech）的快速发展，消费金融业务与互联网融合的程度不断加深，互联网消费金融行业进入快速发展阶段。P2P、网贷等互联网金融的快速发展使我国消费金融市场的主体进一步丰富，线上化、数字化的互联网消费金融运营模式也给传统消费金融运营模式带来深刻变革，极大拓展了消费金融的服务半径，触及了大量的长尾客户，放大了消费金融市场的增量空间。同时，我国也开始逐步扩大对新消费领域的金融支持。2015年7月，人民银行、工信部等十部门联合发布了《关于促进互联网金融健康发展的指导意见》，鼓励消费金融与互联网企业开展合作。2015年6月，国务院常务会议决定放开市场准入，将消费金融公司的试点城市扩展到全国，并将审批权下放到省级银监局，鼓励符合条件的民间资本、国内外银行业机构和互联网企业积极成立消费金融公司。2016年3月，《人民银行、银监会关于加大对新消费领域金融支持的指导意见》，大力支持互联网消费金融业务创新，鼓励拓展到汽车金融、健康消费、信息与网络消费、绿色消费、旅游休闲消费、教育文化体育、农村消费等领域。这些政策积极地推动了我国消费金融场景的拓展，并有效促进了消费金融产品的创新。

（四）规范整顿阶段

规范整顿阶段（2017年至今）：该阶段主要以积极整顿消费金融行业乱象为抓手，规范消费金融行业的健康发展。在2015年到2017年，我国消费金融市场处于迅猛发展阶段，消费金融行业开始出现许多违法违规的现象，严重侵犯了消费者的合法权益，偏离了消费金融发展的正常轨道。2017年开始，多部委针对消费金融业务颁布了多项规范管理通知，分别针对网络小贷、“现金贷”、校园贷规定了严格的清理整顿措施，以加大对消费金融市场的整治力度，对整个消费金融市场进行肃清。2017年年底，监管部门还出台了规范整顿“现金贷”的通知等一系列监管政策，对过度授信、侵犯隐私、不当催收、畸高利率等存在的重要问题进行了严肃整顿。自此，我国消费金融行业进入了规范调整阶段，合规发展成为消费金融行业发展的主旋律，许多违规的P2P、网贷平台等逐步被整顿、清退。

2018年之后，我国继续颁布了规范整顿消费金融的相关法律文件，在整治乱象、规范消费金融行业发展的同时，国家对消费金融行业的支持力度也在不断加大。2018年8月，银保监会发布《中国银保监会办公厅关于进一步做好信贷工作提升服务实体经济质效的通知》，提出要积极发展消费金融，提升消费对经济的拉动作用。2018年9月，《中共中央、国务院关于完善促进消费体制机制 进一步激发居民消费潜力的若干意见》，指出进一步提升金融对促进消费的支持作用，鼓励消费金融创新，规范发展消费信贷，把握好保持居民合理杠杆水平与消费信贷合理增长的关系。2019年8月27日，《国务院办公厅关于加快发展流通促进商业消费的意见》指出，鼓励金融机构创新消费信贷产品和服务，推动专业化消费金融组织发展。2020年，随着网贷新规等监管政策的陆续出台，我国对消费金融行业的规范力度不断加深，我国消费金融市场的发展正面临巨大的变革。

三、消费金融的特征

（一）消费金融的特征

与传统的金融需求相比，消费金融需求具有自己的特点，而且消费金融与一般的金融业态相比，也具有一定的特殊性。具体而言，消费金融的特征可以归结为以下方面：第一，从客户特征来看，消费金融产品或服务的客户主要是个人，且消费金融产品或服务针对的客户包含较多的长尾客户。从谈判地位来看，个人的谈判能力相较消费金融机构的谈判能力偏低，而且个人客户的价格敏感性低，个人通常只能充当消费金融产品或服务的价格的接受者，而非消费金融产品或服务的价格的制定者。同时，消费金融的客户包含较多的长尾客户，长尾客户本身风险较高，且很多长尾客户在现有金融体系中缺乏相应的信用记录，所以导致消费金融机构在提供消费金融服务过程中面临着较高的违约风险。第二，从消费金融需求特征来看，它具有小额、高频、分散的特点。消费金融业务的开展与消费场景深度融合。金融机构在设计消费金融产品或服务时，通常需要紧密结合消费需求的特点，以此来设计消费金融产品或服务。一般企业的金融需求额度通常较大，并且与企业的生产经营周期是密切关联，然而消费金融需求跟一般企业的金融需求相比，具有以下不同的特征：一是小额。消费金融需求通常与消费品的价值大小密切联系，消费品的价值通常较小，由此产生的客户的融资需求也不是很高。二是高频。日常生活中个人每天都会产生大量的各种各样的消费需求，由此决定了消费金融需求具有高频的特征。三是分散。消费金融需求取决于消费者个人的消费需求，而个人的消费需求涉及生活的各个方面，一般不具有周期性。第三，从供给角度看，消费金融的供给门槛通常较低，使得从事消费金融业务的机构范围非常广。不仅传统银行可以从事消费金融业务，小额贷款公司、互联网金融平台、信托公司等机构也都可以从事消费金融业务。

（二）互联网消费金融的特征

互联网等信息技术大力发展的背景下，互联网等技术促进消费金融从传统消费金融向互联网消费金融迈进。在金融科技的背景下，借助于新一代的互联网、移动互联网等信息技术，互联网消费金融在发展过程中，呈现出以下几种发展特征：

第一，无需抵押担保。在传统消费金融领域，由于缺乏技术应用和数据支撑，商业银行和消费金融公司在消费金融审计中往往需要抵押、质押或担保等方式来提升消费金融效率。但在互联网时代背景下，基于金融科技的深入应用，尤其是大数据技术的支撑，如大数据征信、生物识别技术等，消费金融机构为了提升用户体验、促进消费金融的综合效益，可以让具备能力和条件的借款人无需办理繁杂的抵押担保手续就能够获取消费贷款。然而，无需抵押担保的贷款模式使得消费金融服务的客户包含较多的长尾客户，由于长尾客户本身风险较高，且很多长尾客户在现有金融体系中缺乏相应的信用记录，相应地，金融机构在提供消费金融服务过程中也面临着较高的风险。

第二，服务方式多为线上。在传统消费金融的背景下，商业银行往往通过线下流程开展消费信贷业务，包括用户资料提交、机构审核、放款流程等。此种流程运行时间长、运行成本高、运行效率低。很多金融消费者往往因为审核麻烦、时间长、费用高等原因放弃申请。但在互联网消费金融的背景下，很多市场参与机构通常利用互联网、人工智能、大数据等金融科技手段，基于高效、科学的消费金融机构的风控机制，通过互联网等线上渠道或与相应的消费场景合作开展业务。因而，互联网消费金融机构可以提供更加灵活、便捷的消费金融产品或服务，可以更好地满足消费者的消费信贷的需求。

第三，贷款额度小。一般企业的金融需求额度通常较大，并且与企业的生产经营周期是相互关联。但是，消费金融的客户针对的是个人，个人的消费金融需求跟一般企业的金融需求相比通常具有小额的特征。金融机构在设计消费金融产品时，通常需要紧密结合特定消费场景中个人消费需求的特点。消费金融需求通常与消费品的价值大小相联系，由此产生的融资需求也不是很高。例如，《消费金融公司试点管理办法》第二十一条规定，消费金融公司向个人发放消费贷款不应超过客户风险承受能力且借款人贷款余额最高不得超过人民币20万元。

第四，贷款速度快。在互联网技术背景下，消费金融更为依赖智能化的信息处理，大量利用自动化决策。在互联网消费金融前端，互联网消费金融通过采用“智能决策审批系统”，形成了一种较传统消费金融更智能、更效率的贷款审批体系，甚至可以实现秒批；[①] 在互联网消费金融的中端与后端，互联网等信息技术的利用，有利于形成一种更准确、敏捷、科学的风控体系。[②] 为互联网消费金融的线上、线下全渠道展业提供完善的技术与风控支撑。

第五，贷款期限短。目前消费金融的消费场景较多，但往往具有“高频次、小额”的特点，消费金融产品的贷款期限通常较短，贷款期限一般在1个月至1年不等。有的“现金贷”型互联网消费金融产品，贷款期限甚至仅有几天，通过不断往复的资金循环，可以尽可能满足不同消费者的贷款需求。

第六，贷款频次较高。传统消费金融场景主要包括“高客户单价、低使用频次”的房屋、汽车、婚礼、装修等，具有“高客户单价、低使用频次”的特点。在互联网技术深度应用的背景下，消费金融从传统的房屋、汽车、婚礼、装修等消费场景，逐渐向租房、购物、交通、餐饮等消费场景拓展，这些场景具有不同于传统消费金融场景的“低客户单价、高使用频次”的特点。

第三节 消费金融领域个人信息的类型和特征

消费金融市场的创新，尤其是大数据等新兴技术的应用使得消费金融业务的展开高度依赖个人信息的采集与利用。维克托·迈尔-舍恩伯格曾经将大数据归纳为三个特征：一是更多，即大数据所依赖的数据不是随机样本数据，而是全体数据；二是更杂，即大数据强调数据的混杂性，允许数据的不精确，因为大数据的简单算法常常比小数据的复杂算法更有效；三是更好，即大数据所要发现的是数据的相关关系，而非因果关系，通过大数据所发现的规律可能很难从因果关系上加以解释，但却可能是行之有效的。[③] 然而，消

---

① 程雪军：《互联网消费金融的法律规制研究》，上海交通大学博士学位论文，2020年6月，第25页。

② 赵卫华、高黎红、曾铁薇：《互联网背景下消费金融发展新趋势及监管探析》，载《金融发展评论》2016年第8期，第136页。

③ 维克托·迈尔-舍恩伯格：《删：大数据取舍之道》，袁杰译，浙江人民出版社2013年版，第27—94页。

费金融领域普遍存在消费金融机构对客户的个人信息保护不足的现象，导致过度收集信息、信息滥用、非法共享信息等问题频发。随着个人信息保护法、《征信业务管理办法》等法律文件的出台，消费金融领域的个人信息处理活动将全面纳入法制的轨道，逐步走上规范之路。然而，尽管个人信息保护法、《征信业务管理办法》对个人信息保护的很多问题进行了规定，但在消费金融中这些规定的实施依旧面临诸多困境，消费金融中个人信息保护如何实现成为了一个突出的现实问题。

一、场景保护理论

当前国内外众多学者都主张个人信息的保护应当选择场景化的保护进路。实践中，欧洲和美国在个人信息保护立法改革中均采取了场景化的保护进路，即以“场景导向的理念”（contextual approach）对传统的以“知情同意”为核心建立的个人信息保护立法框架进行动态修订和补充，此种立法模式在国际上产生了较大的影响。

“场景导向的理念”源于美国学者海伦·尼森鲍姆（Helen Nissenbaum）的“情境脉络完整性”（Contextual Integrity）理论，“情境脉络完整性”理论属于情境调控模式的理论，注重隐私权保护的语境性和灵活性。索洛夫借用维特根斯坦的语境理论，指出隐私并不存在一个核心或本质特征，保护隐私实际上是保护具体场景中的某些个人权益不受侵害。将该理论拓展到个人信息保护，则意味着：个人信息原始收集时的具体语境应得到尊重，其后续传播及利用不得超出原初的情境脉络。认定特定个人信息的流通利用是否合理应当根据具体的情境脉络。当个人信息在不同的信息主体之间流通利用时，不同的情境脉络应当设立不同的个人信息规范。相反，判断现行的个人信息保护规范是否合理，需要看此规范是否保证了情境脉络的完整性。影响用户可接受程度或对个人信息利用的敏感程度的因素可以统称为“信息场景”（datacontext）或“场景”（context）。个人信息的流通使用场景复杂多样，很多场景超出了当下立法者可以规范和预测的范围，对不同的情境脉络中的个人信息设置单一的信息处理判断标准是不合理的。场景导向的理念摆脱了传统个人信息保护立法采取的“全有或全无”的二元判断方式，而在特定的场景中综合考量多种因素，这是区别于传统个人信息保护立法机制的最大特征。

海伦·尼森鲍姆（Helen Nissenbaum）进一步指出，确定是否存在侵犯数据隐私，应当考虑不同场景中的“合理期待”。同时，阿里·瓦尔德曼（Ari Ezra Waldman）教授指出，不能以个人权利来理解隐私与个人信息或个人数据，因为隐私问题的本质在于信任，其权利的边界需要根据具体场景中的合理期待来确定。这就是说，个人信息处理是否合理，取决于引发的影响能否为个人信息主体所接受，或是否符合个人信息主体的“合理预期”。在某些情况下，即便没有个人信息主体的明确许可，但只要相关的个人信息处理行为是个人信息主体在该情形下能够合理预见的，那么此种个人信息处理行为也同样是合理的。根据场景导向理念，判断个人信息是否被“合理使用”，应当在个案中进行，综合特定场景下的各种因素来判断。随着个人信息的利用场景的变化，个人信息的使用合理性也可能发生变化，所以合理性的判断只能是动态的，而非固定的、僵化的。

个人信息在消费金融领域的应用场景主要是消费金融机构从事消费金融业务的场景。对于许多消费金融机构而言，个人信息处理活动主要是在从事消费金融业务中发生。消费金融业务主要可以分为贷前、贷中和贷后三个环节。客户的个人信息在消费金融业务流程中的应用基本涵盖了这三个环节。首先，消费金融业务的贷前环节。消费金融机构在客户的审核、身份认证、反欺诈、征信、授信等方面都有大量客户的个人信息的应用。其次，消费金融业务的贷中环节。信用评分、风险定价、审批、交易监控以及交易反欺诈中都大量运用到客户的个人信息。最后，消费金融业务的贷后环节。消费金融机构将贷款发放出去之后，可以通过收集客户的个人信息对客户进行贷后监控，除此之外，客户的个人信息也可以运用在消费金融机构的存量客户管理以及贷后催收上。消费金融场景中的个人信息属于个人信息，具有个人信息的一般特征，在此基础之上，也具有一定程度的特殊性。

二、消费金融领域个人信息的类型

（一）个人信息的学理类型

鉴于个人信息的范围较广，涵盖的个人信息的种类较多，当前在国内学术界已经存在很多分类，主要包括以下分类：

第一，将个人信息分为个人信息与个人数据。这种观点认为，必须从客体上严格区分个人数据和个人信息。数据强调的是客观存储在计算机系统中的事物，而隐私和个人信息则是数据或者其他载体所揭示的人格内容。[①] 也即，电子数据是人类发明的一种符号，不会因人的认知不同而有所区别，因此具有很强的客观性；而信息是符号所反映的内容，强调人们对数据的认知，具有一定的主观性。作为人格权客体的个人信息保护的是其所反映的与特定

① 申卫星：《论数据用益权》，载《中国社会科学》2020 年第 11 期。

个人相关的人格利益，而对作为财产权客体的个人数据保护的是通过电子信息的收集形成的客观存在物。

第二，将个人信息分为人格紧密型个人信息和人格疏远型个人信息。人格紧密型个人信息是指符合直接识别性、敏感性和强烈个性三个特征之一的个人信息。人格疏远型个人信息是指同时具备间接识别、非敏感性、社会性强三个特征的个人信息。对于人格紧密型个人信息，法律主要通过赋予信息主体信息利用的同意权来保护个人利益；对于人格疏远型个人信息，法律主要通过对其利用活动作出明确的规定以实现个人信息的保护，而非主要通过赋予信息主体同意权，也即信息主体的同意权受到法律的限制。

第三，将个人信息的类型分为个人提供的个人信息、被观察到的个人信息与推测的个人信息。此种分类主要是根据信息的来源的不同进行分类，是当前世界经济论坛采用的一种分类。有学者认为，随着物联网时代的到来，第一种信息其所占的总体比例将会下降，传统的个人信息保护规则将无法满足新时代背景下个人信息保护的需求，传统个人信息保护的理念与规则亟需作出新的改变。

第四，将个人信息的类型分为强关系信息、中级关系信息与弱关系信息。强关系信息是指客户直接提交的信息。中级关系信息是指观察到的或推论出的与客户现在的生活状况相关的信息。弱关系信息是指预测的信息。此种分类主要是马尔吉里主张的一种分类。他主张对于强关系信息，个人拥有排他性的具有准财产权性质的商业秘密所有权；对于中级关系信息，由于信息企业付出了一定的努力，个人不拥有完整的准财产权，而是拥有适度的准财产权，可以称为多重准财产权或共享准财产权。而弱关系信息其实不能称为“信息”而应该称为“知识”，其本质上具有不确定性，只有当其确定时才可以称为“个人信息”。这类信息属于信息企业的商业秘密，个人不拥有准财产权。

第五，将个人信息分为原始数据、二次数据、三次数据。原始数据是个人在社会经济生活中所产生的各类数据，包括自愿提供的数据和观测到的数据。二次数据是通过各种技术手段对个人数据进行综合分析得到的中间数据（即被推断的个人信息），如个人的消费偏好等。三次数据是建立在二次数据基础上，在特定的应用场景下的定制化处理，从而得出的最终数据，是一种具有直接应用价值的数据。

第六，将个人信息分为基本个人信息、被记录的伴生个人信息、预测个人信息。基本个人信息（或称个人基本信息）是指个人提交的关于本人的特定信息，包括个人标识型信息（如姓名、曾用名、身份证号、生物基因信息、手机号码、邮箱、账户、账号等能联系到特定个人的信息）与个人属性型信息（如性别、民族、政治面貌、宗教信仰、体重、身高、籍贯、婚姻状况、出生日期、家庭成员、社会关系、特长、职务、职称、学历、学位、学习或工作经历、工作业绩、获奖情况、荣誉称号等）。被记录的伴生个人信息是个人在生活、交易或工作中形成并被信息企业记录下来的关于个人的信息，它是个人活动的副产品。例如上网记录、阅读记录、收看或收听记录、交易记录、身体锻炼记录、位置信息、IP 地址、行动轨迹、睡眠记录、饮食记录、诊断记录等。这些信息不是个人主动向某信息企业提供的，而是在有关的生活、交易或工作中自动形成的。预测个人信息是通过大数据对个人进行画像后得出的结论，如预测一个人的健康状态、寿命、个人偏好、工作表现、发展潜力等。一般而言，预测个人信息的产生需要信息企业付出更多的资本、资源、技术、劳动或智力等。

（二）个人信息的法定类型

个人信息保护法将个人信息分为一般个人信息与敏感个人信息两种类型。个人信息保护法第二十八条第一款规定："敏感个人信息是一旦泄露或者非法使用，容易导致自然人的人格尊严受到侵害或者人身、财产安全受到危害的个人信息，包括生物识别、宗教信仰、特定身份、医疗健康、金融账户、行踪轨迹等信息，以及不满十四周岁未成年人的个人信息。"敏感个人信息之外的其他个人信息属于一般个人信息。依据个人信息保护法的规定，敏感个人信息分为三类：一是一旦泄露或者非法使用容易导致自然人人格尊严受到侵害的个人信息，如人脸信息等生物识别信息、宗教信仰和特定身份信息、医疗健康信息等。二是一旦泄露或者非法使用容易导致自然人人身、财产安全受到危害的个人信息，如生物识别信息、行踪轨迹信息、金融账户及相关的信息等。三是不满十四周岁未成年人的个人信息。涉及不满十四周岁未成年人的个人信息，均属于敏感个人信息。

此种分类的目的主要是为了强化对敏感个人信息的保护，对其设置特殊的处理规则。敏感个人信息的特殊规定主要体现在：第一，处理敏感个人信息的前提：特定目的、充分的必要性以及严格保护措施。个人信息保护法第二十八条第二款规定："只有在具有特定的目的和充分的必要性，并采取严格保护措施的情形下，个人信息处理者方可处理敏感个人信息。"第二，处理敏感个人信息的必要条件。个人信息保护法第二十九条规定："处理敏感个人信息应当取得个人的单独同意；法律、行政法规规定处理敏感个人信息应当取得书面同意的，从其规定。"个人信息保护法第十三条第一款第（一）项所规定的个人同意，既包括概括同意，也包括单独同意。为了强化敏感个人信息的保护，法律要求处理者处理敏感个人信息只能基于个人的单独同意。第三，处理敏感个人信息应尽的义务。个人信息保护法第三十条规定："个人信息处理者处理敏感个人信息的，除本法第十七条第一款规定的事项外，还应当向个人告知处理敏感个人信息的必要性以及对个人权益的影响；依照本法规定可以不向个人告知的除外。"第四，未成年人个人信息的处理规则。个人信息保护法第三十一条规定："个人信息处理者处理不满十四周岁未成年人个人信息的，应当取得未成年人的父母或者其他监护人的同意。个人信息处理者处理不满十四周岁未成年人个人信息的，应当制定专门的个人信息处理规则。"然而，当前个人信息保护法关于一般个人信息与敏感个人信息的分类还存在很多问题，本书主要探讨敏感个人信息的认定标准、"金融账户"的含义这两个存在较大争议的问题。

第一，个人信息保护法第二十八条规定的敏感个人信息的认定标准模糊，也即一般个人信息与敏感个人信息的区别标准模糊。敏感个人信息具体应当如何认定还需要进一步研究。个人信息保护法第二十八条第一款规定明确了敏感个人信息的法律基准为客观权益侵害风险，回应了学界有关"敏感"到底是以个体主观反应为基准，还是以客观权益侵害风险为基准的争议，具有重要的进步意义。然而，个人信息保护法第二十八条第一款对敏感个人信息的一般表述仍然较为笼统，各列举项也极具涵括性，其与一般表述之间的逻辑对应有待揭示。

未来应当进一步明确个人信息保护法规定的一般个人信息与敏感个人信息的具体分类标准。如何判定个人信息泄露或非法使用的风险达到敏感的风险维度？个人信息保护法第二十八条第一款并未明确规定敏感个人信息的具体判定标准，所以有必要进一步明确。为了明确一般个人信息与敏感个人信息的具体分类标准，部分学者提出敏感个人信息的场景化界定方法，也称为场景融入的路径，主张敏感个人信息的界定应当在具体场景中进行。敏感个人信息的场景化界定方法主要是基于美国学者尼森鲍姆（Nissenbaum）"场景完整性理论"（contextual integrity）而提出。为了应对信息技术带来的个人隐私保护的挑战，场景完整性理论将个人隐私保护与特定场景联系起来，并将个人隐私是否受到保护转化为个人信息的流通与利用是否符合特定场景的合理的个人信息流通利用规范。敏感个人信息的场景化界定方法，秉持了场景完整性理论的内在理念，主张应当在个人信息处理活动的具体场景中衡量个人信息处理的风险大小，以解决敏感个人信息的动态界定问题。

敏感个人信息的场景化界定方法有其合理性，原因在于通常个人信息处理风险会受到个人信息处理活动的具体场景因素的影响。然而，从个人信息处理风险的影响因素来看，敏感个人信息的场景化界定方法忽视了信息本身的内容也会影响个人信息处理风险，也即敏感个人信息的场景化界定方法仅仅考虑了风险发生的外因，而忽视了风险发生的内因，所以无法准确界定敏感个人信息。场景始终只是影响个人信息处理风险的外因，敏感个人信息的界定除了应当结合外因，还需要穿透场景寻求内因。此外，敏感个人信息的场景化界定方法还具有以下缺点：当敏感个人信息只能在特定场景下即时确定，使得敏感个人信息范畴多随场景变动，会导致敏感个人信息处理规则的预防功能难以实现，只能作为事后救济的标准。① 因此，仅靠敏感个人信息的场景化界定方法，无法完成敏感个人信息范畴的正确划定。

从个人信息处理风险的影响因素来看，影响个人信息处理风险的因素同时包括内部因素和外部因素。个人信息处理风险同时受信息本身内容和其所处场景两个方面的影响。所以，敏感个人信息的界定应当将内部因素和外部因素结合起来。敏感个人信息的场景化界定方法不完整，还需要结合个人信息本身内容进行综合全面的判断。结合个人信息本身内容对敏感个人信息界定，也称为场景抽离路径，意在使敏感个人信息的界定脱离或穿透某一具体场景的限制，回归信息内容本身，探究个人信息风险存在和发生的内因。② 结合个人信息本身内容对敏感个人信息界定的判定标准最终指向易引发权益侵害的信息内容属性。也即，具有强工具性和唯一识别性的个人信息在绝大多数的具体场景都具有较高的引发个人权益侵害的可能性，所以一般可以直接认定为敏感个人信息。③ 因此，敏感个人信息的界定应采取场景化界定方法和按照信息本身内容的界定方法的双重路径。敏感个人信息按照信息本身内容的界定方法关注作为内因的信息内容，内容具有强工具性和唯一识别性的个人信息为敏感个人信息；敏感个人信息的场景化界定方法关注作为外因的场景要素，信息处理者的认知能力、信息应用能力及信息存在状态是改变信息内容属性的主要场景要素，可以促成敏感个人信息的转化。④

第二，个人信息保护法第二十八条规定的“金融账户”的含义模糊。个

---

① 宁园：《敏感个人信息的法律基准与范畴界定——以〈个人信息保护法〉第 28 条第 1 款为中心》，载《比较法研究》2021 年第 5 期。

② 宁园：《敏感个人信息的法律基准与范畴界定——以〈个人信息保护法〉第 28 条第 1 款为中心》，载《比较法研究》2021 年第 5 期。

③ 宁园：《敏感个人信息的法律基准与范畴界定——以〈个人信息保护法〉第 28 条第 1 款为中心》，载《比较法研究》2021 年第 5 期。

④ 宁园：《敏感个人信息的法律基准与范畴界定——以〈个人信息保护法〉第 28 条第 1 款为中心》，载《比较法研究》2021 年第 5 期。

人信息保护法第二十八条第一款将“金融账户”列入敏感个人信息范畴，并采取了更严格的处理规则。该规定无疑为加强对个人金融信息的保护提供了重要的法律依据，但也产生了一些法律适用问题。个人金融信息实际上是一个抽象和庞大的信息群体，除了个人信息保护法列出的“金融账户”外，在我国现行的规范性法律文件中有着与“金融账户”类似的表达，如银行账户、银行账号、支付账户、账户信息等，而还涉及了个人金融信息中的其他子类别信息，包括交易信息、信用信息、财产信息等。我国个人信息保护法在敏感个人信息的具体类型中列举了“金融账户”，但并未明确规定“金融账户”的内涵与外延，那么金融账户的定义为何，其与个人信息保护法第二十八条第一款列举的其他类别的信息有什么区别？金融账户是否都属于敏感个人信息？以及其他个人金融信息是否可以被认定为敏感个人信息？以上问题都有待进一步明确。

对于“账户信息”，国外已经有国家或地区对其作出了特别规定。例如，美国联邦立法上禁止仅基于营销目的与非关联方共享信用卡、银行账户等交易账户或类似的访问号码或代码；但同时又进一步解释，该交易账户是指第三方可以向其发起收费的任何账户，如果接收信息的第三方无法对其进行解码，则不禁止共享加密的账号。再如，欧盟《支付指令》也区分“支付账户”（payment account）和“敏感支付数据”（sensitive payment data），两者含义不同。“支付账户”是指以一个或多个支付服务用户的名义开立的用于执行支付交易的账户；“敏感支付数据”是指可用于实施欺诈的包括个人安全凭证的数据。而且又特别指出，就支付启动服务提供者及账户信息服务提供者的活动而言，账户持有人的姓名及账户号码并不构成敏感支付数据。同时，欧盟《支付指令》对“敏感支付数据”有特殊限制，包括：要获得授权成为支付机构，应当提交关于存储、监控、跟踪和限制访问敏感支付数据的流程说明；支付启动服务提供者不存储用户的敏感支付数据；账户信息服务提供者不得要求与付款账户相关联的敏感支付数据。

首先，如何明确“金融账户”的含义？“金融账户”的内涵与外延的确定可以参考我国现行法律文件的规定。例如，根据《个人金融信息保护技术规范》规定，账户信息指账户及账户相关信息，包括但不限于支付账号、银行卡磁道数据（或芯片等效信息）、银行卡有效期、证券账户、保险账户、账户开立时间、开户机构、账户余额以及基于上述信息产生的支付标记信息等。再如，《中国人民银行关于银行业金融机构做好个人金融信息保护工作的通知》规定，个人账户信息包括账号、账户开立时间、开户行、账户余额、账户交易情况等。

其次，金融账户是否都属于敏感个人信息？金融行业标准《个人金融信息保护技术规范》根据可能产生的影响和危害，将个人金融信息按敏感程度从高到低分为C3、C2、C1 三个类别。根据《个人金融信息保护技术规范》的分类规定，可以得出结论：不同的金融账户信息具有不同的敏感程度。例如，银行卡磁道数据（或芯片等效信息）、银行卡有效期为C3 类别，支付账号、账户余额为C2 类别，账户开立时间、开户机构仅为C1 类别。因此，金融账户并非都属于敏感个人信息，属于金融账户的特定类型的个人信息，是否属于敏感个人信息应当根据敏感个人信息的认定标准来作出具体的判断。我国对于敏感个人信息的定义与国外立法对“账户”的关注重点相类似，都需要考虑该个人信息是否有较高概率的致害风险。本书认为应当将纳入敏感个人信息的“金融账户”进行限缩解释，不能将金融行业标准《个人金融信息保护技术规范》中全部的“账户信息”都纳入敏感个人信息的范畴，因为其列举的“账户信息”并非都具有敏感性。在此可以借鉴场景理论，根据个人信息处理的情境、目的来判断该个人信息是否具有敏感性。即使是同一个人信息，在不同的服务场景中也可能具有不同的敏感度。

最后，其他个人金融信息是否需要被认定为敏感个人信息？由于个人信息保护法第二十八条第一款采取的是不完全列举，个人金融信息中能被纳入敏感个人信息范畴的也不应当只限于金融账户。针对不同的个人金融信息类别，应当结合敏感个人信息的认定标准来判断是否属于敏感个人信息。例如，我国《个人金融信息保护技术规范》中规定的“用户鉴别信息”，该类信息一旦遭到未经授权的查看或未经授权的变更，会对个人金融信息主体的信息安全与财产安全造成严重危害，包括但不限于：一是银行卡磁道数据（或芯片等效信息）、卡片验证码（CVN 和CVN2）、卡片有效期、银行卡密码、网络支付交易密码；二是账户（包括但不限于支付账号、证券账户、保险账户）登录密码、交易密码、查询密码；三是用于用户鉴别的个人生物识别信息。所以，“用户鉴别信息”虽然不在金融账户之内，但通常会被认定具有较高概率的致害风险，应当属于敏感个人信息。

此外，除了上述一般个人信息与敏感个人信息的分类，为了更好地践行分类规制的理念，未来消费金融领域个人信息保护的立法还可以参考引入其他学术分类。

（三）个人金融信息的法定类型

1. 按敏感程度分为C3、C2、C1

消费金融领域个人信息中包含了大量的个人金融信息。《个人金融信息保护技术规范》根据信息遭到未经授权的查看或未经授权的变更后所产生的影响和危害，将个人金融信息按敏感程度从高到低分为C3、C2、C1三个类别。具体如下：a）C3类别信息主要为用户鉴别信息。该类信息一旦遭到未经授权的查看或未经授权的变更，会对个人金融信息主体的信息安全与财产安全造成严重危害。b）C2类别信息主要为可识别特定个人金融信息主体身份与金融状况的个人金融信息，以及用于金融产品与服务的关键信息。该类信息一旦遭到未经授权的查看或未经授权的变更，会对个人金融信息主体的信息安全与财产安全造成一定危害。c）C1类别信息主要为机构内部的信息资产，主要指供金融业机构内部使用的个人金融信息。该类信息一旦遭到未经授权的查看或未经授权的变更，可能会对个人金融信息主体的信息安全与财产安全造成一定影响。《个人金融信息保护技术规范》还规定：个人金融信息主体因业务需要（如贷款）主动提供的有关家庭成员信息（如身份证号码、手机号码、财产信息等），应依据C3、C2、C1敏感程度类别进行分类，并实施针对性的保护措施。两种或两种以上的低敏感程度类别信息经过组合、关联和分析后可能产生高敏感程度的信息。同一信息在不同的服务场景中可能处于不同的类别，应依据服务场景以及该信息在其中的作用对信息的类别进行识别，并实施针对性的保护措施。

《个人金融信息保护技术规范》对个人金融信息分类的问题在于分类标准模糊，实践中难以实施，需进一步明确。C3、C2、C1三个类别中"用户鉴别信息""可识别特定个人金融信息主体身份与金融状况的个人金融信息，以及用于金融产品与服务的关键信息""机构内部的信息资产"含义模糊，界限也不明确。而且《个人金融信息保护技术规范》还规定两种或两种以上的低敏感程度类别信息经过组合、关联和分析后可能产生高敏感程度的信息。同一信息在不同的服务场景中可能处于不同的类别，应依据服务场景以及该信息在其中的作用对信息的类别进行识别，并实施针对性的保护措施。该规定意味着之前C3、C2、C1的分类并非绝对，"用户鉴别信息""可识别特定个人金融信息主体身份与金融状况的个人金融信息，以及用于金融产品与服务的关键信息""机构内部的信息资产"在不同场景下，属于C3、C2、C1中不同的类别。所以，"用户鉴别信息""可识别特定个人金融信息主体身份与金融状况的个人金融信息，以及用于金融产品与服务的关键信息""机构内部的信息资产"这些规定实际上并无多大的意义。《个人金融信息保护技术规范》还进一步规定C3、C2、C1三个类别的判断核心是结合具体场景判断未经授权的查看或未经授权的变更后所产生的影响和危害，此规定是否合理也值得研究。

为了完善关于个人金融信息分类的规定，应当结合个人信息保护法对敏感个人信息的规定，尤其是敏感个人信息的认定标准，修改个人金融信息中敏感个人信息的定义，并尽可能在个人信息保护法一般个人信息与敏感个人信息的分类基础之上，结合个人金融信息的特征，在敏感个人信息内部进行进一步的分类。

2. 其他分类

除了一般个人信息与敏感个人信息的主要分类模式，我们现行金融法规范对个人金融信息还进行了其他事实上的分类。例如，《中国人民银行金融消费者权益保护实施办法》规定，消费者金融信息包括个人身份信息、财产信息、账户信息、信用信息、金融交易信息及其他与特定消费者购买、使用金融产品或者服务相关的信息。从定义可以看出，《中国人民银行金融消费者权益保护实施办法》事实上将消费者金融信息分为了六种类型：个人身份信息、财产信息、账户信息、信用信息、金融交易信息及其他与特定消费者购买、使用金融产品或者服务相关的信息。再如，《个人金融信息保护技术规范》规定，个人金融信息包括账户信息、鉴别信息、金融交易信息、个人身份信息、财产信息、借贷信息及其他反映特定个人某些情况的信息。从定义可以看出，《个人金融信息保护技术规范》事实上将个人金融信息分为了七种类型：账户信息、鉴别信息、金融交易信息、个人身份信息、财产信息、借贷信息和其他反映特定个人金融信息主体某些情况的信息。同时，《个人金融信息保护技术规范》还对这几类信息包括的具体信息类型做了进一步的列举：第一，账户信息指账户及账户相关信息，包括但不限于支付账号、银行卡磁道数据（或芯片等效信息）、银行卡有效期、证券账户、保险账户、账户开立时间、开户机构、账户余额以及基于上述信息产生的支付标记信息等。第二，鉴别信息指用于验证主体是否具有访问或使用权限的信息，包括但不限于银行卡密码、预付卡支付密码；个人金融信息主体登录密码、账户查询密码、交易密码；卡片验证码（CVN 和 CVN2）、动态口令、短信验证码、密码提示问题答案等。第三，金融交易信息指个人金融信息主体在交易过程中产生的各类信息，包括但不限于交易金额、支付记录、透支记录、交易日志、交易凭证；证券委托、成交、持仓信息；保单信息、理赔信息等。第四，个人身份信息指个人基本信息、个人生物识别信息等：一是个人基本信息包括但不限于客户法定名称、性别、国籍、民族、职业、婚姻状况、家庭状况、收入情况、身份证和护照等证件类信息、手机号码、固定电话号码、电子邮箱、工作及家庭地址，以及在提供产品和服务过程中收集的照片、音视频等信息；二是个人生物识别信息包括但不限于指纹、人脸、虹膜、耳纹、掌纹、静脉、声纹、眼纹、步态、笔迹等生物特征样本数据、特征值与模板。第五，财产信息指金融业机构在提供金融产品和服务过程中，收集或生成的个人金融信息主体财产信息，包括但不限于个人收入状况、拥有的不动产状况、拥有的车辆状况、纳税额、公积金存缴金额等。第六，借贷信息指个人金融信息主体在金融业机构发生借贷业务产生的信息，包括但不限于授信、信用卡和贷款的发放及还款、担保情况等。第七，其他信息：一是对原始数据进行处理、分析形成的，能够反映特定个人某些情况的信息，包括但不限于特定个人金融信息主体的消费意愿、支付习惯和其他衍生信息；二是在提供金融产品与服务过程中获取、保存的其他个人信息。

再如，《中国人民银行关于银行业金融机构做好个人金融信息保护工作的通知》在个人金融信息的定义中事实上将个人金融信息分为了七种类型：个人身份信息、个人财产信息、个人账户信息、个人信用信息、个人金融交易信息、衍生信息、其他个人信息。而且，该规定还对上述七类个人金融信息分别涵盖的具体信息类型进行了列举：个人身份信息，包括个人姓名、性别、国籍、民族、身份证件种类号码及有效期限、职业、联系方式、婚姻状况、家庭状况、住所或工作单位地址及照片等；个人财产信息，包括个人收入状况、拥有的不动产状况、拥有的车辆状况、纳税额、公积金缴存金额等；个人账户信息，包括账号、账户开立时间、开户行、账户余额、账户交易情况等；个人信用信息，包括信用卡还款情况、贷款偿还情况以及个人在经济活动中形成的，能够反映其信用状况的其他信息；个人金融交易信息，包括银行业金融机构在支付结算、理财、保险箱等中间业务过程中获取、保存、留存的个人信息和客户在通过银行业金融机构与保险公司、证券公司、基金公司、期货公司等第三方机构发生业务关系时产生的个人信息等；衍生信息，包括个人消费习惯、投资意愿等对原始信息进行处理、分析所形成的反映特定个人某些情况的信息；在与个人建立业务关系过程中获取、保存的其他个人信息。此种分类的问题在于分类标准不明确，同一信息可能同时属于其中的两类或多类，导致实践中难以将某些信息正确地归入其中的类别，使此种分类失去意义。

从上述规定可以看出，《中国人民银行金融消费者权益保护实施办法》《个人金融信息保护技术规范》和《中国人民银行关于银行业金融机构做好个人金融信息保护工作的通知》列举的个人金融信息的类型并不完全相同。不过三者列举的个人金融信息都包括个人身份信息、个人财产信息、个人账户信息、个人金融交易信息这四种类型。如何统一三者对个人金融信息的类型的列举有待进一步研究。

除了现行法律文件列举的个人金融信息的类型，学术界对于个人金融信息也有多种分类。例如，有学者将个人金融信息分为个人身份信息、个人财务信息、预测个人信息三种类型。个人身份信息主要包括个人标识型信息和个人属性信息。个人身份信息是个人主动提供的关于本人的特定信息，能够单独或相互参照从而很容易地识别到特定个人，因此属于个人基本信息。个人财务信息包括个人的财产信息、账户信息、金融交易信息和信用信息等。预测个人信息，对上述两大类个人信息（尤其是个人财务信息）进行处理、分析所形成的反映特定个人某些情况的信息，包括个人消费习惯、风险偏好、风险承受能力、投资意愿等。此种分类中对于个人身份信息与个人财务信息的分类具有一定的合理性，个人身份信息与个人财务信息有不同的特征，未来在立法上可以分别针对其特征设立不同的个人信息保护规则。

为了更好地践行分类规制的理念，根据个人金融信息的特点，可以参考上述个人身份信息与个人财务信息的分类，将个人金融信息分为个人身份信息、个人财务信息两类。个人身份信息是个人提供的关于本人的特定信息，能够单独或相互参照从而很容易地识别到特定个人，主要包括个人标识型信息和个人属性信息。个人标识型信息包括个人姓名、身份证件种类及号码和有效期限、联系方式（尤其是手机号码）、住所或工作单位地址及照片等。这些信息大多可以直接识别到特定个人，或与其他信息简单结合即可识别到特定个人。个人属性信息包括性别、国籍、民族、职业、婚姻状况、家庭状况等反映个人特征的信息。个人财务信息，包括个人的财产信息、账户信息、金融交易信息和信用信息等。个人财产信息包括个人收入状况、拥有的不动产状况、拥有的车辆状况等反映个人财产状况的信息。个人账户信息包括账号、账户开立时间、开户行等信息。个人信用信息包括信用卡还款情况、贷款偿还情况，以及个人在经济活动中形成的、能够反映其信用状况的其他信息。个人金融交易信息是指个人在接受金融机构的服务或购买金融机构提供的产品的过程中产生的交易信息等。这也是狭义上的个人金融信息，它是广义上的个人金融信息的核心。

三、消费金融领域个人信息的特征

当前立法上缺乏专门针对消费金融场景的个人信息保护规则，同时，学术界对于消费金融场景个人信息有无不同于其他金融场景个人信息的特殊性的研究近乎空白。为了使消费金融场景个人信息保护规则更加契合消费金融领域的特征，需要结合个人信息在消费金融领域的具体应用场景，全面深入地研究消费金融场景个人信息的特殊性。具体而言，从个人信息处理者、个人信息主体、个人信息本身三个维度来看，消费金融场景的个人信息主要具有以下特征：

（一）个人信息处理者的特征

结合消费金融的特征，消费金融场景个人信息处理活动中个人信息处理者具有多元化的特征。消费金融领域个人信息处理活动中个人信息处理者主要包括传统消费金融机构之商业银行、持牌消费金融公司等，又包括新型互联网消费金融机构之电子商务平台、分期购物平台、网络借贷平台等。因为从事消费金融服务的门槛较低，所以提供消费金融服务的机构范围非常广，不仅传统银行可以从事消费金融业务，小额贷款公司、互联网金融平台、信托公司等机构也都可以从事消费金融业务。

（二）个人信息主体的特征

结合消费金融的特征，消费金融场景个人信息处理活动中个人信息主体具有覆盖数量多、以“长尾客户”为主的重要特征。传统消费金融的用户质量相对较高、金融违约率较低，缺乏意愿与能力下沉到中低端用户。但是，随着互联网技术的深度发展，并与传统消费金融业务深度融合，促使传统消费金融业务逐渐从线下向线上互联网消费金融转型，逐步延伸至那些没有得到传统、主流金融体系服务的人群。一方面，从客户数量上看，用户可触达性得到不断延伸，展业覆盖面日益扩大，有效连接更多的用户。另一方面，从客户类型上看，针对的客群也逐步下沉，以“长尾客户”为主。

（三）个人信息本身的特征

对于个人信息处理活动的客体而言，消费金融场景个人信息本身具有以下特征：

第一，消费金融场景个人信息的类型具有多样化的特征，存在大量敏感信息。个人信息的范围较广，涵盖的个人信息的种类较多，无论是立法上还是学理上都有很多分类。对于消费金融领域个人金融信息而言，其同样涵盖了个人信息的较多种类。例如，消费金融领域个人金融信息涵盖了一般个人信息与敏感个人信息，而且也包括基本个人信息、伴生个人信息和预测个人信息三大类。而且，消费金融中个人信息处理活动涉及的个人信息类型主要是敏感个人信息。消费金融领域个人信息处理活动中涉及的个人信息主要包括两类：个人身份信息和个人财务信息。正因为个人身份信息和个人财务信息能精准关联到个人或与金钱的高度相关性，所以具有高度敏感性，且具有较高的价值，为各方所觊觎。[①] 这些敏感个人信息，如果不当披露或泄露，轻则危害邻里和睦、社会和谐，重则危害个人的财产安全甚至人身安全。[②] 然

① 邢会强：《大数据时代个人金融信息的保护与利用》，载《东方法学》2021 年第 1 期，第 49 页。

② 邢会强：《大数据时代个人金融信息的保护与利用》，载《东方法学》2021 年第 1 期，第 49 页。

而，消费金融领域个人金融信息并非全是敏感个人信息，还包括某些一般个人信息。如前所述，根据《个人金融信息保护技术规范》的规定，可以进一步将消费金融领域个人金融信息按敏感程度从高到低分为 C3、C2、C1 三个类别。

第二，消费金融场景个人信息的来源具有多渠道的特征，大量使用外部数据。消费金融机构收集使用的个人信息来源多渠道，不仅包括机构自身收集的个人信息，政府部门收集的个人信息，还大量从第三方商业机构购买、共享个人信息。2019 年 8 月以来，国内一些消费金融机构依托外部机构进行大数据风控，而外部机构利用数据爬虫等违规获得数据的行为引起了监管部门的重视和严格查处。消费金融机构在业务开展过程中，消费金融机构的授信审查、风险控制等严重依赖合作机构提供的金融数据。风控数据提供商可通过后台爬虫收集信息，将通话信息、消费数据等互联网信息整合标准化，最终形成对借款人的综合评估，供金融机构作相应的后续决策，但由于市场上金融科技公司鱼龙混杂，多公司以“大数据”为名窃取、滥用、非法买卖或泄露客户信息。若金融机构在未确认数据来源的合法性和使用范围的情形下，购买或使用非法爬取的个人金融数据，极易将合作机构的外部风险传导至银行等金融机构，带来重大的风险隐患。

第三，消费金融场景个人信息的形式主要是数字形式。数字消费金融更为依赖全流程化的大数据风控，更需要消费金融公司在数据存储、数据挖掘、数据建模、数据治理等方面建立起强大的数据服务能力。消费金融的业务主要是线上的形式，所以，个人信息的形式主要是数字形式，不与个人进行直接的接触，因此搜集的个人信息的范围往往受限、个人信息的真实性也可能存疑。一方面，因个人金融信息的敏感性和重要性，为避免因发生错误造成财产或人身损失，个人金融信息通常具有高度的精准性，同时消费金融公司较为普遍的智能化信息处理流程也在一定程度上保证了个人金融信息的精确度。另一方面，消费金融主要聚焦“长尾客户”，更需要消费金融公司对更多行为类、社交类、身份类数据进行结构化或标准化处理，而这些行为类、社交类、身份类数据可能不真实、不准确，可能导致收集到的消费金融领域个人金融信息存在一定的非精准性。

第四，消费金融场景个人信息采集的合理范围较难厘定。一方面，大数据背景下消费金融机构在业务开展过程中，其授信审查、风险控制等也严重依赖个人信息，不仅包括传统的个人借贷信息，还包含其他与个人信用状况相关的数据应用，例如包括个人的交易、社交、上网痕迹等。通过对这些数据进行分析、整理、加工，对个人的信用状况作出判断，导致消费金融领域个人信息采集的合理范围边界模糊。另一方面，消费金融的业务通常是小额分散、尤其是无抵押，导致消费金融机构请求个人偿还信贷的诉讼成本高，所以高度依赖电话催收，而电话催收又高度依赖个人信息，消费金融机构在催收中可以采集的个人信息的合理范围难以确定。此外，未来越来越多的消费金融机构将通过应用包括人工智能在内的金融科技进行逾期贷款催收等，金融科技的应用也需要特定个人的较为丰富的个人信息的支撑，如何厘定采集个人信息的合理范围将是一个挑战。

第五，消费金融场景大量个人信息的使用频次较高。消费金融业务的开展与消费场景深度融合。金融机构在设计消费金融产品或服务时，通常需要紧密结合消费需求的特点。日常生活中个人每天都会产生大量的各种各样的消费需求，由此决定了消费金融需求具有高频的特征。而且，互联网消费金融从传统的“高客户单价、低使用频次”的房屋、汽车、婚礼、装修等消费场景，逐渐向“低客户单价、高使用频次”的租房、购物、交通、餐饮等消费场景拓展。因此，大量消费金融领域个人金融信息使用频次较高。

第六，消费金融场景个人信息的二次使用较多。消费金融存在大量“长尾客户”，“长尾客户”往往征信数据较少或较差，更需要消费金融公司利用大数据对更多行为类、社交类、身份类数据进行二次使用，以便对客户进行相对全面且精准的画像。而且，当前消费金融机构大量依靠大数据技术对个人信息进行创新性利用。对于大数据而言，其要求收集的数据体量较大，其对数据使用的价值恰巧来自于数据的二次使用，而且这种二次使用在收集之前常常难以预料。

第七，消费金融场景个人信息的处理智能化、速度快。在个人信息处理方面，消费金融机构普遍运用人工智能、机器学习等大数据技术对个人信息进行处理。在基于个人信息处理的算法决策场合，也即自动化决策，个人信息实际上是通过算法的方式予以处理和分析的。传统的编程与软件系统会对数据进行分析，并据此作出决策。传统编程与软件系统不同的是，人工智能程序并不对数据进行线性分析，相反，它学习数据、调整决策算法，以便智能地回应新数据，作出新的决策。① 在消费金融中个人信息的自动化决策涉及的法律问题主要包括两类：一是算法黑箱的问题；二是算法歧视与算法偏见的问题。

① IDG Research. The outlook for big data and artificial intelligence (AI) [EB/OL]. (2016-11-11) [2020-03-10]. https://idgresearch.com/the-outlook-for-big-data-and-artificial-intelligence-ai/.

第二章　消费金融领域个人信息保护的发展及立法现状

在过去的十年，金融科技高速发展，互联网技术、人工智能、大数据广泛应用于金融领域，促使金融服务变得普惠、高效与便捷。在金融领域中，用户和流量成为了金融企业的核心竞争力，企业占有了用户和流量，就能源源不断的收集信息和数据，获得竞争上的优势。因此，部分金融企业在个人信息和数据的占有、使用与盈利方面优势愈加凸显，这随即引发了个人信息保护的问题。消费金融作为金融领域的重要组成部分之一，在互联网时代，消费金融被赋予了新的含义，它不再单单只包括信用贷款、分期消费、信用卡等传统信贷消费，还包括了信用支付、网络贷款、场景分期等具备了互联网属性的互联网金融创新产品，这一领域的个人信息被盗用、侵害的案例屡见不鲜，例如，2012 年央视“3·15”晚会曝光的银行职员非法买卖储户信息致 3000 万存款损失事件；[①] 2012 年某银行支行在未与客户发生业务往来情况下利用央行征信系统非法查询 3.2 万余人个人信用资料事件；2016 年 10 月 14 日四川绵阳警方破获“5·26 侵犯公民个人信息案”，该案件涉及泄露公民银行个人信息 257 条，涉案金额 230 万元，起因是某银行行长售卖征信系统查询账号。[②] 因此，消费金融领域个人信息保护问题是当前实践与理论中亟待解决的问题，在此基础上，有必要对消费金融领域个人信息保护的立法发展与现状进行梳理。

第一节　我国消费金融领域个人信息保护的发展及立法现状

金融领域个人信息是个人信息在金融产品和服务中的细化和具体体现，处于个人信息保护与金融市场监管的交叉领域。[③] 同理，消费金融领域个人信

---

① 参见 https：//finance. ifeng. com/news/special/2012－3－15/20120315/5755389. shtml。

② 参见 https：//www. scxsls. com/knowledge/detail？ id＝116449。

③ 朱芸阳：《个人金融信息保护的逻辑与规则展开》，载《环球法律评论》2021 年第 6 期，第 56—73 页。

息是金融领域个人信息在消费金融领域的细化和具体体现，因此，在尚未有专门针对消费金融领域个人信息保护的立法之前，对这一领域个人信息的保护要依赖于一般的个人信息保护的立法和金融领域个人信息保护的立法。就个人信息的定义而言，在2018年5月开始实施的国家标准GB/T35273—2017《信息安全技术个人信息安全规范》中有明确规定，只要是能够识别自然人身份或者反映自然人特定活动的信息都划为个人信息的范畴，包括个人基本信息、个人生物识别信息、财产信息、征信信息、交易信息、行踪轨迹信息、住宿信息、健康生理信息等，基于上述规定，个人信息范围较为广泛，涉及各个行业。而金融领域的个人信息，具体而言就是用户个人的账户信息、财产信息、信用信息、金融交易信息以及其他的衍生信息等，相当于个人有关金融行为产生的信息的总和。① 通过对比两者包含的信息范畴，可见存在大量的信息重叠，如个人身份信息、财产信息、征信信息以及交易信息，② 这些信息在金融活动中非常重要，同时也是消费金融企业开展业务的基础。

从目前立法来看，我国并未专门对消费金融领域的个人信息保护进行立法，因此，一般个人信息保护法及金融领域个人信息保护的立法将成为消费金融领域个人信息保护的依据。第十三届全国人大常委会第三十次会议期间审议通过个人信息保护法已于2021年11月1日起正式施行，这是我国个人信息保护领域的专门立法，也是目前唯一一部专门保护个人信息的全国性法律，这是我国个人信息保护领域的里程碑，标志着我国个人信息保护迈入了新时代。随着个人信息保护法的正式实施，我国对个人信息的处理活动包括采集、使用、保存和删除等迎来了“严监管”时期。

在个人信息保护法正式实施前，从21世纪初期开始，我国就已经在不同的规范性法律文件条款中提到“个人信息”，并初步建立起了一些相应制度，由于这些条款较为分散，且散布于各个部门的规范性文件中，因此，对个人信息的规定一般而言是特定主体对个人信息的保密义务。通过北大法宝和国家法律法规数据库以“个人信息”为关键词进行检索，截至目前，出现“个人信息”字样的规范性法律文件且联系较为紧密的共计449份，其中，在文件标题出现“个人信息”字样的规范性法律文件共计3份。从法律层级来看，出现“个人信息”字样的413份规范性法律文件中，其中有51份是全国人大及其常

① 李振林：《非法利用个人金融信息行为之刑法规制限度》，载《法学》2017年第2期，第104—111页。

② 龚珊珊：《滥用公民个人金融信息行为的刑法规制——以重塑侵犯公民个人信息罪为视角》，载《金融监管研究》2021年第11期，第51—64页。

委会制定的法律，51 份是工作性文件，有 80 份是国务院制定的行政法规，有 132 份是最高人民法院和最高人民检察院单独或联合制定的司法解释，另有 129 份属于部门规章，大多数与个人信息有关的法律文件在 2009 年之后出台。

通过对个人信息保护的规范性文件的梳理，在个人信息保护法出台前，我国个人信息保护的立法呈现出两大特征：其一是碎片化，对个人信息进行保护的条款分散于不同的规范性法律文件中；其二是从地方到中央，各地对个人信息保护的立法探索远早于中央的立法探索，以下将结合消费金融的历史沿革对较为重要的个人信息保护法律进行详细梳理。

通过对消费金融在我国的发展历程进行梳理发现，我国消费金融起步较晚，总体而言，可将消费金融发展及其个人信息保护立法分为四个阶段。

一、第一阶段（20 世纪 80 年代—2009 年）：消费金融萌芽期及其个人信息保护立法

1985 年，中国银行发行了“中银卡”，这是我国境内第一张信用卡，标志着我国消费金融业务正式诞生。三年后，中国人民银行改革了银行结算制度，信用卡开始作为一种新的结算方式被纳入了我国的支付结算体系中，因此，中国的各大商业银行纷纷开始尝试发行信用卡。此后，金融机构开始直接参与到消费金融体系中，尤其是汽车消费金融领域。为促进我国人民的消费支出，自 1997 年起，中国人民银行开始大力推进消费金融服务，并在此基础上，着手建立个人征信系统，直至 2009 年，我国个人征信系统基本完成，随着消费支出的增长和征信系统的完善，越来越多的中国居民有了信贷消费的意识，开始需要用到消费金融工具。在这一阶段，商业银行和汽车金融公司是提供消费金融产品的主力。[①] 但是由于受传统消费观念影响，信贷消费的观念并未在中国居民中普及，因此，这一阶段，我国消费金融总体规模有限。

在这一阶段，由于消费金融总体规模有限且个人信息保护并不受重视的原因，我国对这一领域的个人信息保护并未有专门规定，因此，只能通过其他法律文件中有关个人信息保护的相关规定作为借鉴。

我国早在 1992 年就出台有关法律法规，明确金融机构有保护客户信息的法律义务，但此规定较为宽泛。2000 年国务院颁布了《互联网信息服务管理办法》，这部行政法规并不是个人信息保护法规，其内容大多是对互联网信息服务主体和内容的规定。2002 年《深圳经济特区人才市场条例》第九条有相

---

① 何明明：《欧盟消费金融公司的经营模式对我国的启示》，载《西南金融》2010 年第 5 期，第 43 页。

关规定即在招聘活动中，未经本人同意，不得擅自公开其个人信息。[①] 可以看到，这是“个人信息”作为法律用语首次出现在规范性文件中，根据条款可以看出个人信息保护指向了特定主体对个人信息进行保密，这是对个人信息处理活动的早期规定，同时也是当下个人信息保护的重点。不过，当时的个人信息与如今互联网时代的个人信息涵义有所区别，按照当时的规定，通过文义解释解读条款可以得出，个人信息更倾向于求职资料包含的姓名、性别、籍贯、住址、身份证号等身份证上记录的个人信息。

居民身份证法是我国最早提及“个人信息”保护的全国性法律。居民身份证法第六条第三款规定公安机关及其人民警察对因制作、发放、查验、扣押居民身份证而知悉的公民的个人信息，应当予以保密。通过对这一条款进行解析发现，其一是与《深圳经济特区人才市场条例》相同，其主要是规定特定主体对个人信息的保密；二是从国家立法角度来看，最早设定的个人信息保护义务主体为“公安机关及人民警察”,[②] 对金融领域的个人信息保护还未提上日程。

2005 年第十届全国人大常委会第十四次会议通过的刑法修正案（五）中增设的“窃取、收买或者非法提供他人信用卡信息资料的，依照前款规定处罚”（第一百七十七条之一第二款），这是我国法律上第一个关于侵害公民个人信息犯罪的法律规定[③]。这一阶段的消费金融领域中一个重要媒介即信用卡，因此，刑法修正案（五）的相关规定对消费金融领域个人信息保护产生了重大影响。

2009 年审议通过的刑法修正案（七）扩大了个人信息保护主体，并设定了侵犯公民个人信息罪,[④] 至此，侵犯个人信息的行为将被认定为犯罪。根据刑法修正案（七），个人信息保护的主体包含国家机关或者金融、电信、交

---

① 《深圳经济特区人才市场条例》（2002 年）第九条“用人单位在招聘活动中应当遵守下列规定：（一）不得有民族、地域、性别、宗教信仰等歧视性的规定；（二）不得向应聘人才收取押金、培训费、集资款、保证金等费用，或者以其他方式利用招聘活动牟取非法利益；（三）不得强制应聘人才提供与招聘职位无关的个人信息；（四）未经应聘人才本人同意，不得擅自公开其求职资料和个人信息，但是法律法规另有规定的除外。”

② 居民身份证法（2004 年）第六条：“居民身份证式样由国务院公安部门制定。居民身份证由公安机关统一制作、发放。居民身份证具备视读与机读两种功能，视读、机读的内容限于本法第三条第一款规定的项目。公安机关及其人民警察对因制作、发放、查验、扣押居民身份证而知悉的公民的个人信息，应当予以保密。”

③ 喻海松：《网络犯罪二十讲》，北京法律出版社 2018 年版，第 203 页。

④ 郑朝旭：《论侵犯公民个人信息罪的司法适用误区及其匡正》，载《财经法学》2022 年第 1 期，第 45—61 页。

通、教育、医疗等单位的工作人员，其违反国家规定，在履职或提供服务的过程中获得个人信息，出售、非法提供给他人等违法行为将获刑。[①] 这一规定对消费金融领域个人信息保护起到了有力的促进作用。

通过上述法律文件，不难发现，这一时期不仅仅是消费金融的萌芽期，同时也是个人信息保护在我国发展的萌芽期，有关个人信息保护的规定体系还不完善，虽然上述立法包含了个人信息的类型、监管主体、侵犯个人信息应当承担的责任等。但这一阶段的法律适用范围较为狭窄，只适用于特定领域，实践中操作性不强，例如存在个人信息涵义不明晰狭窄，个人信息保护主体单一，立法分散且法律效力和法律层级都不强等问题。由于在这一时期，一是个人信息保护还未受到重视，二是我国消费金融的概念并未深入人心，信贷消费的观念并未在中国居民中普及，消费金融的规模有限，消费金融领域个人信息保护问题还未凸显，因此，基于上述两个原因，我国对消费金融领域个人信息保护的立法问题并不关注。

二、第二阶段（2009 年—2013 年）：消费金融试点期及其个人信息保护立法

为了实现普惠金融服务，2009 年中国银监会颁布了《消费金融公司试点管理办法》，在北京、上海、天津、成都 4 个城市开放消费金融试点，随后国内首批 4 家持牌消费金融公司诞生，[②] 分别是北银消费金融、中银消费金融、捷信消费金融和锦程消费金融。在 2013 年，《消费金融公司试点管理办法（修订稿）》进行了修改，拓宽了消费金融城市试点。这一阶段，持牌消费金融公司在审核方面的要求相对宽松，其产品主要服务特点是小额、快速、无抵押担保，其主要目的是为了覆盖部分居民无法获得消费福利的缺口。

在消费金融发展的同时，我国同时也开始意识到个人信息保护的重要性，并逐渐加大了对个人信息保护的力度，这一阶段不仅有专门针对消费金融领域个人信息保护的立法，还出台了许多其他个人信息保护的法律文件。通过对北大法宝和国家法律法规数据库进行搜索统计发现 2009 年以后涉及“个人

---

① 刑法修正案（七）（2009 年）在刑法第二百五十三条后增加一条，作为第二百五十三条之一：“国家机关或者金融、电信、交通、教育、医疗等单位的工作人员，违反国家规定，将本单位在履行职责或者提供服务过程中获得的公民个人信息，出售或者非法提供给他人，情节严重的，处三年以下有期徒刑或者拘役，并处或者单处罚金。”“窃取或者以其他方法非法获取上述信息，情节严重的，依照前款的规定处罚。”“单位犯前两款罪的，对单位判处罚金，并对其直接负责的主管人员和其他直接责任人员，依照各该款的规定处罚。”

② 孟安燕：《消费金融发展现状、问题和对策》，载《浙江金融》2018 年第 1 期，第 25 页。

信息”的规范性法律文件数量是此前的5倍。易言之，自2009年起，我国涉及个人信息保护的立法开始大量增加，对个人信息保护的监管要求愈加严格。

其中与消费金融领域个人信息保护联系最紧密的立法是于2013年11月14日中国银监会发布的《消费金融公司试点管理办法》，在《消费金融公司试点管理办法》第三十一条规定：“消费金融公司对借款人所提供的个人信息负有保密义务，不得随意对外泄露。”此外尚无其他有关消费金融领域个人金融信息保护相关的条款。因此，本书认为对消费金融领域个人信息的保护应当通过现有的一般个人信息保护和金融领域个人信息保护相关的法律法规。

2010年1月1日起施行的经过第二次修订的统计法第九条有规定统计机构和统计人员对在统计工作中知悉的国家秘密、商业秘密和个人信息，应当予以保密。统计法增加个人信息保护的相关条款，是刑法修正案（七）的补充和延伸，统计机关也属于刑法修正案（七）第二百五十三条之一中所规定的国家机关的范畴。

2011年施行的社会保险法亦设有个人信息保护的专门条款，延续了对刑法修正案（七）中国家机关的细化，其对社会保险领域相关主体的个人信息保护义务予以明确。社会保险法第九十二条规定，社会保险行政部门和其他有关行政部门、社会保险经办机构、社会保险费征收机构及其工作人员，负责个人信息保护义务。

2011年，工信部为规范互联网秩序划定了“识别+隐私”的个人信息范围，确立了用户同意原则。① 2012年11月，工信部《信息安全技术公共及商用服务信息系统个人信息保护指南》将个人信息分为了一般个人信息和敏感个人信息，并在此基础上分别明确了默许同意和明示同意的概念。即对于一般个人信息的处理而言，如果个人信息主体并未明确反对，只需要通过默许同意个人信息即可以被收集和利用。相反，对于敏感个人信息，其必要条件是个人信息主体明确的同意，在此基础上，数据收集者才能收集和利用。

同年12月，《全国人民代表大会常务委员会关于加强网络信息保护的决定》宣布：“国家保护能够识别公民个人身份和涉及公民个人隐私的电子信息”。个人信息保护的立法开始提上日程，此后个人信息的有关规定逐渐成为许多法律的必备条款。②《全国人民代表大会常务委员会关于加强网络信息保

① 用户同意原则：未经用户同意，互联网服务提供者不得收集与用户相关能够单独或者与其他信息结合识别用户的信息，不得将用户个人信息提供给他人，但是法律、行政法规另有规定的除外。

② 高富平：《个人信息保护：从个人控制到社会控制》，载《法学研究》2018年第3期，第84—101页。

护的决定》确立了个人信息的法律地位，并在工信部的相关规定上进一步划定了“识别＋隐私”的范围。

2013 年 4 月，公安部发布了《最高人民法院、最高人民检察院、公安部关于依法惩处侵害公民个人信息犯罪活动的通知》扩大了个人信息罪的主体适用范围。同年 7 月，工信部“个人信息规定”在“识别性”之外加入使用服务时间和地点等信息。

2013 年 10 月 25 日，消费者权益保护法第二次修正时，将个人信息保护的范围扩大至消费者权益保护领域，对金融消费者个人信息的保护也是本法关注的重点。这是消费者权益保护法首次将个人信息列入保护范围，并设定了相应的民事、刑事责任。消费者权益保护法第十四条规定，消费者享有个人信息依法得到保护的权利。消费者权益保护法第二十九条规定经营者在处理消费者信息时应公开其收集、使用规则，不得违反法律、法规的规定和双方的约定收集、使用信息，并负有严格保密责任，不得泄露、出售或者非法向他人提供，同时经营者还需要采取相应措施保证消费者个人信息安全。

相较于一般个人信息的保护，金融领域个人信息的不当收集和处理所产生的后果具有其特殊性。关于我国当前的金融领域个人信息保护，中国人民银行自 2007 年开始，通过《金融机构客户身份识别和客户身份资料及交易记录保存管理办法》《中国人民银行关于银行业金融机构做好个人金融信息保护工作的通知》《中国人民银行关于金融机构进一步做好客户个人金融信息保护工作的通知》等文件，确立了对金融领域个人信息的保护框架，并设立了一系列的要求，其一是金融领域个人信息的保护范围（收集范围和处理范围），主要包括金融机构客户身份资料和交易信息保护，其二是对金融领域个人信息保护的原则。中国人民银行出台的《个人信用信息基础数据库管理暂行办法》和《中国人民银行关于银行业金融机构做好个人金融信息保护工作的通知》，对金融领域的个人信息等处理活动作了规定，但是由于《个人信用信息基础数据库管理暂行办法》《中国人民银行关于银行业金融机构做好个人金融信息保护工作的通知》等文件涉及的行业主体有限，法律层级较低，其法律效力并不高，对消费金融领域个人信息保护产生了一定作用，但是在实践中有其局限性。

2013 年 8 月，银监会在《银行业消费者权益保护工作指引》中规定针对银行业领域个人信息侵权，并规定了 8 种禁止性行为，明确制度保障和监督管理等。银行业领域是消费金融业务开展的主要领域之一，对银行业领域个人信息的保护有助于推进消费金融领域的个人信息保护。

这一阶段我国开始对消费金融进行试点，与此同时，我国明显加强了对个人信息的保护，个人信息保护的法律文件显著增多且法律效力和法律位阶都有所提高，个人信息保护的立法体系开始走向完备。乘着个人信息保护立法迅速发展的东风，消费金融领域个人信息保护相关的法律规定也开始受到重视。

三、第三阶段（2013 年—2016 年）：消费金融发展期及其个人信息保护立法

银监会于 2013 年发布了《消费金融公司试点管理办法（修订稿）》，并在沈阳、南京、杭州、重庆等 10 个城市进行消费金融试点工作，香港和澳门的金融机构可在广东试点设立消费金融公司，同时，我国也支持和鼓励民营企业设立消费金融公司。在此基础上，大型电商企业、分期消费电商企业等民间金融机构纷纷开始涉入消费金融领域，消费金融市场参与主体日益丰富。

2015 年，国务院将消费金融公司试点扩大至全国，并将审批权下放到各省级银监局，鼓励符合条件的民间资本、国内外银行业机构和互联网企业发起设立消费金融公司。[①] 此外，已经通过网络服务平台积累了大量用户数据与流量的互联网金融企业利用其统一化的金融服务平台，绕过了法律的相关规定，直接申请互联网小贷牌照而无需消费金融公司牌照，通过在某些特定的消费领域开展消费信贷业务，利用其场景细分、大数据丰富以及成熟的贷款申请系统，直接向借款人开展信贷业务。至此，消费金融行业步入快速发展期。

这一时期，在消费金融领域，除上述《消费金融公司试点管理办法（修订稿）》以外，2015 年中国人民银行等十部委联合印发的《关于促进互联网金融健康发展的指导意见》（银发〔2015〕221 号）将互联网支付、网络借贷和互联网消费金融纳入广义消费金融的范畴。[②] 该意见第十六条规定，要细化完善互联网金融个人信息保护的原则、标准和操作流程；第十七条规定："从业机构应当切实提升技术安全水平，妥善保管客户资料和交易信息，不得非法买卖、泄露客户个人信息。人民银行、银监会、证监会、保监会、工业和信息化部、公安部、国家互联网信息办公室分别负责对相关从业机构的网络与信息安全保障进行监管，并制定相关监管细则和技术安全标准。"这一规定对消费金融领域个人信息保护影响极大。2016 年发布的《中国人民银行、银监会关于加大对新消费领域金融支持的指导意见》虽未提及对个人信息的保护，但是该文件第十四条指出要维护金融消费者权益，加强金融消费者教育，

---

① 尹一军：《互联网消费金融的创新发展研究》，载《技术经济与管理研究》2016 年第 6 期，第 68 页。

② 唐谏珍：《互联网消费金融监管与国际经验借鉴》，载《区域金融研究》2020 年第 8 期，第 28 页。

完善金融消费纠纷受理处理机制，这也是对前述消费金融领域个人信息保护的一种侧面补充规定。

此外，在消费金融领域之外，也有一些普遍适用的法律规定。例如，2014年6月，《最高人民法院关于审理利用信息网络侵害人身权益民事纠纷案件适用法律若干问题的规定》规定公开他人个人信息的侵权责任。该解释第十二条第一款、第二款规定："网络用户或者网络服务提供者利用网络公开自然人基因信息、病历资料、健康检查资料、犯罪记录、家庭住址、私人活动等个人隐私和其他个人信息，造成他人损害，被侵权人请求其承担侵权责任的，人民法院应予支持。但下列情形除外：（一）经自然人书面同意且在约定范围内公开；（二）为促进社会公共利益且在必要范围内；（三）学校、科研机构等基于公共利益为学术研究或者统计的目的，经自然人书面同意，且公开的方式不足以识别特定自然人；（四）自然人自行在网络上公开的信息或者其他已合法公开的个人信息；（五）以合法渠道获取的个人信息；（六）法律或者行政法规另有规定。网络用户或者网络服务提供者以违反社会公共利益、社会公德的方式公开前款第四项、第五项规定的个人信息，或者公开该信息侵害权利人值得保护的重大利益，权利人请求网络用户或者网络服务提供者承担侵权责任的，人民法院应予支持。"

2015年8月29日审议通过的刑法修正案（九）进一步强化个人信息刑事保护力度，但学界亦有学者对个人信息保护的过度刑事化持反对意见。刑法修正案（九）对个人信息保护义务相对人的表述，其主要改进是刑法修正案（七）对个人信息保护的列举式规定，将其调整为"违反国家有关规定"这一概括性表述，扩大了个人信息保护的范围。①

2016年网络安全法确立了个人信息保护原则的内涵、方式和责任，其一是明确了获取和共享个人信息应当遵循合法、正当、必要的原则；其二是对于收集到的公民的个人信息及其处理活动应当仅局限于维护网络安全的需要，不得扩大其使用范围；其三是对于个人信息泄露问题，网络运营者应当确保用户的个人信息安全；其四是网络安全法明确了个人和组织发送的电子信息、提供的应用软件中的相关规定，不得带有设置的恶意程序。

---

① 刑法修正案（九）（2015年）将刑法第二百五十三条之一修改为："违反国家有关规定，向他人出售或者提供公民个人信息，情节严重的，处三年以下有期徒刑或者拘役，并处或者单处罚金；情节特别严重的，处三年以上七年以下有期徒刑，并处罚金。""违反国家有关规定，将在履行职责或者提供服务过程中获得的公民个人信息，出售或者提供给他人的，依照前款的规定从重处罚。""窃取或者以其他方法非法获取公民个人信息的，依照第一款的规定处罚。""单位犯前三款罪的，对单位判处罚金，并对其直接负责的主管人员和其他直接责任人员，依照各该款的规定处罚。"

相较于其他行业的个人信息，金融领域个人信息与个人的资产、信用状况高度相关并且其价值巨大，此外，金融是现代市场经济中最重要的组成成分之一，同时其对个人生活影响极大，金融领域的个人信息的真实性、准确性和关联性极高，一旦出现金融领域个人信息处理不当的行为，极易对个人信息拥有者造成巨大的损失。在当前注重个人信息保护的大背景下，对金融领域个人信息的保护，应当给予更大的力度，其中最重要的是《中国人民银行金融消费者权益保护实施办法》。

在 2016 年印发的《中国人民银行金融消费者权益保护实施办法》中专门强调了金融消费者个人信息保护问题。《中国人民银行金融消费者权益保护实施办法》对金融领域中个人金融信息的概念进行了拓展，包含身份信息、财产信息、账户信息、信用信息、金融交易信息及其他与特定消费者购买、使用金融产品或者服务相关的信息。有学者对上述几类信息进行了总结归纳，分为两类：（1）个人身份信息，主要包括个人标识型信息和个人属性信息；（2）个人财务信息，包括个人的财产信息、账户信息、金融交易信息和信用信息等。[①] 其中专门强调了金融消费者个人信息保护问题，至此，金融领域中个人金融信息的外延增大。其次，《中国人民银行金融消费者权益保护实施办法》按照个人信息保护相关的要求，明确规定金融机构员工对个人信息应履行保密义务，不得非法复制、存储和适用，应当遵循正当、合法、必要的原则，严格按照法律法规和用户授权的目的和范围处理消费者金融信息，不得因金融消费者拒绝提供非必要信息而拒绝提供金融产品或服务。金融机构应当采取有效措施确保个人金融信息安全，至少每半年排查一次个人金融信息安全隐患，并妥善保管和存储所收集的消费者金融信息。一旦发生信息泄露、毁损、丢失，应当及时采取补救措施，告知金融消费者并报告人民银行。此外，《中国人民银行金融消费者权益保护实施办法》还规定了数据库分级授权管理机制，以及格式条款中明确授权或同意原则的应用。

这一阶段我国对个人信息的保护立法体系也在逐渐完善，尤其是互联网数据安全领域。我国在这一时期进一步明确了个人信息保护的内涵与外延、侵犯个人信息承担的责任、个人信息保护主体等。与此同时，伴随着互联网技术的广泛应用，消费金融在我国同样进入快速发展期，尤其是 2015 年至 2017 年间，基于互联网金融的消费金融企业迅猛发展，金融消费者个人信息保护成为了消费金融领域关注重点之一。

---

① 邢会强：《大数据时代个人金融信息的保护与利用》，载《东方法学》2021 年第 1 期，第 47—60 页。

四、第四阶段（2017 年至今）：消费金融发展规范期及其个人信息保护立法

2015 年之后，互联网技术推动金融领域发生巨大的变革，消费金融进入发展爆发期，同时，由于我国对消费金融领域的立法尚未完善，因此出现了滥放高利贷、暴力催收、裸贷等一系列违反法律法规的现象，严重侵犯了金融消费者的个人信息权益。自 2017 年开始，各领域的监管当局就开始严格规范本行业内的消费金融信贷行为，并颁布了多项规范性法律文件：银监会、教育部、人力资源社会保障部三部门联合发布了《关于进一步加强校园贷规范管理工作的通知》加大对网络借贷信息中介机构校园网贷业务的清理整顿；互联网金融风险专项整治工作领导小组办公室下发了《关于立即暂停批设网络小额贷款公司的通知》要求各级监管部门即日起一律不得新批设网络小额贷款公司；2017 年 12 月 1 日，互联网金融风险专项整治工作领导小组办公室联合 P2P 网贷风险专项整治工作领导小组办公室发布了《关于规范整顿"现金贷"业务的通知》对现金贷开启了整顿工作。

2018 年上半年，监管当局对消费金融的监管进一步趋严。经国务院同意，中国人民银行、中国银行保险监督管理委员会、中国证券监督管理委员会、国家外汇管理局印发的《关于规范金融机构资产管理业务的指导意见》正式落地，对资产管理机构的资金杠杆、产品嵌套等方面加强约束，[①] 间接约束了消费金融平台的资金来源、资金杠杆等。同年，国务院办公厅印发了《关于全面推进金融业综合统计工作的意见》，该《意见》要求在金融领域全面推进统计工作，明确表示应当完善和建立地方金融管理部门，监管互联网金融统计体系，其中最重要的是将互联网金融消费平台也纳入金融综合统计工作中。自此，消费金融行业进入全面整顿和规范阶段，这一年可谓是消费金融合规元年。在此基础上，对消费金融个人信息保护的监管也将呈现出更为严格的趋势。

由于目前没有专门针对消费金融领域个人信息保护的立法，因此一般个人信息保护法和金融领域个人信息保护的立法将成为梳理的重点。

2017 年 10 月 1 日起施行的民法总则设置专门条款明确个人信息保护，这是民法总则首次将个人信息写入，确立其独立的私法地位。[②] 该条总共两层涵

---

① 姜宇：《论资产管理业务法律规制的第三支柱：信义义务规则——兼评〈关于规范金融机构资产管理业务的指导意见〉》，载《上海金融》2018 年第 12 期，第 53—54 页。

② 民法总则（2017 年）第一百一十一条："自然人的个人信息受法律保护。任何组织和个人需要获取他人个人信息的，应当依法取得并确保信息安全，不得非法收集、使用、加工、传输他人个人信息，不得非法买卖、提供或者公开他人个人信息。"

义，并从正反两方面明确了个人信息收集和利用的规则。[①] 应该说，民法总则第一百一十一条有关个人信息保护的规定，是民法典个人信息保护章节书写的基础。

2017 年 6 月 1 日起施行的《最高人民法院 最高人民检察院关于办理侵犯公民个人信息刑事案件适用法律若干问题的解释》（以下简称《“两高”司法解释》）是我国首个对“个人信息”概念或定义予以明确的司法解释。[②]

同年 12 月，国标委公布国家标准《信息安全技术个人信息安全规范》的规范性文件，作为行业内的基本适用标准。其对个人信息收集、保存、使用等处理活动作出了明确规定，并规定了个人信息主体的权利，其可以查询、更正、删除、撤回授权、注销账户、获取个人信息副本等。同时，行政机关可以参照《信息安全技术个人信息安全规范》，在其所规定的范围内，对企业收集和处理个人信息进行治理。

2018 年 3 月，银保监会发布《银行业金融机构数据治理指引（征求意见稿）》，就相关数据治理问题，向全社会公开征求意见，至此银行业金融机构全面数据治理拉开大幕。

同年 8 月修订后公布的《全国经济普查条例》（2004 年 9 月 5 日公布并施行），明确了经济普查工作中相关主体对个人信息保密义务，涵盖各级经济普查机构及其工作人员。

2019 年，央行将《个人金融信息（数据）保护试行办法（初稿）》下发到各家银行征求意见。《办法》将重点涉及完善征信机制体制建设，对金融机构的征信业务活动进行更加严格的规范，并对违规处理个人征信信息加大惩罚力度。由全国金融标准化技术委员会正式公布、于 2020 年正式实施的《个人金融信息保护技术规范》（JR/T 0171—2020）是金融领域个人信息保护的重要技术和法律文本。根据《个人金融信息保护技术规范》，“个人金融信息”是指银行业金融机构通过开展业务所收集的与个人身份、财产、账户、信用、交易有关的信息以及其他个人信息。[③]《个人金融信息保护技术规范》为金融业机构收集、使用个人信息提供了法律依据，尤其是《个人金融信息

---

① 吴泓：《信赖理念下的个人信息使用与保护》，载《华东政法大学学报》2018 年第 1 期，第 22—36 页。

② 《“两高”司法解释》第一条规定：“刑法第二百五十三条之一规定的‘公民个人信息’，是指以电子或者其他方式记录的能够单独或者与其他信息结合识别特定自然人身份或者反映特定自然人活动情况的各种信息，包括姓名、身份证件号码、通信通讯联系方式、住址、账号密码、财产状况、行踪轨迹等。”

③ 央行发布 JR/T 0171—2020《个人金融信息保护技术规范》，http：//www.fintechinchina.com/index/article/info.html？type =9&id =2505。

保护技术规范》对金融领域个人信息进行了技术性分类，并通过此分类，对个人信息保护提出了要求。依据《个人金融信息保护技术规范》的相关规定，金融机构可对个人信息进行分类分层的保护。

2020年《商业银行互联网贷款管理暂行办法（征求意见稿）》第三十三条规定，如果需要从合作机构获取借款人风险数据，应通过适当方式确认合作机构的数据来源合法合规、真实有效，并已获得信息主体本人的明确授权。商业银行不得与违规收集和使用个人信息的第三方开展数据合作。

2021年1月1日起施行的民法典，对于个人信息的保护，既继承了民法总则的立法精神，如民法典专章规定与民法总则第一百一十一条关于个人信息的规定基本一致。同时，民法典又做了相应的扩张和延伸，其设立专门章节（第一千零三十条至第一千零三十九条），将个人信息保护和隐私权纳入其中。其内容包括个人信息保护的基本原则与规则（如自然人就个人信息享有的各项权利，收集和使用个人信息应遵循的基本原则，侵害个人信息的侵权责任构成要件、归责原则、免责事由及侵权责任的承担方式等）作出相应的规定，[①] 同时也对个人信息的主体和权力义务关系、个人信息的概念界定、个人信息的处理原则和内容、责任承担和责任豁免、个人信息妥善储存和删除等作出了规定。相较于民法总则，民法典的效力强，同时对个人信息保护的规定较为全面，是我国在私法领域保护个人信息的基础。按照民法典第一千零三十四条规定，个人信息是以电子或者其他方式记录的能够单独或者与其他信息结合识别特定自然人的各种信息，包括自然人的姓名、出生日期、身份证件号码、生物识别信息、住址、电话号码、电子邮箱、健康信息、行踪信息等。不难发现，在前述中《“两高”司法解释》对个人信息的界定思路，在民法典中得到了延续和确认。

个人信用体系的完善和征信体系的建设对消费金融发展具有重要意义，但是，如何在利用个人信用信息的同时，确保个人信用信息的安全也是当前消费金融领域面临的问题。2022年1月，中国人民银行发布了《征信业务管理办法》（以下简称《办法》）对信用信息的保护作出了规定。第一，《办法》对信用信息概念作出了明确界定，扩大了范围，将所有金融、经济、交易记录都纳入信用信息。第二，明确了信用信息的采集原则、信息保护、主体权利以及异议处理。第三，对信用信息储存和处理加工过程以及如何处理错误信息进行了规定。第四，明确了信用信息的提供和使用要求。第五，明确了信用信息的安全内控制度、软硬件设备安全等级、人员管理、境外查询、信

① 程啸：《民法典编纂视野下的个人信息保护》，载《中国法学》2019年第4期，第26—43页。

息跨境的要求。

而已于2021年11月1日起施行的个人信息保护法，又对个人信息范围做了微调，将“匿名化处理后的信息”剔除在个人信息范围之外。个人信息保护法第四条规定，个人信息是以电子或者其他方式记录的与已识别或者可识别的自然人有关的各种信息，不包括匿名化处理后的信息。通过对比可以看到，与《“两高”司法解释》和民法典相比，个人信息保护法对个人信息范围并未采用明确的列举式表述，而是划定了个人信息的标准。值得关注的是，个人信息保护法共八章、七十四条，其中多数条款是对个人信息处理活动的相关规定。因此，个人信息保护法可以说是个人信息处理行为规范方面的法律。

由此可见，个人信息保护法的出台，意味着个人信息处理活动将迎来“强监管”时代，包括对个人信息的收集、存储、使用、加工、传输、提供、公开、删除以及跨境流动等。

这一阶段不仅仅是消费金融领域的严监管时期，同时也代表着我国个人信息保护立法体系已经初步建立。消费金融领域个人信息保护是这一时期监管当局关注的要点之一，虽然我国并未专门对消费金融领域个人信息保护进行立法，但是这一时期的诸多立法都适用于消费金融领域个人信息保护，其中如《征信业管理条例》《个人金融信息保护技术规范》等与消费金融领域个人信息保护联系十分紧密，可作为消费金融领域个人信息保护的实践与法理依据。

五、小结

通过对个人信息保护的相关法律法规进行梳理，不难看出，我国对一般个人信息和金融领域个人信息保护力度在逐年增加，个人信息法律保护体系也随着市场的发展逐渐完善。

（1）在个人信息保护法出台前，主要由不同行业主管部门在制定行政法规和部门规章时添加个人信息保护规范。通过对上述规范进行梳理，所谓的国家主体包含工信部、公安部、银保监会、国标委等，呈现出由特定主体对个人信息的保护和保密义务。对个人信息的保护有两种不同的趋势，其一是由欧盟的《数据保护指令》到《一般数据保护条例（GDPR）》，对个人信息保护都趋向于更加严格，增加了多项权利和原则，如知情同意原则、可携带权、可遗忘权等；而与之相反的是基于隐私权保护的基础，美国在个人信息保护方面更加宽松了。从我国目前的规范中，2009年后，个人信息保护相关法律激增，显现出我国对个人信息保护进行严监管的倾向性。在个人信息保护法出台后，我国个人信息保护法律体系初步建立，结合网络安全法、消费者权益保护法和民法典以及一系列互联网信息安全保护法律文件等，就个人信息使用者和拥有者而言，个人信息的收集和处理过程必须全透明，并严格了侵犯个人信息权应承担的民事责任和刑事责任。

（2）在民法典与个人信息保护法出台之前，我国对个人信息保护偏重于刑事化。例如在刑法第二百五十三条之一规定了侵犯公民个人信息罪，其主要通过刑法修正案（九）将刑法修正案（七）中的非法出售、提供和获取公民个人信息罪调整为侵犯公民个人信息罪，并且犯罪主体的范围也有所扩张，对特殊主体从重处罚等。从司法案例来看，侵犯公民个人信息类刑事犯罪可能涉及十几个具体的刑事罪名，其中非法获取公民个人信息罪、诈骗罪、侵犯公民个人信息罪最为常见，其他相关的犯罪还有信用卡类犯罪、计算机信息系统类犯罪、合同诈骗罪、非法经营罪、赌博罪以及敲诈勒索罪也和公民个人信息被侵犯乃至非法利用相关。在民法典与个人信息保护法出台后，个人信息权益保护的过度刑事化状况有所改善，对消费者个人信息的民法保护将成为该领域的重点。

（3）历时较久，终形成统一规范。此前，个人信息合规的立法呈现出碎片化的趋势，这一点与美国立法模式相似。实际上，我国目前针对个人信息的法律法规并不少，几乎所有法律都涉及个人信息保护，其中包括互联网数据、医疗数据、个人信用数据以及其他金融数据等，但是分散性立法的最大弊端即在于此类法律法规效力不高、内容不集中、适用范围受局限、处罚不具体。我国已经施行的个人信息保护法历时四年，终形成一部个人信息保护的专门立法，是我国个人信息保护历史上的里程碑：第一，在规制主体上，对国家机关和私营企业对个人信息的处理活动的规制一视同仁，遵循个人信息保护的同一标准。因此，个人信息保护法的规制范围较为全面，包含行政机关、私营企业，在最大限度上保护个人信息的权益。第二，在规制范围上，包含境内和境外个人信息保护，赋予了境外适用效力，全方位的保护我国公民的个人信息权益。第三，明确和扩大了个人信息范围，将可识别的个人信息都包含在保护范围中。第四，赋予了个人信息拥有者更多的权利，包含删除权、查询权、解释权、更正权等，并将权利具体化，使其在司法使用中更具有可操作性。第五，规范了个人信息出境条件。第六，实施“看门人”义务，尤其是对大型互联网金融科技企业，其用户数量巨大，金融平台服务完善，业务类型复杂，信息流转频繁。

（4）当前我国有关金融领域个人信息的保护主要从金融机构治理入手，其中对银行类金融机构的个人信息处理活动关注点最为集中，例如，《中华人民共和国中国人民银行法》第十五条[①]、《中华人民共和国商业银行法》第六条、第二十九条、第七十三条、[②]《中华人民共和国证券法》第四十四条、《储蓄管理条例》(1992 年发布、2010 年修正）第五条、《个人存款账户实名制规定》(2000 年施行）第八条、[③]《人民币银行结算账户管理办法》(2002 年通过）第九条、[④]《征信业管理条例》(2012 年通过）等一些从侧面、零碎的对银行业领域个人信息进行保护的法律条款，金融消费者的个人信息保护是金融领域立法保护重点。因此，金融领域个人信息保护研究也可以被视为如何保护金融消费者个人信息。同时，按照前述分析，2009 年后个人信息保护的条款激增，通过对法律进行统计发现，金融领域个人信息保护所规范的特定主体逐渐由银行业发展至金融业各个领域，并在实现个人信息权益保护基础上，对金融领域个人信息进行独立的、符合金融行业特殊性要求的保护，这与消费金融的发展历程呈现出一致性，如最初的消费金融主要是在银行业领域，直至 2009 年后才开始扩张到其他领域。由上述变化可见，当前我国正依据金融领域发展势态，金融领域个人信息保护工作正在从全面性、针对性角度使用政策工具和立法工具。

(5）通过互联网开展消费金融业务的企业的个人信息利用与信息安全是合规的重点，我国亦有诸多网络领域的法律法规及规范性文件对个人信息保护有所规定。如 2012 年《全国人民代表大会常务委员会关于加强网络信息保护的决定》、2013 年《电信和互联网用户个人信息保护规定》、2017 年《中华人民共和国网络安全法》《信息安全技术个人信息安全规范》、2019 年《互联网个人信息安全保护指南》《电信和互联网行业提升网络数据安全保护能力专项行动方案》《儿童个人信息网络保护规定》《工业和信息化部关于开展 APP

① 《中华人民共和国中国人民银行法》第十五条："中国人民银行的行长、副行长及其他工作人员，应当依法保守国家秘密，并有责任为与履行其职责有关的金融机构及当事人保守秘密。"

② 《中华人民共和国商业银行法》第六条规定，商业银行应当保障存款人的合法权益不受任何单位和个人的侵犯；第二十九条规定，商业银行应当遵循存款自愿、取款自由、存款有息、为存款人保密的原则，对个人储蓄存款，商业银行有权拒绝任何单位或者个人查询、冻结、扣划，但法律另有规定的除外；第七十三条规定，商业银行对存款人或者其他客户造成财产损害的，应当承担支付迟延履行的利息以及其他民事责任。

③ 《个人存款账户实名制规定》第八条规定："金融机构及其工作人员负有为个人存款账户的情况保守秘密的责任。金融机构不得向任何单位或者个人提供有关个人存款账户的情况，并有权拒绝任何单位或者个人查询、冻结、扣划个人在金融机构的款项；但是，法律另有规定的除外。"

④ 《人民币银行结算账户管理办法》第九条规定："银行应依法为存款人的银行结算账户信息保密。对单位银行结算账户的存款和有关资料，除国家法律、行政法规另有规定外，银行有权拒绝任何单位或个人查询。对个人银行结算账户的存款和有关资料，除国家法律另有规定外，银行有权拒绝任何单位或个人查询。"

侵害用户权益专项整治工作的通知》《APP违法违规收集使用个人信息行为认定方法》。通过上述一系列对互联网领域个人信息保护的相关规定，监管当局主要对以下行为进行重点监管：一是私自收集个人信息；二是超越必要范围收集个人信息，这对发展与完善我国消费金融领域个人信息保护的立法具有重要的借鉴意义。

（6）我国消费金融的发展与个人信息保护立法的演进在时间线上具有一定程度的趋同性，例如，消费金融和金融领域个人信息保护都起始于银行业，在2009年之后进入快速发展期，随后逐渐覆盖金融全领域，盛兴于互联网技术的广泛应用。

总而言之，虽然上述文件大多数都未专门针对消费金融领域个人信息进行规定，但是消费金融领域的个人信息作为一般个人信息和个人金融信息在消费金融领域的具现化，上述多数法律的普遍适用性可以作为消费金融领域个人信息保护的依据，同时也可以作为未来对消费金融领域进行专门立法的法理依据。

以下为消费金融领域个人信息保护重要法律法规整理。

互联网信息服务管理办法	行政法规	国务院办公厅	2000.9.25
个人信用信息基础数据库管理暂行办法	部门规章	中国人民银行	2005.10.1
金融机构客户身份识别和客户身份资料及交易记录保存管理办法	部门规章	中国人民银行、中国银行业监督管理委员会（已撤销）、中国证券监督管理委员会、中国保险监督管理委员会（已撤销）	2007.6.21
中国人民银行关于银行业金融机构做好个人金融信息保护工作的通知	部门规章	中国人民银行	2011.1.21
关于银行业金融机构做好个人金融信息保护工作有关问题的通知	部门规章	中国人民银行	2011.5.12
最高人民法院印发《关于人民法院为防范化解金融风险和推进金融改革发展提供司法保障的指导意见》的通知	部门规章	中国人民银行	2012.3.27
中国人民银行关于金融机构进一步做好客户个人金融信息保护工作的通知	司法解释	最高人民法院	2012.2.10

续表

全国人民代表大会常务委员会关于加强网络信息保护的决定	行政法规	全国人民代表大会常务委员会	2012. 12. 28
信息安全技术 公共及商用服务信息系统个人信息保护指南	国家标准	中国国家质量监督检验检疫总局、国家标准化管理委员会	2013. 2. 1
中国银行业监督管理委员会关于印发银行业消费者权益保护工作指引的通知	部门规章	中国银行业监督管理委员会（已撤销）	2013. 8. 30
电信和互联网用户个人信息保护规定	行业条例	工业和信息化部	2013. 9. 1
中华人民共和国消费者权益保护法	国家法律	全国人民代表大会常务委员会	2013. 10. 25
国务院办公厅转发密码局等部门关于金融领域密码应用指导意见的通知	行政法规	国务院办公厅	2014. 2. 4
中国人民银行办公厅关于 2013 年个人金融信息保护专项检查情况的通报	部门规章	中国人民银行	2014. 6. 11
国务院关于实施银行卡清算机构准入管理的决定	行政法规	国务院	2015. 4. 22
国务院办公厅关于加强金融消费者权益保护工作的指导意见	行政法规	国务院办公厅	2015. 11. 4
中国人民银行关于加强征信合规管理工作的通知	部门规章	中国人民银行	2016. 11. 24
最高人民法院、最高人民检察院关于办理侵犯公民个人信息刑事案件适用法律若干问题的解释	国家法律	全国人民代表大会常务委员会	2017. 6. 1
中华人民共和国网络安全法	司法解释	最高人民法院、最高人民检察院	2017. 5. 8
互联网用户公众账号信息服务管理规定	行业条例	国家互联网信息办公室	2017. 10. 8
中国人民银行关于加强反洗钱客户身份识别有关工作的通知	部门规章	中国人民银行	2017. 10. 20
中国人民银行关于改进个人银行账户分类管理有关事项的通知	部门规章	中国人民银行	2018. 1. 12
中国人民银行关于进一步加强征信信息安全管理的通知	部门规章	中国人民银行	2018. 4. 24

续表

信息安全技术 移动智能终端个人信息保护技术要求	国际标准	中国国家质量监督检验检疫总局、国家标准化管理委员会	2018. 5. 1
信息安全技术 个人信息安全规范	国家标准	中国国家质量监督检验检疫总局、国家标准化管理委员会	2018. 5. 1
最高人民检察院关于印发《检察机关办理侵犯公民个人信息案件指引》的通知	司法解释	最高人民检察院	2018. 11. 9
中华人民共和国电子商务法	国家法律	全国人民代表大会常务委员会	2019. 1. 1
金融信息服务管理规定	部门规章	国家互联网信息办公室	2019. 2. 1
APP 违法违规收集使用个人信息自评估指南	行业条例	APP 专项治理工作组	2019. 3. 1
中国人民银行关于进一步加强支付结算管理防范电信网络新型违法犯罪有关事项的通知	部门规章	中国人民银行	2019. 3. 28
互联网个人信息安全保护指南	行业条例	公安部网络安全保卫局、北京网络协会、公安部第三研究所	2019. 4. 10
电信和互联网行业提升网络数据安全保护能力专项行动方案	行业条例	工业和信息化部	2019. 7. 17
信息安全技术 个人信息去标识化指南	国家标准	中国国家质量监督检验检疫总局、国家标准化管理委员会	2019. 8. 30
最高人民法院、最高人民检察院关于办理非法利用信息网络、帮助信息网络犯罪活动等刑事案件适用法律若干问题的解释	司法解释	最高人民法院、最高人民检察院	2019. 10. 21
APP 违法违规收集使用个人信息行为认定办法	部门规章	网信办等四部委	2019. 11. 28
中国人民银行、中国银行保险监督管理委员会对《关于修改〈银行卡清算机构管理办法〉的决定》	部门规章	中国人民银行、中国银行保险监督管理委员会	2019. 12. 30
信息安全技术 移动互联网应用（APP）收集个人信息基本规范（草案）	国家标准	全国信息安全标准化技术委员会	2020. 1. 20

续表

信息安全技术 个人信息告知同意指南	国家标准	国家互联网信息办公室	2020. 1. 20
个人金融信息保护技术规范	行业标准	中国人民银行	2020. 2. 13
中国人民银行关于发布金融业标准做好个人金融信息保护技术管理工作的通知	部门规章	中国人民银行	2020. 2. 13
移动金融客户端应用软件安全管理规范	行业标准	中国人民银行	2020. 3. 4
中华人民共和国数据安全法	国家法律	全国人民代表大会常务委员会	2021. 9. 1
商业银行互联网贷款管理暂行办法	部门规章	中国银行保险监督管理委员会	2020. 7. 17
数据安全管理办法（试行）	部门规章	中国银行保险监督管理委员会	2020. 9. 23
金融数据安全数据安全分级指南	行业标准	中国人民银行	2020. 9. 23
中国人民银行金融消费者权益保护实施办法	部门规章	中国人民银行	2020. 9. 15
互联网用户公众账号信息服务管理规定	行业标准	国家互联网信息办公室	2021. 2. 22
常见类型移动互联网应用程序必要个人信息范围（征求意见稿）	行业条例	国家互联网办公室	2020. 12. 16
中华人民共和国民法典	国家法律	全国人民代表大会常务委员会	2021. 1. 1
中华人民共和国个人信息保护法	国家法律	全国人民代表大会常务委员会	2021. 11. 1
征信业务管理办法	部门规章	中国人民银行	2022. 1. 1
个人金融信息（数据）保护试行办法（初稿）	行业条例	中国人民银行	2019

第二节　域外消费金融领域个人信息保护的发展及立法现状

正如前文所述，消费金融领域个人信息保护是一般个人信息保护和金融领域个人信息保护在消费金融领域的具体体现，因此，在没有专门针对消费金融领域个人信息保护的立法前，考察国外消费金融领域个人信息保护以梳理一般个人信息保护和金融领域个人信息保护的立法为主。

20 世纪后期，西方各国就开始全面展开了信息隐私立法，并将个人信息保护或类似的表述直接写入宪法，在此基础上又以统一或分散立法的形式制定个人信息保护法，域外国家并未单独对消费金融领域的个人信息保护进行立法，而是将消费金融领域个人信息保护涵盖于数据保护法或者金融领域中个人信息保护立法之中。西方关于个人信息保护的立法可以追溯到美国 1966 年的《信息自由法》、德国黑森州 1970 年的《数据保护法》和 1977 年的《联邦数据保护法》，此后，瑞士、法国、荷兰制定了第一批全国性的个人信息保护立法，[①] 其中瑞士的《数据保护法》不仅明确了数据自动化处理在公共领域和私营企业中规定，同时确立了数据自动化处理的登记和审批制度，对早期西欧国家的个人数据保护发展有着极为重要的影响。[②] 其后，挪威、芬兰、冰岛、奥地利、爱尔兰、葡萄牙、比利时、英国受此前瑞士等国家的影响亦开始制定个人信息保护法，其中较为重要的数据保护法是《英国联邦数据保护法》要求处理数据行为应遵循 8 项原则。法国《信息、档案和自由法》确立以人权保障为基础的个人信息保护制度，为之后欧盟的一系列相关个人信息和数据保护法的出台奠定了基础。

1973 年美国发布“公平信息实践准则”报告，确立了个人信息处理的五项原则：（1）禁止所有秘密的个人信息档案保存系统；（2）确保个人了解其被收集的档案信息是什么，以及信息如何被使用；（3）确保个人能够阻止未经同意而将其信息用于个人授权使用之外的目的，或者将其信息提供给他人，用作个人授权之外的目的；（4）确保个人能够改正或修改关于个人可识别信息的档案；（5）确保任何组织在计划使用信息档案中的个人信息都必须是可靠的，并且必须采取预防措施防止滥用。[③] 在“公平信息实践准则”所奠定的个人信息保护基本框架之上，美国出台了一系列隐私保护法。

进入 21 世纪后，网络信息技术的迅速发展给个人信息保护带来了诸多隐

---

① 高富平：《论个人信息处理中的个人权益保护——“个保法”立法定位》，载《学术月刊》2021 年第 2 期，第 107—124 页。

② Herbert Kurbert, Privacy - Data Protection - German/European Perspective, in Engel, Christoph; Keller, Kenneth H. , eds. , Governance of Global Networks in the Light of DifferingLocal Values, Baden - Baden, 48（2000）.

③ 王苑：《数据权力视野下个人信息保护的趋向——以个人信息保护与隐私权的分立为中心》，载《北京航空航天大学学报（社会科学版）》2022 年第 1 期，第 45—57 页。

患，因此个人信息保护的立法陡然加速。2000 年到 2010 年，共有 40 个国家颁布了个人信息保护法，是前十年的两倍，而 2010 年到 2019 年，又新增了 62 部个人信息保护法，比以往任何十年都要多。延续这一趋势，截至 2029 年将会有超过 200 个国家或地区拥有个人信息保护法。据统计，到目前为止，已有 120 多个国家制定了个人数据（信息）保护法。[①] 其中多数国家将个人信息保护置于个人数据法之中，少部分国家将个人信息保护置于隐私权之下，如美国、澳大利亚、加拿大等，例如，美国基于《隐私权法》出台了一系列隐私保护法和加拿大的《数字隐私法》等。

纵观世界个人信息保护史，可将其分为三个时期。第一个时期是以经合组织 1980 年《隐私保护与个人数据跨境流通指南》[②]（以下简称 OECD）和 1981 年欧洲理事会《有关个人数据自动化处理中的个人保护公约》[③] 为起点。OECD 指令只是一种具有软法特征的规范性文件，并不具有法律条款的强制约束力，但其为成员国提供了个人数据保护的基础准则，为其他国家制定个人信息保护（数据）法搭建了基础框架，对德国、美国、日本等多个国家和地区的个人信息立法产生了深远影响。1981 年，欧洲理事会（Council of Europe）制定了第 108 号公约（《关于个人数据自动化处理中的个人保护公约》），公约作为欧盟范围内最重要的关于个人信息处理的缔结公约之一，指导并影响了此后欧洲各国个人信息保护的立法进程。[④] 第二阶段以欧盟 1995 年《关于涉及个人数据处理的个人保护以及此类数据自由流通的第 95/46/EC 号指令》为代表，其在第一代原则的基础上加入了包括“数据最少够用”“删除”“敏感信息”“独立的个人信息保护机构”等要素。[⑤] 第三个阶段即为 2018 年生效的欧盟《通用数据保护条例》（GDPR）。与第二代相比，GDPR 大大拓展了信息主体权利，并确立了一系列新的保护制度。

---

① 高富平：《论个人信息处理中的个人权益保护——“个保法”立法定位》，载《学术月刊》2021 年第 2 期，第 107—124 页。

② Recommendation of the Council concerning Guidelines governing the Protection of Privacy and Transborder Flows of Personal Data (2013) [C (80) 58/FTNAL, as amended on 11 July 2013 by C (2013) 79], http://www.oecd.org/sti/ieconomy/2013-oecd-privacy-guidelines.

③ Convention for the Protection of Individuals with regard to Automatic Processing of Personal Data, (CETS No. 108, Strasbourg, 28/01/1981) http://www coe.int/en/web/conventions/full-list/-/conventions/treaty/108.

④ 叶鹏霄、张裕杰、肖冬梅：《GDPR 拒绝权及其对中国的启示》，载《高校图书馆工作》2021 年第 5 期，第 26—33 页。

⑤ DIRECTIVE 95/46/EC OF THE EUROPEAN PARLIAMENT AND OF THE COUNCIL of 24 October 1995 on the protection of individuals with regard to the processing of personal data and on the free movement of such data.

一、欧盟消费金融领域个人信息保护的发展及立法现状

在欧盟国家，消费金融企业已经替代银行成为向消费者提供小额信贷资金的主要机构。首先，欧盟地区消费金融企业采用全面营销的模式，着重关注通过个人数据拓宽潜在的消费者用户群体；其次，在严格的借贷审批程序和消费者账户的实时追踪的基础上，实时更新消费者资料和个人信息，掌握消费者的最新动态。因此，对欧盟消费金融公司而言，消费者个人信息是其开展业务的基础，如何在掌握消费者个人信息的同时正确利用并保证个人信息的安全一直是欧盟消费金融公司致力解决的问题。

欧盟对金融领域和消费金融领域的个人信息（包括电子商务领域）保护涵盖在个人信息保护模式项目之下，并将个人信息称之为个人数据，通过集中立法的方式，以正面立法规制为主导、辅以行业指引、自律。欧盟个人信息保护立法的历史沿革，是国际社会个人信息保护立法的演进历史的真实写照。欧盟的“数据保护”制度，与美国的“隐私保护”实现着相同的功能，两者具有共同的目标和价值取向即通过对数据的收集和利用进行保护以期完善个人信息的保护，把信息侵权行为对个人的权益侵害降至最小。欧盟通过立法保护个人信息可追溯至20世纪70年代，其立法宗旨和保护规范逐步完成了由对数据本身的保护到对数据拥有者权益的保护的转变。在《欧盟议会于欧盟理事会关于保护个人数据处理中的主体及信息自由流转的指令》《个人数据保护指令》（以下简称《数据保护指令》）颁布之前，欧盟多个国家已经纷纷颁布了数据保护法，但是由于分别立法的影响，导致各成员国之间的法律保护标准不一致，对个人数据的共享与流转产生了不利的影响，《数据保护指令》就是在此基础上制定的，其为成员国立法保护个人信息设立了最低标准，确立的数据保护的原则，明确了数据拥有着的权利。2018年，欧盟《通用数据保护条例》（以下简称《条例》）中，在《数据保护指令》的基础上，进一步强调了欧盟个人信息保护的严格性。

（一）欧盟个人信息立法的历史演进及现状

欧盟可谓是最早关注个人信息的国际组织，迄今为止，欧盟个人信息保护已经经历了四个历史时期：

第一个节点是1980年，这个时期是个人信息保护的萌芽阶段，欧洲国家开始注意到个人信息保护的重要性。但是这些国家并未将个人信息与隐私权区分开来，并且个人也未能参与个人信息处理的过程中。

第二个节点是1990年左右。该时期主要是加强个人的参与度，强化信息拥有者的参与权利。

第三个节点是1995年到2016年，这一阶段的成果主要是《个人数据保护指令》。此外，在20世纪初期，欧盟通过了《关于与欧共体和组织的个人数据处理相关的个人保护以及关于此种数据自由流动的规章》。

第四个节点以2016年欧盟颁布《条例》为标志。在这一阶段，欧盟通过《条例》的颁布，进一步扩大了个人信息的保护力度，在《数据保护指令》的基础上增加了一系列权利，如数据可携带权、被遗忘权、限制数据处理权等内容，同时也完善了数据保护的原则，体现出了欧盟国家对于个人信息保护的明确态度和趋势，也是对《数据保护指令》的进一步强化和扩展。至此，欧盟及其成员国形成了以《通用数据保护条例》为核心、以各成员国个人信息保护立法为辅、以正面立法规制为主导的个人信息保护模式。

（二）欧盟个人信息保护立法的主要内容

1. 个人数据保护的主体及范围

《数据保护指令》的目的是“规范”个人数据的处理活动，其要求欧盟各成员国需遵循《数据保护指令》规定的个人信息保护标准创设本国的个人信息法。[①]《数据保护指令》明确了“个人数据”的概念，《数据保护指令》第2条第1款规定个人数据是“确定或者可以确定身份的自然人（信息主体）的一切信息”。这个定义意味着“个人数据”的内涵非常广泛。其次，《数据保护指令》主要是对个人数据处理活动进行规范，按照《数据保护指令》第2条第2款的规定，个人数据处理活动非常广泛，包括了所有对个人数据收集、记录、组织、加工、利用、更改和消除等处理行为，“处理”的范围包括数据收集到数据抹除的全过程。此外，《数据保护指令》的规定既适用于自动化的数据处理，还包含了手工对数据的处理，如利用笔和纸张记录并存储个人信息、对声音与图像数据的处理等。《数据保护指令》定义了数据主体即数据控制者（对“个人数据”进行处理的主体，包括政府机构、私营企业等处理数据的一切主体）、数据拥有者。在适用范围方面，《数据保护指令》规定只要涉及数据处理的主体，都应适用《数据保护指令》的规定。但是《数据保护指令》亦有豁免规定，如涉及公共安全、国防保护或者公共利益等数据活动不适用《数据保护指令》。

《条例》在《数据保护指令》的基础上作出了更加广泛的规定，扩大了数据控制者的范围。在适用范围方面，《条例》第3条规定：（1）在欧盟境内设有业务机构的组织，不论此类处理行为是否实际发生在欧盟境内，只要这

---

① Treaty Establishing the European Community, art. 249, （Dec. 1, 2018）. http：//europa. eu. int/eur－lex/en/treaties/dat/ec_ cons_ treaty_ en. pdf.

些组织的业务机构在欧盟境内的活动中处理个人数据。（2）营业组织和机构并未在欧盟境内设立业务机构，但是其处理的个人数据与欧盟境内联系十分紧密，如向欧盟境内人员提供商品或服务而涉及个人数据的处理。（3）非欧盟组织处理欧盟境内人员的个人数据，只要此类处理行为涉及对这些个人的行为的影响较大，且该处理行为发生在欧盟。

2. 个人数据保护原则与义务

《数据保护指令》就个人数据保护的原则进行了规定。① 个人数据保护原则包括以下内容：（1）合法原则。该原则是指个人数据应被公平合法地处理；（2）目的明确和限制原则。该原则要求必须保证收集和适用个人数据是为了预先设定的目的，在此之后对个人数据另行处理必须与该目的相符。这一款的例外规定是：如果成员国提供适当的保护，为了历史、统计和学术目的所进行的进一步处理不被认为与收集目的不符；（3）适当原则。该原则是指个人数据的收集与处理范围应该符合《数据保护指令》的要求，收集和处理数据应与指定目的相适应，不得过度收集和利用；（4）准确和安全原则。数据是合理和可靠的且应当采取合理的措施，对个人数据保密；（5）保存时限原则。即个人数据保存有时限要求，其保存期限应与数据处理目的相符。这一款的例外规定是：如果各成员国对为了历史、统计和学术使用目的而长期存储的个人数据提供了适当的安全保护措施，也允许长期保存该类个人数据；（6）透明原则。个人数据拥有者有权知晓其个人数据的处理过程、目的。

《条例》除了包含《数据保护指令》的相关规定以外，还增加了数据控制者的义务及其他原则：（1）数据安全义务。采取技术和管理措施以保护数据的安全及数据控制者有责任并应能够证明其做到了前述《数据保护指令》中所涉及的几点要求。（2）儿童数据处理原则。根据《条例》第 8 条规定：处理 16 岁以下的儿童的个人数据，必须获得该儿童父母或监护人的同意或授权，但允许成员国对于儿童的年龄标准在 13—16 岁之间做出调整。（3）敏感数据处理原则。《条例》第 9 条规定：禁止收集处理反映个人种族或民族起源、政治观点、宗教/哲学信仰、是否是工会组织成员的数据、个人基因识别数据、生物数据、或涉及健康、性生活或性取向的数据。这实际上加强了数据控制者对于所控制的个人数据的保护责任。

3. 数据主体的权利

区别于之前对个人数据处理的相关规定，《数据保护指令》着重关注了个

① ［德］库勒：《欧盟的隐私和数据保护》，温珍奎译，载周汉华主编：《个人信息保护前沿问题研究》，法律出版社 2006 年 10 月版，第 28 页。

人数据拥有者的权利。根据《数据保护指令》的规定，数据主体享有以下权利：(1) 查阅权。根据《数据保护指令》第12条的规定，数据主体可以每隔一段合理时间，不受延迟且无需费用开支的约束，就可以获知是否对自己个人数据进行处理的情况。(2) 拒绝权。根据《数据保护指令》第14条的规定，数据主体有权拒绝对其相关的个人数据进行处理①，或者拒绝将自己的个人数据用于直接营销等目的。(3) 自动化处理否决权。根据《数据保护指令》第15条的规定，如果对于一个人的决定，完全基于自动化处理的个人数据为基础，且这个决定将会对数据主体产生重大影响，数据主题有权否决其效力。(4) 获得救济的权利。根据《数据保护指令》第23条的规定，由于非法处理和任何违反根据该指令所采取的行为而遭受损害时，数据主体有权要求赔偿。

在数据主体权利方面，《条例》增加了数据处理的权利：(1) 被遗忘权。《条例》第17条规定当个人数据已和收集处理的目的无关、数据主体不希望其数据被处理或数据控制者已没有正当理由保存该数据时，数据主体可以随时要求数据控制者删除其个人数据。如果该数据被传递给了任何第三方（或第三方网站），数据控制者应通知该第三方删除该数据。(2) 数据可携带权。《条例》第20条规定数据主体有权从数据控制方获取个人数据的副本。(3) 反对“数字画像”和“数据自动处理”的权利。数据主体有权利反对利用个人数据对自己勾勒人格或者其他“形象”。数据主体有权利反对，对于仅仅依据数据自动处理作出的对自己的决定，数据主体有权要求免于受这样的决定的制约。

4. 对个人信息保护状况的监管

《数据保护指令》第29条建立了一个统一的个人数据保护监管机构——数据保护工作组，工作组的任务是监管《数据保护指令》的施行状况，并为欧洲委员会提供个人数据保护方面的建议，是欧盟内部个人数据保护的监督机构。《数据保护指令》第31条建立了一个委员会，由成员国政府代表组成，向欧洲委员会负责，主要职责是就成员国向欧盟以外国家传递个人数据时作出肯定或者否定的决策，并提出建设性意见。

《条例》的生效意味着欧盟对于个人信息的保护达到了一个新的阶段。相较于《数据保护指令》，《条例》有了进一步的改进与创新，一是第37、38、

---

① 这里所说的个人数据处理的拒绝理由主要是指第7条（e）和（f）。第7条（e）规定可基于公共利益或有权机关授予之职权而处理个人数据、（f）规定基于数据控制者的合法利益而处理数据，但不得以此损害数据主体的基本权利和自由。

39 条设立了数据保护官制度，其规定部分私营部门机构和大多数公共部门机构将被要求任命一名数据保护官，以监督数据处理活动。二是一站式监管。对于在欧盟各个成员国提供业务的企业或者在各成员国设立机构的企业而言，《条例》会极大减轻合规成本。此类企业或机构不再需要与不同成员国的数据监管机构，企业总部或分支机构所在地的监管机构将作为主导监管机构对企业的所有数据活动负有监管权力，其效力辐射于欧盟境内。为完善监管的协调性，《条例》设计了一套有效的咨询决策机制，即主管监管机构的监管决定要最大程度上反映其他成员国监管机构的意见，如各成员国意见不一致，则交由欧盟数据保护委员会处理。三是处罚方面，《条例》规定了实施行政罚款的一般性条件，但同时也授权成员国规定其他处罚类型的规则。

二、美国消费金融领域个人信息保护的发展及立法现状

在美国，消费金融公司开展业务的过程中收集的信息包括但不限于一是身份信息，例如工作经验和经历、信用卡账号、个人税号等，二是信贷信息，例如信用卡征信信息、违约记录以及能够获得的公开信息，如不良记录、网络购物信息、社交信息、教育背景等，这些信息将广泛的应用于消费金融领域征信体系的完善和数据的精准覆盖。为保护消费者合法权益及个人信息的安全，美国对于个人信息保护（包括消费金融领域）是依托隐私权制度框架予以实现的，因此，在美国，个人信息保护一般被认为源于隐私权，学术界也多采用“信息性隐私权”这一概念。[①] 信息性隐私权是指，个人所享有的对自己信息即个人可识别信息的获取、披露和使用进行控制的权利。[②] 此外，美国个人信息保护主要立法模式是针对各领域的不同特点和不同需求，采取行业内立法、分散立法的方式，分别推出单行法律，并以行业自律与指引为主导、正面立法规制为辅助。美国的个人信息保护法律的特点是碎片化，没有全国性的法案来规范个人数据收集和适用，但是美国一些部门和执法机构在某个部门出台了一系列部门法律。

美国没有统一的数据保护法或者个人信息保护法。相反，在联邦和州两级颁布的用于保护美国居民的个人数据的法律繁多，如加利福尼亚州、弗吉

---

① PAUL M. SCHWARTZ&DANIEL J. SOLOVE，INFORMATION PRIVACY LAW，ASPEN PUBLISHERS，（Aspen publishing Co. Third Edition. 2009）.

② Privacy Working Group，Privacy and the National Information Infrastructure：Principles for Providing and using Personal Information.（Dec. 1. 2018）. https：//aspe. hhs. gov/privacy – and – national – information – infrastructure – principles – providing – and – using – personal – information.

尼亚州、科罗拉多州等都出台了各自的个人隐私保护类法律，其中加利福尼亚州的个人隐私保护法被誉为最严格的信息保护法。1973 年，美国健康、教育和福利委员会下属的顾问委员会发布了“电脑、记录和公民的权利”政府报告，确立了“公平信用实践原则”，为日后欧盟和美国个人信息立法的数据处理者义务奠定了基础。其规定了四项基本义务：（1）明确了个人数据使用和处理的义务；（2）规定了透明化的个人数据处理系统；（3）规定了数据收集、处理在程序上的限制原则并赋予个人以实质意义上的权利；（4）外在的疏忽。①

在联邦层面，根据《联邦贸易委员会法》（FTC Act）第 5 条的授权建立联邦贸易委员会（FTC），作为负责执行各项反托拉斯法律的行政机构。就职能而言，FTC 可以依据联邦隐私和数据保护法规，保护消费者权益，使其免受不公平或欺骗性行为的影响。联邦贸易委员会的监管标准是“欺骗性准则（deceptive practice）”。同时，FTC 主要以采取执法行动的方式来制止违法行为，并要求公司采取积极措施来纠正违法行为。这包括在适当的时候执行全面的隐私和安全方案、由独立专家进行两年期评估、向消费者提供金钱赔偿、没收违法所得、删除非法获得的消费者信息，以及向消费者提供有力的提高透明度的措施和选择机制。② 在州层面，加利福尼亚州、弗吉尼亚州、科罗拉多州都出台了各自的个人隐私保护类法律。以下将对美国最主要的隐私和个人信息保护相关的法律进行梳理。

（一）《隐私权法》

为规范政府对公民个人信息的处理活动，美国参众两院通过了《隐私权法》（Privacy Act），该法又称《私生活秘密法》，是美国行政法中保护公民隐私权的最重要的法律之一，也是其他隐私保护法的制定基础。该法就联邦政府对个人信息的处理活动（采集、适用、公开）和保密问题等作出了较为详尽的规定，明确了联邦政府对公民个人数据进行收集和处理应遵循的规则，③以此规范联邦政府对个人信息处理的活动，平衡为实现公共利益，行政机关

---

① Paul M. Schwartz, Privacy and Democracy in Cyberspace, 52 VANDERBILT LAW REVIEW 1607, 1614 (1999).

② 张露予：《美国联邦贸易委员会 2018 年隐私与数据安全报告》，载《网络信息法学研究》2019 年第 1 期，第 311—331 页。

③ 这些原则包括：（1）行政机关不得保存秘密的个人记录；（2）公民有权知道行政机关的个人记录及使用情况；（3）为特定目的采集的个人信息，未经本人许可，不得用于其他目的；（4）公民有权查询和请求修改关于自己的记录；（5）任何采集、保存、使用或传播个人信息的机构，必须保证该信息可靠地用于既定目的，合理地预防该信息的滥用。参见侯东喜、朱向东：《美国的隐私权制度》，载《人大研究》2009 年第 2 期，第 42—43 页。

为了执行职务需要保存的个人记录与个人隐私权之间的矛盾。其次该法规定了个人信息的自决权、知情权、公民查询与修改记录的权利等。由于该法中的“行政机关”所包含的主体有限，仅仅包括联邦政府的行政各部、军事部门、政府公司、政府控制的公司，以及行政部门的其他机构、总统执行机构在内，该法也适用于不受总统控制的独立行政机关，① 但国会、隶属于国会的机关和法院、州和地方政府的行政机关不适用该法。此外，该法的规范主体是行政机关，并未对私营企业有关个人信息的处理活动作出相关规定，其功能与范围具有一定的局限性。

（二）《电子通讯隐私法》

截至目前，美国并没有一部综合性法典对个人信息的隐私权提供保护，主要依靠联邦和州政府制定的各种类型的隐私和安全条例，② 其中最为重要的条例是《电子通讯隐私法》。尽管《电子通讯隐私法》还存在不足，但它是目前有关保护网络上的个人信息最全面的一部数据保护立法。《电子通讯隐私法》的客体涵盖一切数字化的通讯所产生的个人信息记录，包括声音通讯、文本和数字化形象，相较于《隐私权法》，《电子通讯隐私法》所规范的主体不仅仅是行政机关，还包括个人和公司对通讯信息的窃听与非法利用等。此外，《电子通讯隐私法》还禁止对电脑中存储的信息进行未经授权的访问和拦截。

（三）《格朗—利奇金融服务现代化法案》

美国法律强调个人信息处理应符合强制性规定，相关立法主要体现为通过行业法案要求处理者披露相关信息，并使得隐私消费者获知这些规定不仅是强制的、也是不可豁免的。例如，《金融服务现代化法案》规定了金融机构处理个人私密信息的方式。这部法案主要涵盖了以下三个方面：一是管理私密金融信息的收集和公开；二是明确金融机构必须实行安全计划来保护这些信息；三是禁止使用虚假的借口来访问私密信息。《金融服务现代化法案》对金融机构处理个人信息主要有以下五个规定：1. 通知。即向个人信息拥有者传达必要信息，换言之，个人信息拥有者必须对个人信息的处理和使用知情的；2. 同意。即向不是关联公司的第三方共享信息时，须获得信息拥有者授权；3. 披露。告知信息拥有者信息用途；4. 安全。金融机构必须建立必要的制度和规范，确保客户记录和信息的安全性以及机密性；5. 执行。《金融服

---

① 侯东喜、朱向东：《美国的隐私权制度》，载《人大研究》2009 年第 2 期，第 42—43 页。

② 华劼：《网络时代的隐私权——兼论美国和欧盟网络隐私权保护规则及其对我国的启示》，载《河北法学》2008 年第 6 期，第 7—12 页。

务现代化法案》的执行主体是八个政府部门[①]，这些机构依据各自的职权在本机构所辖范围内保护金融消费者的隐私权不受侵害。

（四）《儿童在线隐私权保护法案》

《儿童在线隐私权保护法案》其主要是对与儿童有关的网站经营必须向儿童父母提供隐私权保护的政策通知，并要求此政策通知必须放在网站主页和网站的每一个连接处，且能够被信息拥有者及其监护人理解和认识，其着重强调了对13岁以下儿童的个人信息的收集和处理规则，并且父母有权修改相关信息。

（五）《健康保险携带和责任法》和《经济与临床健康信息技术法案》

《健康保险携带和责任法》（HIPAA），该法主要规定了有关网络上健康信息处理和保密等的标准和要求，以此规范医疗卫生系统个人隐私的保护。该法适用“通知—同意”原则，在使用和披露病人的个人信息时，应首先取得个人的同意，并且需要采取适当措施以保障病人的健康信息的机密性和安全性。

2009年美国通过《经济与临床健康信息技术法案》（HITECH法案），该法案规定了有关医疗健康信息泄露的授权披露，增强了HIPAA的安全和隐私要求并扩展了相应的处罚。

（六）《有效保护隐私权的自律规范》

《有效保护隐私权的自律规范》规定互联网从业者应当制定互联网上个人信息保护的自律规范。

（七）《公平信用报告法案》与《2016消费者信用报告法综合改革法案》

《公平信用报告法案》，该法的全称为《公平信用报告法—消费者信用保护法标题VI》，其主要针对征信业的消费者保护。《2016消费者信用报告法综合改革法案》，该法案针对美国现行的信用报告制度存在的问题，对《公平信用报告法案》进行了补充。这两部法律主要用于规范征信、授信过程中的个人信息处理活动所产生的问题，主要规范对象为提供信用服务的机构。其主要内容包含了消费者的知情权即对消费者有权了解其信息报告，调查机构对信用报告的处理限制，以及不得通过违法手段获取消费者信用信息及违反本法所应承担的责任。

---

① 这八个政府部门是：美国联邦制度理事会（FRB）、储贷机构监理局（OTS）、全国信用合作社管理局（NCUA）、联邦存款保险公司（FCIC）、美国货币监理署（OCC）、证券交易委员会（SEC）、联邦贸易委员会（FTC）、美国商品期货贸易委员会（CFTC）。

（八）《网络世界中消费者数据隐私权：在全球数字经济背景下保护隐私与促进创新的框架》

美国白宫发布了一项新的隐私权保护报告《网络世界中消费者数据隐私权：在全球数字经济背景下保护隐私与促进创新的框架》，该报告是为今后制定新的《消费者隐私权法案》奠定了基础。[①] 该政策框架的主要内容是为应对大数据时代的到来和网络技术的飞速发展，其明确了该政策框架的四个组成部分：第一，《消费者隐私权法案》，其依据是公认的信息公平利用规则；第二，在商业领域中，《消费者隐私权法案》对多方参与程序的适用；第三，促进隐私保护条款的有效执行，在此基础上推动《消费者隐私权法案》的制定与颁布；第四，增强与国际伙伴隐私框架的协作，促进与信息跨境流动相关的个人信息保护制度的建构。

该报告中的《消费者隐私权法案》提出了7项保护消费者隐私的原则即个人控制原则即消费者有权控制自己的个人信息是否被企业收集、透明度原则即消费者可以清晰明确的理解和获取有关个人隐私安全和保障的信息、情境一致原则即企业进行个人信息处理活动时与其最初收集目的一致、安全原则即消费者的个人信息需要得到安全保障和保密、接入和准确性原则即消费者可以获取并更正有误信息，以此保障自己的权益、限制收集原则即消费者有权合理限制企业对个人信息的收集、问责制原则企业处理个人信息时需遵守本法案，主要体现在以下几个方面：

（1）“通知—同意”的强化。（2）个人信息处理和存储中的安全性要求即采集、处理个人信息的企业，有义务采取相应的安全防范措施以确保其对客户信息的保护符合法案的要求。（3）问责制：一是企业有义务确保员工在处理个人信息时符合该法案要求，企业有义务对员工进行培训并定期评估员工个人信息处理活动是否符合法案标准；二是当企业向第三方披露个人信息时，企业需确保第三方承担遵守法案原则的合同义务，一般而言，企业需确保第三方处理个人信息的范围以及保密作出要求。法案从员工行为控制到内部数据使用监督再到向第三方披露信息等方面，列出了具体详细的问责事由，法案的规定使得问责制变得更为具体明确。[②]

（九）《澄清域外合法使用数据法》

规定判断数据管辖权应依据数据控制者，与存储地无关，即只要是在美

---

① 周辉、孟兆平、敖重、森冯源：《网络环境下消费者数据的隐私保护——在全球数字经济背景下保护隐私和促进创新的政策框架》，载《网络法律评论》2013年第1期，第193—218页。

② 李明：《大数据时代美国的隐私权保护制度》，载《互联网金融与法律》2014年第9期。

国实际开展业务的公司，无论数据存储在何处，都属美国管辖。同时，美国的数据，只有符合特定条件的外国政府经美国同意后才能调取。[①]

（十）其他信息隐私条例

美国对个人信息的保护主要是分散立法，在各个行业、各领域有不同的隐私条例。（1）《信息自由法》主要是规范第三方对包含个人信息的政府记录的获取；（2）《金融隐私权法案》主要是对银行雇员对个人金融信息的保密及披露以及联邦立法机构获得个人金融记录的方式做出了限制；（3）《有线通讯隐私权法案》禁止闭路电视经营者在未获得用户事先同意的情况下利用有线系统收集用户的个人信息；（4）《电子通讯隐私权法案》规定了电子通讯经营者有保守客户财产信息秘密的义务；（5）《驾驶员隐私保护法》规定州交通部门基于商业目的而披露销售车辆信息时需要获得相关部门的授权；（6）《视频隐私保护法案》禁止录像带经营者披露顾客购买或租借视听资料等租赁记录的行为；（7）《财务隐私权利法》规定了联邦监管部门查询个人银行记录的方式以及获取程序，并在此基础上，赋予了消费者知情权和异议权；（8）《家庭教育权利和隐私法案》则对学校向第三方披露学生信息做出严格限制。学生的成绩记录、家长的财务情况以及学生的保密推荐信皆在《家庭教育权利和隐私法案》的保护范围之列；（9）《全面犯罪控制和街道安全法》主要针对使用电子监听设备收集信息的活动。

（十一）行业自律规则

基于判例法国家的传统，除了上述分散的隐私权保护法律法规之外，行业自律规则是美国保护个人隐私权的重要组成部分。[②] 总体而言，美国目前的行业自律形式有三类：建议性的行业指引、网络隐私认证、技术保护模型。

1. 建议性的行业指引

即从事网上业务的行业联盟都发布了本行业网上隐私保护准则，其中，“在线隐私联盟”最为著名，它于 1998 年 6 月发布了以联邦商业委员会的建议为原则的《在线隐私指引》，旨在指导网络和其他电子行业隐私保护，[③] 致力于为商业行为创造互信的良好环境和推动对个人网络隐私权的保护。其对成员公司收集信息提出如下规定：“公开网站隐私政策，在合法收集个人信

---

① 刘克佳：《美国保护个人数据隐私的法律法规及监管体系》，载《全球科技经济瞭望》2019 年第 4 期，第 4—11 页。

② 齐爱民、佟秀毓：《美国在线行为广告领域个人信息保护自律模式研究》，载《苏州大学学报（哲学社会科学版）》2018 年第 3 期，第 72—80 + 191—192 页。

③ 孟茹：《美国网络用户隐私保护的自律规制研究》，载《当代传播》2018 年第 3 期，第 74—78 页。

息、使用个人信息或另作他用时征得主体的同意，搜集数据的内容与安全性，用户访问数据、问责机制等。”①

2. 网络隐私认证

网络隐私认证适用于跨行业的联盟，主要依靠认证公司的行业公信力对网络服务供应商的现有措施进行合规审查，从而实现规范化和合法化，他们授权那些达到其提出的隐私规则的网站张贴其隐私认证标志，以便于用户识别。②

3. 技术保护模型

技术保护模型是由行业协会等提供的技术支持，其目的旨在鼓励和加强隐私保护。如最常见的模式是互联网协会推出的个人隐私选择平台（P3P）。此外，像 Google、Verizon 等公司、信息技术产业委员会等协会组织，以及电子前沿基金会等数据隐私倡导团体也都提出了自己的隐私准则，拥有自己的技术支持。③ 在这些模型中，个人可以使用足够的信息做出明智的决定，个人也可以同意或拒绝提供数据。

除上述联邦法律之外，美国各州就本州情况制定相应的隐私保护法，对企业进行个人数据和信息的处理活动（收集、使用、披露、安全性或存储等）施加相应的限制和义务，如生物识别数据、医疗记录、SSN、驾驶执照信息、电子邮件地址、图书馆记录、电视观看习惯、财务记录、税务记录、保险信息、刑事司法信息、电话记录和教育记录等一些常用的个人信息。

每个州基于其基本政策和民情都有其独立的信息隐私权立法。即使企业在某州并没有分公司，但在面临其处理的有关该州居民的个人信息被未经授权的访问或获取时，通常必须遵守该州的法律。受这些法律约束的信息类型各不相同，大多数州的隐私保护法中的个人信息范围包括生物识别数据、医疗记录、SSN、驾驶执照信息、电子邮件地址、图书馆记录、财务记录、税务记录、保险信息、刑事司法信息、电话记录、教育记录等。

由于各州分别制定相应的隐私保护法，因此各州制定隐私保护法的时间并不一致。制定隐私保护法较早的是马萨诸塞州，马萨诸塞州签署了一项新

---

① OPA. Guidelines for Online Privacy Policies [EB/OL]. 2015-6-26. http://www. privacyalliance. org/resourses/ppguidelines. shtml.

② 刘克佳：《美国保护个人数据隐私的法律法规及监管体系》，载《全球科技经济瞭望》2019 年第 4 期，第 4—11 页。

③ Alan McQuinn, Daniel Castro. A Grand Bargain on Data Privacy Legislation for America, Washington D. C. Imformation Technology and Innovation Foundation, 2019.

的数据保护法律《消费者安全保护法》，其对个人信息处理活动做出程序上的规定，为马萨诸塞州居民提供商品或服务涉及的个人信息的企业或个人，在对马萨诸塞州居民个人信息的采集、使用、维护、存储等方面必须按照《消费者安全保护法》所规定的步骤进行。此外，这部新法律还严令禁止涉及数据泄露的企业以"提供免费信用监控服务"作为条件，要求受数据泄露影响的个人放弃"私人诉讼权"。

2019 年，纽约州制定了《阻止黑客入侵并改善电子数据安全法案》(SHIELD Act)，旨在保护纽约公民信息的合法权益，免受公司数据泄露事件的影响，包括明确要求数据控制者在个人信息处理活动中制定和实施"合理"的保障措施保护纽约公民的个人信息不被泄露，以保护私人信息的安全性、保密性和完整性。纽约州的 SHIELD 法案确定了一系列行政、技术和物理保障措施，这些措施如果得到实施，将被视为满足纽约州法律规定的合理性标准。SHIELD 首要目标是网络上个人数据的安全，其范围涵盖了所有持有纽约市敏感数据的企业，其涉及主体更加广泛。法案扩展了需要报告的泄露事件的数据类型，包括用户名和密码组合、生物特征数据和 HIPAA 覆盖的健康数据。①

2018 年，加利福尼亚州颁布了《加利福尼亚消费者隐私法》（CCPA），被誉为美国"最严厉、最全面的个人隐私保护法案"，该法于 2020 年 1 月 1 日生效，适用于收集加州消费者个人信息的所有企业。法案赋予了消费者对公司收集和处理其个人信息更多的反抗性权利，包括访问权（企业就个人信息收集向消费者作出说明，包含信息的类型和具体内容及使用方式）、删除权（消费者有权要求企业删除其任何个人信息）、知情权（消费者有权知晓自己的个人信息的使用方式和流转去向以及如何披露），规范了企业收集处理数据的方式。同时，该法为这些企业增加新的义务。

近年来，美国许多州都在推动制定符合本州政策和民情的进行全面保护的消费者数据（信息）隐私法，在这些法案中，一个共同点是赋予了消费者更多的权利，为企业压实了更多的义务，以此达到倾斜性保护的目的。除上述一些州已经开始实施的隐私保护法之外，在 2021 年初，弗吉尼亚州颁布了《消费者数据保护法》（CDPA），成为第二个拥有全面数据隐私法的州。这部分最新制定的法律将于 2023 年 1 月 1 日生效，同时之后科罗拉多州亦将要颁布《科州隐私法案》（CPA）。

---

① 针对 Equifax 信息泄露事故，纽约推出新数据安全法案，参见 https：//servers. pconline. com. cn/1033/10330884. html。

三、日本消费金融领域个人信息保护的发展及立法现状

在日本的消费金融领域个人信息保护体系中，政府没有专门的个人信息保护监管机构，政府的主要功能是为个人信息主体权益保护提供基本的法律保障，例如，日本政府 1983 年的《贷金业规制法》和《分期付款销售法》对个人信用信息的收集和使用作了初步规定，信用信息只能用于调查消费者的偿债能力和支付能力；1988 年的《行政机关保有的电子计算机处理个人信息保护法》对行政机关保有的由电子计算机处理的个人信息提供了法律保障，[①] 而由行业协会发挥其巨大的作用。在个人信用信息保护体系中，由三个行业协会分别组建信用信息中心（CIC）、日本信用信息中心（JICC）、全国银行个人信息中心（KSC），三大行业协会对消费金融领域个人信用信息进行考察以及一定程度上保护金融消费者的个人信息权益。

日本政府于 2003 年 5 月颁布了日本《个人信息保护法》，并于 2013 年决定对《个人信息保护法》进行修订的方针，此后，确立该法修订的大纲，并于 2015 年提交国会审议。新修订的《个人信息保护法》于 2017 年 5 月 30 日全面生效，根据这部法律的基本理念，其他政府部门、企事业单位依据此法制定了一系列有关个人信息保护的规范性文件。日本《个人信息保护法》中对个人信息的定义是与个人生存相关，并具有可识别性和指向性的信息，即可以“容易”的指向某一个体。其次，该法的主要规范对象是企事业单位，这些企事业单位的行为将受到行政厅的监督和管理。该法并没有对个人信息的保护原则作出具体规定，但可以参考 OECD 中所规定的 8 项原则。[②] 该法从国家及公共团体的义务、个人信息保护措施、信息服务和违法责任等几个方面对个人信息保护作出了规定，主要包括：（1）对个人信息采集、利用、共享等处理活动作出限制；（2）知情—同意与告知的规定；（3）明确了企事业单位保护个人信息的义务；（4）违反该法将承担民事和刑事责任。2020 年《个人信息保护法》修正案为迎合大数据时代技术创新的要求，防范和化解未来个人信息保护中潜在的各类风险，扩充了很多内容，如保障个人权利；信

① 陈宝国、曹健：《日本消费金融发展历程及征信体系浅析》，载《海南金融》2016 年第 11 期，第 52 页。

② OECD：（1）收集限制原则（参见第 17 条）；（2）数据质量原则（参见第 19 条）；（3）特定目的原则（参见第 15 条）；（4）使用限制原则（参见第 23 条）；（5）安全保护原则（参见第 20、21、22 条）；（6）公开原则（参见第 18、24、25、28 条）；（7）个人参与原则（参见第 26 条）；（8）责任原则（参见第 31 条）。

息使用推广；扩大企业责任；强化法律处罚；增加域外适用等。①

2021年，日本国会通过了包括《为形成数字化社会完善相关法律的法案》在内的6部数字化改革法律案。《为形成数字化社会完善相关法律的法案》对个人信息保护提出了更高的要求，为提高行政程序的效率，法案要求对《个人信息保护法》进行修正。此外，该法案提出要提高“我的号码”卡的便利性。《个人信息保护法》修正案（以下简称“修正案”）作为《为形成数字化社会完善相关法律的法案》一部分，也将与《为形成数字化社会完善相关法律的法案》同时生效。此次颁布的6部法案及个人信息修正案旨在将个人信息保护统一化和高效化，将所有如《个人信息保护法》《行政机关保有的个人信息保护法》和《独立行政法人等保有的个人信息保护法》等进行整合，形成一部统一的法律，以便对个人信息处理行为进行协调监管。

与我国的《居民身份证法》类似，日本颁布了《号码法》（My Number Act）其目的旨在为在日本居住的所有人提供了全国通用的、具有可识别性的ID号码系统。日本的所有个人包括居住在日本的外国人都将被分配了一个独特的个人号码，与我国的身份证号码类似，原则上一生不变，此号码用于税收及社保等行政事务，办理行政手续及就业时将被要求告知个人号码，以期提高效率。这个号码代表着一个人的具体个人信息，也被视为个人的机密私人信息，并根据《号码法》对其处理进行严格的保护。

此外，还有一些其他个人信息保护方面的立法，包括：（1）《职业安定法》第5条之四就求职者个人信息的保密相关义务作出了规定；（2）通商产业省公布了《关于保护民间部门电子计算机处理所涉及的个人信息的指南》（简称为“通产省指南”），以期指导非政府部门的个人信息保护；（3）财团法人日本情报处理开发协会制定了“隐私标识”（Privacy Mark）制度，依据“通产省指南”向采取有力措施保护个人信息的非政府部门颁发“隐私标识”。

四、加拿大消费金融领域个人信息保护的发展及立法现状

（一）《隐私权法》

与美国类似，加拿大消费金融领域个人信息保护同样依托于隐私权保护框架。1983年，加拿大出台了《隐私权法》，其目的旨在规范加拿

---

① 张红：《大数据时代日本个人信息保护法探究》，载《财经法学》2020年第3期，第150—160页。

大联邦政府部门和机构对个人信息的处理活动如收集、使用和披露个人信息等行为。《隐私权法》为个人信息保护设立了5个原则：行政目的原则、直接告知—收集原则、目的限制原则、准确性原则、接入权与允许访问原则。

（二）《个人信息保护与电子文件法》

《个人信息保护与电子文件法》（简称PIPEDA）是2000年通过的，分三个阶段逐步生效，与前述《隐私权法》的规范主体不同其主要对象是加拿大私营企业在商业活动过程中对个人信息进行处理（收集、使用、披露）的行为。此外，加拿大一些省还对某些方面的个人信息保护进行了专门立法，如阿尔伯塔省、萨斯喀彻温省、曼尼托巴省和安大略省就对医护服务提供者和其他医疗机构收集、使用和披露个人健康资料进行了专门立法。对个人信息定义方面，加拿大《隐私权法》和《个人信息保护与电子文件法》对个人信息的定义并不完全一致，《隐私权法》规定法律保护的个人信息是指以任何形式记载的可识别的个人的信息，同时还明确列举了民族、种族、血型、指纹、个人看法和观点等一些个人信息的具体类型；而《个人信息保护与电子文件法》则规定，个人信息是指除姓名、职务以及作为一个组织雇员的办公地址或电话号码外，所有的可识别的个人的信息。很明显，《隐私权法》保护的个人信息没有涵盖尚未形成记录的个人信息。①

《个人信息保护与电子文件法》在《隐私权法》的基础上为个人信息保护设立了10条原则：（1）责任原则；（2）目的明确原则；（3）同意原则；（4）限制使用原则；（5）限制收集原则；（6）允许接入原则；（7）救济原则；（8）准确性原则；（9）开放原则；（10）安全性原则。②

（三）《消费者隐私保护法》（CPPA）

《消费者隐私保护法》就个人信息保护的原则方面与《个人信息保护与电子文件法》一脉相承，包括问责制、同意和挑战性合规。但是，在消费者权利领域，《消费者隐私保护法》作出了进一步的规定，比如访问权与删除权。此外，《消费者隐私保护法》有了一个突破性的规定，即规定了算法自动决策的透明度要求，其目的旨在使消费者了解和明确算法自动决策应用的原因和目的。

---

① 许春尧：《加拿大个人信息保护法律制度及借鉴》，载《韶关学院学报》2008年第11期，第17—20页。

② Office of the Privacy Commission of Canada. Privacy Impact Assessment［2007－6－15］，http：//www. privcom. gc. ca/

五、国际通用个人信息保护规则

（一）《关于保护隐私和个人数据国际流通的指南》

欧美各国在20世纪70年代就开始完善个人信息保护的相关法律。到了20世纪80年代，经济合作开发组织（OECD）理事会从协调各国法律规定的角度出发，颁布了《关于保护隐私和个人数据国际流通的指南》，其确立了个人信息保护的八项原则，[①] 推进各成员国之间的信息流通，以期消除各成员国之间的贸易壁垒。OECD在2013年发布了新版的隐私框架，增加了“发生数据安全事件后对数据保护机构的报告和对个人的通知。”

（二）《安全港协议》

依据欧盟1998年生效的《个人数据保护指令》，其规定不能与未能达到欧盟标准的国际进行个人数据的传输和共享。因此，《数据保护指令》在欧盟国家与其他国家之间构建了一道基于数据的贸易壁垒。为解决此问题，消除贸易壁垒，2000年双方推出了由美国提出的《安全港协议》（Safe Harbor），加入《安全港协议》必须受到联邦贸易委员会（FTC）和美国运输部监管。按照《安全港协议》的规定，美国本土的公司可以自由决定是否加入，以此获得与欧洲国家进行交易的机会。即便如此，《安全港协议》的严谨程度还是比不上现行的欧洲相关法律，遭到一些消费者权益保护组织的非难。

参照《数据隐私保护指令》，《安全港协议》公布7项基本的隐私权保护原则，包括：（1）告知原则：其内涵是企业应向消费者说明信息收集原因、投诉方式、信息使用目的以及信息披露与信息收集目的是否一致等；（2）选择原则即消费者有权选择拒绝公司向第三方披露个人信息；（3）转送原则即公司只应向符合《安全港协议》标准的第三方共享数据，并为第三方滥用数据负责；（4）安全原则着重关注企业内部治理，以防止信息（数据）泄露和违法使用；（5）资料完整原则即信息和数据必须与最初收集的目的一致；（6）获取原则即消费者有权更正自己的个人信息；（7）执行原则或救济原则保障个人追索的权利及对侵权行为的依法惩处。因此，任何企业，只要声称满足了上述规定的七项原则并设计了一套切实可行的实施方案，经过有关部门审批备案后，就可以进入“信息安全港”，同时，这些企业就可以合法的从欧盟国家共享消费者的个人信息。如果在之后审查发现该企业未能达到《安全港协议》的标准，则可以处之以欺诈罪。

---

① 这八项原则是：限制收集原则、资料品质原则、目的明确原则、限制利用原则、安全保护原则、公开原则、个人参与原则、责任原则。

（三）APEC 隐私保护框架

一是为保护消费者的隐私权，成立了个人资料隐私分组；二是签署了《APEC 隐私保护纲领》促成有效率的个人信息隐私保护，为亚太地区的隐私保护标准提供了法理基础；三是签署《APEC 数据隐私探路者倡议》，以此完善数据跨境传输隐私保护体系；四是成立 APEC 跨境隐私规则研究小组，对各成员的隐私保护体系进行研究、考察；五是制定《APEC 跨境隐私执行安排》，旨在保护网上个人数据信息，促进电子数据的流转与共享。该框架分为两个层面，其一是 APEC 组织层面，跨境数据和信息的协调与实施。其二是各个成员国方面，各自履行自己的隐私保护规则。

本章主要是对个人信息保护包括互联网金融领域的个人信息保护的立法进行了梳理。首先，对个人信息保护的一般性规定进行了归纳和总结，并指出了其立法的特点；其次，通过对金融领域和互联网金融领域个人信息保护立法进行梳理发现立法和司法关注之重点；最后通过对域外国家个人信息保护的发展演变与立法进行分析，揭示出不同历史背景下各国个人信息保护的共性与个性。

随着自动化技术广泛而深入的应用于人类社会各种场景，个人信息与数据的财产附加值也在逐渐增加，我国对个人信息保护的立法探索自 2009 年之后从未停止，正如黑格尔在《法哲学原理》中所说："法律并非是一成不变的，相反地，正如天空和海洋因风浪而起变化一样，法律也因情况和时运而变化。"① 对个人信息保护的立法现状进行分析，可以为进一步探讨消费金融领域个人信息保护法提供法理基础。

① ［德］黑格尔：《法哲学原理》，范扬、张企泰译，商务印书馆 2011 年版，第 7 页。

第三章　消费金融领域个人信息的权益归属

目前以消费分期和小额现金贷为代表的消费金融产业方兴未艾，既包括传统商业银行与消费金融公司等自行推出的消费金融业务，又包括持牌金融机构与互联网平台合作开发的联合贷业务、助贷业务等。但随着政府加强对联合贷、助贷业务以及征信业务的监管，规定金融机构不得将授信审批、合同签订等核心环节外包，持牌金融机构要与金融科技平台实现“断直连”，以商业银行、消费金融公司为代表的线上消费金融业务主体在客户个人信息获取的渠道上遭遇挑战。线上消费金融业务的一大特点在于时效要求高、无法面签、客户提交的材料有限，需要通过查询其他数据源补充信息，从而完成对客户的身份核实及风控审批。因此，线上消费金融业务的开展需要采集用户大量个人信息，且需要从不同维度对个人信息进行分析，从而实现对个人信用的精准评估，并开展信贷业务。从客户个人信息的采集、存储、分析到相关信息转化为企业数据并运用于商业银行、消费金融公司开展消费金融业务，此一系列过程不仅涉及客户个人信息本身权益保护，亦涉及个人信息转化为相关数据后，该数据权益的归属与分配等诸多问题。以线上消费金融领域为出发点，个人信息权益与企业数据权益相互交织，为明晰企业数据权益的边界，学者们相继提出了大量制度构想，或是数据产权制度的单方面构建，又或是采取个人信息保护与企业数据权属的两阶段权益配置模式；或是对企业数据采取赋权保护模式以加强企业对数据的控制，从而对数据的开发利用产生正向激励作用，又或是基于数据的公共性、非竞争性、非消耗性，主张采取行为规制模式，规范相关数据利用行为，完善信息共享制度，实现信息价值的最大化。基于上述问题的复杂性，研究中又涉及信息、数据、大数据以及个人信息与个人数据等相关概念的界分，知情同意规则的设计，个人信息与企业数据的分类保护以及个人信息的匿名化障碍等诸多附属问题。鉴于此，本文将基于利益平衡的考量，在借鉴龙卫球教授对个人信息与企业数据实行两阶段权属配置的基础上，① 提出个人信息与企业数据的二元分置保护模

① 龙卫球：《数据新型财产权构建及其体系研究》，载《政法论坛》2017 年第 4 期，第 74 页。

式，构建个人信息人格权与企业数据财产权的权利制度框架，以期厘清个人信息与企业数据权益归属问题。

第一节　个人信息与企业数据界定

一、“个人信息”与“个人数据”的概念区分

通识认为，数据仅仅为信息的一种电子化存储媒介，个人数据应当是个人信息实现电子化存储之称谓。民法典第一千零三十四条将个人信息定义为以电子或者其他方式记录的能够单独或者与其他信息结合识别特定自然人的各种信息。因此，依照此逻辑，个人信息的外延要大于个人数据。然而，在学术观点上，学术界对个人信息与个人数据之关系大概存在以下几种认知，将个人信息与个人数据等同，或是认为个人信息的范围要小于个人数据，亦或是认为个人信息的范围要大于个人数据。[①] 实质上，对于个人信息与个人数据范围大小的比较，依然存在固有的缺陷，即判断的标准不同。如黄国彬认为，“个人信息是个人数据经过加工处理后得到的另一种形式的数据，其内涵和外延均要小于个人数据。”[②] 王秀秀则指出，个人数据属于个人信息，相关个人信息只有被输入计算机，形成可被检索、利用的电脑语言方可称为个人数据。[③] 前者将个人数据作为个人信息生成原始材料，后者则强调个人数据作为个人信息的一种电子化存储媒介而存在。本文认为，个人数据与个人信息虽然在立法层面与司法实践中存在使用频率的巨大差别，在范围上属于一种交叉重合状态，两者是形式与内容的关系，但在网络语境下，个人数据实质上具有信息本体与信息媒介的双重属性，两者几乎可以等同使用。故为了避免概念使用上的混乱，对于个人层面的信息保护，笔者建议使用个人信息一语。原因如下：第一，个人数据仅仅是个人信息的电子化载体，为了实现对自然人人格的周延保护，有必要采用个人信息概念，以此将其他类型载体承载的个人信息划入保护范围；第二，从现行立法和司法解释可知，个人信息的范围界限基本明确，个人信息保护规则基本完善，个人信息的使用在立法

---

① 参见彭诚信、向秦：《“信息”与“数据”的私法界定》，载《河南社会科学》2019 年第 11 期，第 29—30 页。

② 黄国彬、张莎莎、闫鑫：《个人数据的概念范畴与基本类型研究》，载《图书情报工作》2017 年第 5 期，第 42 页。

③ 参见王秀秀：《个人数据权——社会利益视域下的法律保护模式》，华东政法大学 2016 年博士学位论文，第 15 页。

和司法层面得到广泛认可，从此意义出发，采用个人信息一语更为合适；第三，界分个人信息与个人数据的原因在于数据一词更多地体现计算机领域技术特征。数据更多地用于企业数据财产权制度的建构，个人数据亦更多体现财产权制度思想，而个人信息更强调人格权保护，这种区分也体现了民法总则以及民法典对数据与个人信息分别保护的倾向。[①] 本文正是基于此种思想，主张对个人信息与企业数据实行两阶段的权利保护模式，即在个人信息层面运用人格权制度保障，在企业数据层面主张建立数据财产权，以此平衡个人信息保护与企业数据开发利用间的矛盾冲突关系。

二、个人信息权利属性的确定

具体而言，关于个人信息权的权利属性主要存在以下三种观点：

（一）双重权利说

双重权利说的逻辑论证起点在于个人信息具有兼具精神利益与财产利益的特性，其在承认个人信息人格权的基础上主张确立个人信息财产权，从而为个人信息的商业利用提供法律保护。双重权利说通过对个人信息不同价值和功能的界定以此来对个人信息采取分类保护的方式。正如刘德良教授所言："当个人信息发挥维护主体人格尊严的价值或功能时，应给予其人格权保护；个人信息发挥维护主体财产利益的价值或功能时，应当给予其财产权保护；如果个人信息同时发挥维护主体人格尊严和财产利益的价值或功能，就应该给予其人格权和财产权的双重保护。"[②] 双重权利说的支持者认为，对个人信息财产权的承认并不意味着否认个人信息人格权，其目的在于为信息主体提供更多地选择自由。

双重权利说不同于单纯的财产权说，财产权说认为个人信息是一种财产利益而忽视了个人信息之上最为本质的精神利益。欧美学者米勒（Athur R. Miller）认为，"保护隐私最容易的途径是将个人信息的控制作为数据主体拥有的财产权"。[③] 威斯丁（Alan F. Westin）同样指出，可将个人对信息的权利视为人格决定权，应将其界定为财产权，在处置个人信息时可适用限制危险商品的方式予以限制。[④] 尽管通过财产权说对个人信息进行保护具有一定合

---

① 吕炳斌：《个人信息权作为民事权利之证成：以知识产权为参照》，载《中国法学》2019 年第 4 期，第 48 页。

② 刘德良：《个人信息的财产权保护》，载《法学研究》2007 年第 3 期，第 84 页。

③ Athur R. Miller, *Personal Privacy in the Computer Age: The Challenge of a New Technology in an Information－Oriented Society*, Michigan Law Review, vol. 67, no. 6, 1969, p. 1107.

④ 转引自孔令杰：《个人资料隐私的法律保护》，武汉大学出版社 2009 年版，第 75—76 页。

理性，但是以经济学为基础，以追求资源配置和交易效率为主旨的个人信息财产权说在理论上存在着严重的缺陷与不足。首先，其忽视了个人信息之上的人格尊严价值，将人视为一种工具或手段。“个人信息的财产属性决定了自然人作为信息主体可以将其个人信息通过商品化或者公开化的方式转化为财产利益或价值，然后再许可他人使用，但这并非财产权所专属的特性。如果单从财产权角度证成其权利属性，则不可避免地忽视了个人信息所体现的人格尊严。个人信息是人与生俱来并在其发展过程中不断形成的，更多地体现了人的社会属性，是人的社会存在形态的法律体现。人格便是人的社会存在基础，即尊严。”① 其次，其混淆了权利与利益的关系。姓名、肖像等同样具有财产利益，但它们只能视为人格权。② 因此，双重权利说针对个人信息所采取的双重保护模式极大的弥补了财产权说的不足。

与传统的人格权理论不同，双重权利说能够为个人信息的商业利用提供有效的法律保护，弥补传统人格权理论的缺陷。双重权利说一定程度上建立在法经济学之上，通过价格、效率、最大化三个角度的考量可以论证其相对于人格权说所具有的优势。③ 价格即为侵权行为主体所要负担的一种法律责任，在一定程度上，加大侵权行为成本可以有效减少个人信息侵权案件。由于双重权利说赋予了个人信息财产权，因此，可以通过设定财产责任的方式来加大侵权行为成本。④ 效率即为诉诸法律救济的实际投入与所得。在某种程度上，个人信息侵权案件除了可能对信息主体造成精神损害外还有可能造成潜在的经济损失。因此，新型权利说中个人信息财产权的设立可以使得信息主体获得收益补偿。最大化即为信息主体对个人信息的控制和利用的最大化。在对个人信息进行有效保护的同时，通过个人信息财产权的设立，促进个人信息的流转，推动财富的最大化。与此同时，个人信息财产权的设立也会在一定程度上约束个人信息使用者的行为，避免个人信息资源的浪费，促进整体社会利益的最大化。

当然，由于双重权利说仍主张确认个人信息财产权，部分学者对此提出了批判，理由如下：其一，新型权利说的论证基础在于部分个人信息与信息主体人格关联不大，因此需要对个人信息采取分类保护。然而，个人信息来

---

① 郑维炜：《个人信息权的权利属性、法理基础与保护路径》，载《法制与社会发展》2020 年第 6 期，第 129 页。

② 张里安、韩旭至：《大数据时代个人信息权的私法属性》，载《法学论坛》2016 年第 3 期，第 126 页。

③ 李延舜：《个人信息权保护的法经济学分析》，载《法学论坛》2015 年第 3 期，第 44—46 页。

④ 刘德良：《个人信息的财产权保护》，载《法学研究》2007 年第 3 期，第 89 页。

源于信息主体自身与人格紧密相连、不可分离。个人信息的财产价值不可能脱离个人信息的人格利益而单独存在，否则，不可称之为个人信息。因此，个人信息财产权没有独立存在的空间。其二，该说片面理解人格权的属性，人格权并非不能包含财产利益，人格利益与财产利益乃是同一人格权的构成部分，二者不可分离。对于人格权上的精神利益和财产利益，部分观点还认为可以直接设立商事人格权或商品化权或形象权来对人格权中的利益进行区分保护，这实质上是没有真正理解我国的人格权保护模式。① 王泽鉴教授指出，人格权上精神利益与财产利益并非彼此分立而存在，二者乃是同一人格权的构成部分，在人格权一元论构造下，人格权犹如树的茎干，精神利益及财产利益则为树根，同以人格权为本，结合一起，具同等价值，应同受保护。② 其三，将部分个人信息作为财产权的客体，由于每个人的社会地位，经济条件不同，这有可能导致在对个人信息价值的认定上产生区分。在侵权损害赔偿数额的认定上，使得同一类个人信息因信息主体的不同而判定不同的数额，这背离了民法所主张的平等价值，有违法律对分配正义和矫正正义的追求。③

此外，面对个人信息财产权理论的质疑，邢会强教授提出三点支持个人信息财产权的理由：其一，大数据背景下，做市商、数据加工商以及数据投资者的出现使得人格权许可使用制度出现适用困境，需重构个人信息财产权实现机制；其二，国家之间，互联网企业间对信息的争夺，表明了个人信息具有财产意义上的稀缺性；其三，不能认为个人行权困难或收益较低，从而基于效率的考量否定个人信息财产权，破坏公平。且个人信息财产权作为一种权利诉求，应当予以重视，并通过制度设计降低行权成本。④ 针对以上三点，本文持不同意见。第一，大数据背景下做市商、数据加工商以及投资者所交易的对象不仅仅是单个的个人信息范畴，而是企业所收集、整理的个人信息集合，且作为稀缺性产品存在的并非个人信息，而应当是基于个人信息所形成的企业数据集合以及大数据产品，以上诸多理由所针对的应是企业数

---

① 程啸教授认为，我国人格权历来不仅保护精神利益还保护经济利益，对于人格权主体的经济利益我国采取的是一元保护模式而非美国法上采取的隐私权和公开权二元保护模式。参见程啸：《论我国民法典中个人信息权益的性质》，载《政治与法律》2020 年第 8 期，第 8—9 页。

② 王泽鉴：《人格权保护的课题与展望——人格权的性质及构造：精神利益与财产利益的保护》，载《人大法律评论》2009 年第 1 期，第 102 页。

③ 罗昆：《个人信息权的私法属性与民法保护模式》，载《广西大学学报（哲学社会科学版）》2015 年第 3 期，第 88 页。

④ 邢会强：《大数据交易背景下个人信息财产权的分配与实现机制》，载《法学评论》2019 年第 6 期，第 106—107 页。

据层面而非自然人层面的个人信息；第二，单个自然人对其个人信息的财产权化诉求在多大程度上存在应当通过社会调查方式，以数据化的形式表现出来，而不应当做一种基于经验逻辑上的推断。一项制度设计本身就是利益衡量的过程，相较于人格权的商业化利用，个人信息财产权的设立和降低个人行权成本的制度设计必定会增加法律上的赋权成本以及企业为获取个人信息的谈判成本。在个人信息保护与企业数据权益的制度衔接层面，本文不认为个人信息财产权的设立会优于个人信息人格权的商业化利用规则；第三，对于普通人而言，单个自然人的个人信息价值微小。个人信息层面的财产价值更多地体现在信息需求方一侧，即企业将其用于大数据产品开发并作为数据资产而存在。对于个人而言，更担心的是个人信息被非法披露、获取、使用，以致侵害自身的隐私、自由和使得人格尊严遭受贬损。“立法对个人信息加以保护，授予个体对他人利用其信息的控制力，法益基础应当在于个人信息的人格属性，而非财产属性。保护个人信息权益的法益基础应在于人格利益。”①

综上所述，本文并不赞同在个人信息之上设立个人信息财产权，对于个人信息之上财产利益的保护可通过人格权商业化利用规则保护。

（二）隐私权说

隐私权说的理论基础在于美国的隐私权理论。美国隐私权经历了从“独处权理论”，到“限制接触理论”，再到“信息控制理论”的转变，从而形成了如今的一种开放的隐私权体系。隐私权从一种消极防御的权利转变为一种控制与支配的积极权利，从而为个人信息纳入隐私权保护提供了理论基础。但是美国的隐私权作为一种框架性权利，其类似于德国的一般人格权，而我国的隐私权却是一种具体人格权，其无法完全涵盖个人信息的范围。

我国法律语境下的个人信息与隐私是两个不同的概念，隐私权与个人信息权存在诸多差异。其一，个人信息权与隐私权的权利属性不同。隐私权主要强调的是私生活安宁以及私人秘密不受干扰，而个人信息权则强调信息主体对个人信息的控制和利用。因此，隐私权主要为一种消极、防御性的权利，而个人信息权主要为一种积极、主动的控制权。民法典第一千零三十四条第二款之所以强调了私密信息优先适用隐私权保护规则，原因在于私密信息的本质就是不愿意为他人知晓，从而反映了隐私权是作为消极防御权的特性。隐私权着重保护人格利益，财产性价值微乎其微，而个人信息商业化利用产生的经济价值使其具有极强的财产属性。其二，二者的保护范围不同。个人

---

① 张书青：《脚印与路：个人信息保护与大数据权益归属》，载《电子知识产权》2018 年第 11 期，第 16 页。

信息与隐私的范围存在交叉的地方，但是两者又不完全重合。民法典第一千零三十二条第二款规定：隐私是自然人的私人生活安宁和不愿为他人知晓的私密空间、私密活动、私密信息。个人信息则是以电子或者其他方式记录的能够单独或者与其他信息结合识别特定自然人的各种信息，其强调的是身份识别性，即使该信息可能并不是私密的，但若是能够经过分析并指向某信息主体，那么该信息依然存在保护的必要。其三，二者的保护方式不同。隐私权作为一种消极防御性的权利，其强调的是事后救济，遭受侵害时大多主张人格权请求权或精神损害赔偿请求权。而个人信息权作为一种控制权，其注重的是事前预防，包含查阅复制权、删除权、更正权等具体的积极权能。

基于企业数据权益的扩张，隐私权的消极防御属性已经不适应大数据时代个人信息权益保护。信息主体主张寻求一种控制性更强的权利，以求在与信息处理者进行博弈的情况下，不至于处于弱势地位而贬损人格尊严以及遭受不应有的经济损失。

（三）具体人格权说

传统的人格权理论在市场经济的冲击下发生了较大的转变，诚如庞德（Roscoe Pound）所言“人格权这一类别正在形成之中，它至今也没有超越这一阶段”。[①] 虽然民法典已经明确将个人信息归入人格权编并与隐私权并列规制，但是条文中最终并未采用“个人信息权”的表述。笔者以为，仅凭这一点并不能否定个人信息权的具体人格权属性，从隐私权的发展历程来看，“隐私权的保护也是经历了通过名誉权保护隐私权、将隐私作为独立的人格利益、立法明确承认隐私权为独立人格权三个阶段。”[②] 因此，个人信息权作为具体人格权在法律上确立只是时间问题。此外，我们仍需分析具体人格权模式对个人信息保护具有何种意义及其是否能够承载个人信息之上日益显著的财产价值。

首先，个人信息权具有特定的权利内涵。个人信息权强调的是对个人信息的控制和利用，而隐私权强调的是个人私生活安宁和私人秘密不受侵犯。尽管美国法上的隐私权理论存在扩张的现象，其可以利用隐私权保护个人信息，但是在我国的人格权体系内部，隐私权仅仅为一项具体人格权，在现有法律框架下无法为个人信息提供较为完善的保护。其次，将个人信息权定性

---

① ［美］罗斯科·庞德：《通过法律的社会控制 法律的任务》，沈宗灵等译，商务印书馆1984年版，第171页。

② 彭诚信、杨思益：《论数据、信息与隐私的权利层次与体系建构》，载《西北工业大学学报（社会科学版）》2020年第2期，第84页。

为一项具体人格权更有助于维护个人信息之上的人格尊严与人格自由发展价值。个人信息注重身份识别性，其与个人的人格发展密切相关，人格属性为个人信息的本质属性。在个人信息商业化利用日益发展的今天，确立个人信息权的具体人格权地位更有助于防止人格尊严遭受贬损。再者，将个人信息权确立为一项具体人格权有利于对其实行有效的多层面保护。①

个人信息保护的最大分歧在于是否应为保护其财产利益而设立独立的财产权，无论是双重权利说还是单纯的财产权说都主张在民法上确立个人信息财产权。然而，一项新权利的创设与否要考虑其是否符合现有的权利逻辑体系，是否与现有价值体系相冲突。首先，我国的人格权理论一直以来都是继受德国法学，德国人格权法通过丰富原有人格权内涵以及拓展其积极权能从而将人格财产性利益纳入到人格权法保护。而美国采取的是隐私权与公开权并行的二元规制模式，将人格财产性利益纳入到公开权体系中。个人信息财产权的设立实质上就是借鉴美国的公开权理念，将个人信息权之上的精神利益与财产利益区分保护，这并不符合我国的人格权权利体系。其次，基于利益衡量理念，美国公开权制度的创设侧重于保护个人行为自由，而人格权一元论理念更强调保护人格尊严，两者的价值基础不同。

人格权商品化理论正是在坚持人格权一元论的基础上，通过丰富人格权内涵来为个人信息之上的财产利益提供保护。有观点指出，可以基于人格权的商业化利用现象推论出个人信息财产权设立的合理性，这实则是忽视了个人信息之上人格利益与财产利益的不可分割与相互影响。人格权作为一种自主决定权和自我控制权，人格权主体有权决定如何将自己的人格特征投入商业使用并获得利益，人格权的商业化利用是人格权自身权能的体现。② 根据王利明教授的观点，人格权商品化的理论基础主要是基于以下几点：其一，某些标表性的人格权本身具有一定的可利用价值；其二，某些人格权的权能具有与人身的可分离性，某些人格权的财产价值具有可继承性；其三，对可商品化人格权的侵害可采用财产赔偿的方式予以补救。③ 为了对以上观点进行分析，本文以自然人的肖像权为例进行论证。首先，由于名人的肖像具有一定的社会影响力，肖像因此具有了一定的财产价值，此财产价值属于人格权所固有内容。但也有部分观点认为，对于肖像权之类的标表性人格权而言其本

① 王利明：《论个人信息权在人格权法中的地位》，载《苏州大学学报》2012 年第 6 期，第 71 页。

② 刘召成：《人格商业化利用权的教义学构造》，载《清华法学》2014 年第 3 期，第 127 页。

③ 王利明：《论人格权商品化》，载《西北政法大学学报》2013 年第 4 期，第 55 页；王立明：《人格权法》，中国人民大学出版社 2016 年版，第 106 页。

质是“受尊重权”，这一属性也决定了其权利内容应限于“受尊重”之精神利益，不应当包含财产利益。[①] 可以看出，此分歧的焦点还是在于人格权是否能够包含财产利益。实质上，“德国法上人格权中经济价值保护的依据主要是《德国民法典》第12条所规定的姓名权、《艺术著作权法》（Kunsturheberrechtsgesetz，KUG）第22条和第23条所规定的肖像权以及《德国民法典》第823条所规定的一般人格权。上述权利在性质上最初都只是精神性的人格权，并不包含财产价值”。[②] 但是随着人格权学说的发展以及保罗·达尔克（Paul Dahlke）案，玛琳·迪特里希案的推动，德国联邦法院最终肯定了人格权中的财产价值。其次，传统人格权理论认为人格权具有专属性，但是经过人格权理论的发展，部分人格权的权能实际上在一定程度上可以与权利人的人格利益相分离。诸如肖像权在经权利人许可后，相对人可以基于商业目的而使用权利人的肖像，从而使肖像权权能在一定程度上就与权利主体分离。既然通过交换部分人格利益可以换取经济收益，从而实现人格权益的商业价值，那么该种价值就应具有可继承性。再者，传统人格权理论认为，对于侵害人格权的案件可以采用精神损害赔偿的方式，但是精神损害赔偿具有额度限制，不利于打击侵权主体并保护权利人的利益。基于此，刘德良教授主张设立个人信息财产权从而确立个人信息侵权救济的财产责任。[③] 不同于刘德良教授的观点，支持人格权商品化理论的学者认为通过人格权商业化利用本身就可以对个人信息侵权案件的受害人采取财产赔偿的方式予以救济。此外，这也是构成可商品化的人格权与一般人格权的区别之处。因此，通过对人格权商品化理论的论证，个人信息权作为一项具体的人格权，不仅符合人格权的本质属性，而且能够为个人信息之上的财产利益提供合理的保护。

实质上，选取何种理论对个人信息进行保护本身也是利益衡量的结果。双重权利说是对人格权一元论理念的偏离且个人信息财产权的设立并无太大意义。我国的隐私权强调消极防御权能无法为信息主体的弱势地位提供支持且不利于信息流通与企业数据权利创设。而承认个人信息权的具体人格权地位，既是对人格权一元论的贯彻，又能通过积极控制权能应对个人信息之上日益显著的财产属性，对个人信息保护与企业数据权益保护大有裨益。

---

① 温世扬：《论“标表型人格权”》，载《政治与法律》2014年第4期，第68页。

② 王叶刚：《人格权中经济价值法律保护模式探讨》，载《比较法研究》2014年第1期，第161页。

③ 刘德良：《个人信息的财产权保护》，载《法学研究》2007年第3期，第88页。

三、个人信息与企业数据的划分

个人数据不同的界定标准对企业数据的利用行为及数据产业的发展产生巨大影响。恰如美国对个人数据采用限缩的关联性识别标准，将那些匿名化的数据排除在个人数据保护之外，赋予互联网企业对间接个人数据更大的控制权与使用权，从而推动互联网产业的快速发展。① 我国刑法修正案（七）第七条首次在国家立法层面将个人信息纳入法律体系之中，这标志着“个人信息”这一概念已经普遍为立法机关所接受而成为正式的法律术语。② 然而，究竟何为个人信息，个人信息的外延如何确定，我国学界曾产生“个人隐私型”“识别型”“关联型”此三种学说争议。“个人隐私型说”主要来源于美国的“信息隐私权”理论，该理论针对个人信息采取隐私权保护模式，将个人信息视为隐私权的一部分，我国法律并未采用隐私型定义模式。“关联型说”的观点认为，个人信息即指与个人相关联的信息，“包括人的身体、内心、身份、地位以及有关于个人的所有其他事实、判断、评价等信息。也就是说，个人信息不仅涵盖与个人相关的私生活或者人格相关的信息，而且包括个人的社会文化活动，社会团体活动及其他所有与个人相关联的信息。”③ 而“识别型说”则认为，个人信息的核心要素在于识别性，即“把当事人直接或间接的认出来”。④ 从域外立法上看，德国《联邦个人资料保护法》以及欧盟《数据保护指令》对个人信息均采取了识别型定义模式。⑤ 我国立法对个人信息的定义实际上经历了由“识别型”到“识别型＋关联型”的转变，其中网络安全法第七十六条⑥，民

---

① 李扬、李晓宇：《大数据时代企业数据边界的界定与澄清———兼谈不同类型数据之间的分野与勾连》，载《福建论坛·人文社会科学版》2019 年第 11 期，第 38 页。

② 《中华人民共和国刑法修正案（七）》第七条第一款，在刑法第二百五十三条后增加一条，作为第二百五十三条之一：国家机关或者金融、电信、交通、教育、医疗等单位的工作人员，违反国家规定，将本单位在履行职责或者提供服务过程中获得的公民个人信息，出售或者非法提供给他人，情节严重的，处三年以下有期徒刑或者拘役，并处或者单处罚金。

③ 转引自胡梦茹：《个人信息民法保护研究》，华东政法大学 2016 年硕士学位论文，第 18 页。

④ 齐爱民等：《个人资料保护法原理及其跨国流通法律问题研究》，武汉大学出版社 2004 年版，第 4 页。

⑤ 德国《联邦个人资料保护法》第 3 条（1）规定：“个人资料指任何得识别或可得识别自然人的属人或属事的信息。”欧盟《数据保护指令》对个人信息的定义为：“有关一个被识别或可识别的自然人的任何信息。可以识别的自然人是指通过身份证号码或身体、生理、精神、经济、文化、社会身份等一个或多个因素可直接或间接确定的特定的自然人。”

⑥ 《中华人民共和国网络安全法》第七十六条第五款规定：（五）个人信息，是指以电子或者其他方式记录的能够单独或者与其他信息结合识别自然人个人身份的各种信息，包括但不限于自然人的姓名、出生日期、身份证件号码、个人生物识别信息、住址、电话号码等。

法典第一千零三十四条①均对个人信息采取“识别型”定义模式，而个人信息保护法第四条②则在前者基础上增加了“关联型”定义模式，扩充了个人信息的保护范围。

然而无论采取何种定义模式，个人信息权的本质在于保护个人信息之上的人格利益，无论是直接识别特定个人还是关联到特定个人，对个人信息的非法利用均会造成人格尊严的贬损。因此，无论是已识别还是可识别的个人信息，只要该信息能够指向某个具体的个人，该信息应属于个人信息权的权益保护范围。

就数据而言，学界对数据存在多种分类方式。诸如按主体标准进行划分，可以将其分为“个人数据”“企业数据”与“政府数据”；从是否产生增值效益角度，可以分为“基础数据”与“增值数据”；③ 以数据的产生方式为标准，可以将其分为“原生数据”与“衍生数据”。④ 原生数据是指通过合法的收集、记录、存储手段而产生的数据，而衍生数据则指基于特定目的，利用算法对原生数据进行清洗、脱敏、匿名、加工、计算、聚合等处理后而成的系统的、可读取（计算机数据处理系统）的数据。⑤ 个人数据作为个人信息的数字化表现形式，其与企业原生数据存在较大关联。原生数据包含个人数据与非个人数据，就个人数据层面的原生数据而言，其本质仍然体现为信息主体的人格属性，基于此部分原生数据所产生的法律关系，应通过个人信息权以及具体合同内容进行调整。而经由个人数据匿名化处理得来的衍生数据，由于其已经从中剥离了人格属性，不再能够识别到具体个人，因此不属于个人信息权益的保护范围，应属于企业数据权利调整范围。由上述可知，企业数据本身具有复杂性，既有原生数据与衍生数据的划分，原生数据本身又可分为个人数据与非个人数据，而本文意在探讨个人信息与企业数据之关系，

---

① 《中华人民共和国民法典》第一千零三十四条第二款规定：个人信息是以电子或者其他方式记录的能够单独或者与其他信息结合识别特定自然人的各种信息，包括自然人的姓名、出生日期、身份证件号码、生物识别信息、住址、电话号码、电子邮箱、健康信息、行踪信息等。

② 《中华人民共和国个人信息保护法》第四条第一款规定：个人信息是以电子或者其他方式记录的与已识别或者可识别的自然人有关的各种信息，不包括匿名化处理后的信息。

③ 基础数据是最本源的数据，即所有足以对主体构成识别的数据均为基础数据。增值数据是指数据处理者对网络用户从事各种活动进行搜集整理等增值处理行为产生的各种数据，例如搜索引擎记录、电子商务记录、用户使用习惯、潜在用户群等。丁道勤：《基础数据与增值数据的二元划分》，载《财经法学》2017 年第 2 期，第 5 页。

④ 杨立新、陈小江：《衍生数据是数据专有权的客体》，载《中国社会科学报》2016 年 7 月 13 日，第 5 版。

⑤ 陈俊华：《大数据时代数据开放共享中的数据权利化问题研究》，载《图书与情报》2018 年第 4 期，第 28—29 页。

因此，为避免争议，本文所称企业数据是一种狭义上的界定，指个人信息经匿名化处理而来的衍生数据，不包括企业自身生成的经营数据以及未经匿名化的个人数据等数据类型。

综上所述，个人信息与本文所称企业数据以是否经过匿名化处理作为分界点，当企业将采集的个人信息进行匿名化处理，使之称为衍生数据，便属于企业数据权益的保护范畴。

四、企业数据的界定及其特征

个人信息在剥离人格属性成为衍生数据后具有极大的财产属性，通过分析企业数据的特征，进而为企业数据权的创设提供依据，衍生数据主要存在以下几类特征：

第一，可支配性。数据是指在计算机以及网络上流通的在二进制基础上以 0 和 1 的组合而表现出来的比特形式，其可通过固定载体表达一定的内容。企业数据由个人信息经匿名化处理而来并存储在网络或其他相应载体之上，企业对该衍生数据具有支配、控制权。虽然数据爬取或其他数据共享行为会造成数据在企业间转移，但必须遵守 ROOT 协议或相关合同，否则对于非法获取企业数据行为，法律应严格禁止。因此，企业可以通过掌控数据的流转过程，从法律上对数据的持有、交易等行为进行控制，从而获取一定的经济利益。

第二，稀缺性。“物以稀为贵”，企业数据的稀缺性主要从数据生产与供求关系两个角度诠释。首先，企业数据的生产与分析要求企业本身应具备极强的大数据分析能力，对企业的软硬件设施具有极高的要求，因而，市场上能够进行数据分析并进行数据产品开发的企业少之又少。其次，数字经济的发展反映出市场对数据要素具有极高的需求。目前阶段，数据的供给是有限的，而数据的需求则远远未得到满足。以征信行业为例，我国央行主导，市场辅助的征信发展模式正是由于传统央行征信系统供给不足导致的，互联网金融的发展使得央行征信不能满足信贷审批需求，由此个人持牌征信机构孕育而生。数据在市场上的供不应求正是反映了数据资源本身的稀缺性。

第三，价值性。企业数据的可支配性与稀缺性决定了其具有商业价值，该价值一方面源于企业自身为获取该数据投入了大量成本，另一方面市场本身存在对衍生数据的需求。衍生数据可以被用于多个领域，诸如企业精准营销，产品销售趋势分析以及新产品研发等多个领域。个人信息本身的价值微乎其微，但是企业数据的本质是无数信息的集合，经过分析和处理后的数据使得原先的信息价值呈几何系数倍增。

第四，可复制性与非物质消耗性。数据本质为计算机以及网络上流通的在二进制基础上以 0 和 1 的组合而表现出来的比特形式，数据能够在计算机设备或网络中被无限复制，并不因数据的使用而导致数据数量的减少。数据的复制实质上是数据流通的一种表现形式，同一数据可同时在多个网络场景中运用，实现数据价值的最大化。

基于上文所述，本文讨论企业数据权的客体限定为衍生数据，并以此作为数据权利创设的基点。原因在于衍生数据是由个人信息经清洗、脱敏、加工整合而来，由于其剥离了个人信息的人格属性，从而明确了个人信息人格权与企业数据财产权的二元分置保护模式，一定程度上解决了个人信息与企业数据的权益保护与分配问题。其次，衍生数据作为企业劳动成果的体现，其本身带有极强的财产属性，诸如企业通过衍生数据构建用户行为偏好模型，或是进行风险分析、精准预测等活动，能够为企业带来增值效益。梅夏英教授否定了企业数据的客体性与财产性，原因在于企业数据的非特定性，非独立性与工具性，其本身不能作为财产价值来源。① 该观点的问题在于其没有对企业数据进行分类讨论，企业衍生数据完全能为企业自身所控制、支配，且衍生数据本身带有信息本体与信息媒介的双重属性，具备独立的经济价值，能够成为企业数据财产权的客体。再者，我国相关法律法规与相关数据交易规则均确定个人信息或数据交易以匿名化为前提，肯定了衍生数据交易的正当性。《中华人民共和国网络安全法》第四十二条强调未经被收集者同意，企业向他人提供的只能是经过处理无法识别特定个人且不能复原的信息。上海数据交易中心在《数据互联规则》《个人数据保护原则》《流通数据处理准则》中也反复指出，流通和共享的数据只能是已经去除可直接识别个人身份标识的数据。② 此外，《深圳经济特区数据条例》第七十六条也规定了数据控制者与数据处理者应当对相关数据进行去标识化、脱敏化处理。③ 基于上述理

① 梅夏英：《数据的法律属性及其民法定位》，载《中国社会科学》2016 年第 9 期，第 169—172 页。

② 《数据互联规则》4.2 规定：3）去身份原则：成员应在数据脱离可直接识别特定个人身份的标识的情境下进行互联。《个人数据保护原则》第三条规定：可直接识别特定个人身份的标识与其他个人数据应当分别存管和处理，并确保进行共享和流通的数据已经去除可直接识别个人身份的标识，禁止在任何情况下擅自公开或向第三人提供带有身份标识的个人数据。《流通数据处理准则》第三条规定：3）数据持有人和数据使用人应在数据脱离可直接识别特定个人身份的标识的情境下进行流通。

③ 《深圳经济特区数据条例》第七十六条规定：数据处理者应当依照法律、法规规定以及国家标准的要求，对所收集的个人数据进行去标识化或者匿名化处理，并与可用于恢复识别特定自然人的数据分开存储。

由，以衍生数据作为企业数据权的客体是目前企业数据权利保护与利用的较好选择。

第二节　个人信息与企业数据的划分的理论分析

一、个人信息保护与企业数据保护的现存理论分析

数字经济发展带有利益交织的特性，个人信息之上的人格和财产利益与企业数据权益存在着冲突与平衡，如何在个人信息保护与企业数据利用间进行权益配置成为法学界研究数字经济发展的核心命题。本文在研究现有文献的基础上，对相关学者所提出的制度构想进行总结、归纳后发现，现有制度构想主要沿四个层次展开。

第一，关于权利保护模式与行为规制模式之争论。实质上，无论是关于个人信息保护还是关于企业数据权益配置都存在保护模式的争论。在个人信息层面，有无确立个人信息权的争论存在已久。主张确权论者主要是基于个人信息权益的明确界分以及考虑到民法典将个人信息纳入到人格权编并将其与生命权、健康权等具体人格权并列，从而认定我国在立法上已经确立个人信息权。① 而否定确权论者则认为，民法典第一百一十一条以及人格权编对个人信息的规定仅仅是为个人信息保护提供了法律依据并没有明确个人信息权的具体人格权地位。② 在企业数据层面，学术界关于数据权益保护主要围绕是否赋予企业数据财产权展开。行为规制论者认为，企业数据保护的权利化会阻碍信息的流通与共享且存在制度成本不利于数字经济发展，对企业数据采用竞争法规制更为合适。③ 而权利论者大都认为，权属清晰是数据权益保护的

---

① 杨立新：《个人信息：法益抑或民事权利——对〈民法总则〉第111条规定的“个人信息”之解读》，载《法学论坛》2018年第1期，第38—40页；常健：《论人格权法（编）中的个人信息权的制度完善——评〈中华人民共和国民法人格权编（草案）·民法室室内稿〉相关规定》，载《四川大学学报（哲学社会科学版）》2018年第3期，第34页。

② 王利明主编：《中华人民共和国民法总则详解》，中国法制出版社2017年版，第465页；路成华《〈民法总则〉中个人信息的界定及保护》，载《西安电子科技大学学报（社会科学版）》2018年第1期，第56页；蓝蓝：《个人信息权独立性再探讨——以〈民法总则〉的颁布为背景》，载《昆明理工大学学报（社会科学版）》第4期，第21页。

③ 宁立志、傅显扬：《论数据的法律规制模式选择》，载《知识产权》2019年第12期，第32—35页；丁晓东：《数据到底属于谁？——从网络爬虫看平台数据权属与数据保护》，载《华东政法大学学报》2019年第3期，第80—83页；郝思洋：《知识产权视角下数据财产的制度选项》，载《知识产权》2019年第9期，第57—60页。

基础，而行为规制模式逃避这一核心问题，且竞争法保护带有极大的不确定性，不能为数据权益保护提供明确的指引。①

第二，仅考虑单边利益进行权利制度创设。个人信息层面主要体现为个人信息权利属性的证成，诸如隐私权说、双重权利说与具体人格权说。企业数据层面则存在物权路径、知识产权路径以及新型财产权路径等保护路径争议。诸如仅仅主张创设“数据生产者权利”，此一排他性财产权，② 亦或创设“数据文件所有权”，以保护数据内容层的信息。③

第三，虽考虑到双边利益，但仅以个人信息或企业数据的单一视角进行权利创设与权益分配。在个人信息层面，袁泉、王思庆主张将个人信息划分为个人私密信息、个人事实信息以及个人预测信息，并对个人私密信息采取隐私权保护，个人事实信息采取人格权保护并可进行人格权商业化利用，而个人预测信息（数据产品）则采用企业数据财产权保护模式。④ 李兆利则将个人信息进行分阶段赋权，在信息收集阶段，赋予信息主体信息人格权和信息财产权，信息利用阶段则赋予企业信息资产权。⑤ 对于企业数据保护而言，学界存在基础数据与增值数据，原始数据与衍生数据，或原始数据与匿名化数据等形式的划分，此种划分不仅在概念上存在差异，而且在权利保护模式上也极为不同。诸如丁道勤、王融、石丹等学者均主张确立个人数据所有权与企业数据所有权的双重所有权结构，⑥ 而唐要家则主张对原始数据采取隐私权等人格权保护模式，衍生数据则采取知识产权保护方式。⑦

第四，基于数字经济发展的动态性以及个人信息与企业数据的双向互联关系，应分别构建自然人的个人信息权与企业数据权。诸如龙卫球教授主张，“应该在区分个人信息和数据资产的基础上，进行两个阶段的权利建构：首先

① 时明涛：《大数据时代企业数据权利保护的困境与突破》，载《电子知识产权》2020 年第 7 期，第 65—67 页；崔国斌：《大数据有限排他权的基础理论》，载《法学研究》2019 年第 5 期，第 9 页。

② 姚佳：《企业数据的利用准则》，载《清华法学》2019 年第 3 期，第 124 页。

③ 纪海龙：《数据的私法定位与保护》，载《法学研究》2018 年第 6 期，第 80—83 页。

④ 袁泉、王思庆：《个人信息分类保护制度及其体系研究》，载《江西社会科学》2020 年第 7 期，第 198—199 页。

⑤ 李兆利：《新型个人信息保护体系构建研究》，载《征信》2020 年第 4 期，第 58 页。

⑥ 丁道勤：《基础数据与增值数据的二元划分》，载《财经法学》2017 年第 2 期，第 5 页；石丹：《大数据时代数据权属及其保护路径研究》，载《西安交通大学学报（社会科学版）》2018 年第 3 期，第 79—80 页；王融：《关于大数据交易核心法律问题——数据所有权的探讨》，载《大数据》2015 年第 2 期，第 2015018—1 页。

⑦ 唐要家：《数据产权的经济分析》，载《社会科学辑刊》2021 年第 1 期，第 104—105 页。

对于用户，应在个人信息或者说初始数据的层面，同时配置人格权益和财产权益；其次对于数据经营者（企业），基于数据经营和利益驱动的机制需求，应分别配置数据经营权和数据资产权。”① 不同于龙卫球教授的观点，许可在个人信息与企业数据二元归置的基础上，赋予数据主体个人信息权（人格权）以及数据业者数据权（财产权）。② 此外，张忆然也基于个人信息与企业数据的二分，分别构建个人信息自决权（人格权）与企业数据财产权，以此区分保护自然人的人格利益与企业的财产利益。③

通过以上四个层面的分析与比较，在个人信息保护与企业数据开发利用模式的选择上，本文同样主张在区分个人信息与数据资产的基础上，进行两个阶段的权利建构：在个人信息层面，主张确立个人信息权为具体人格权并对个人信息之上的财产利益通过人格权的商业化利用进行规制；在企业数据层面，主张成立新型财产权之数据权并将其纳入知识产权框架内，作为一种新型知识产权存在。在制度构建模式的选择上，除了考虑数字经济的特点以及行为规制模式的缺陷外，选择进行两阶段权利构建主要基于以下几个原因：第一，个人信息与数据在概念使用上分别赋予不同主体，主要考虑到突出体现个人信息的人格属性与数据的财产属性。自然人主体更注重人格尊严，而企业更强调数据的经济价值，个人信息与数据二元归置下，清晰表明了双方主体的核心利益所在，有益于理清个人信息保护与企业数据开发利用间的关系。第二，两阶段权利构建模式下，权利样态明了，且与民法典中个人信息与企业数据区分保护的立法理念一致。民法总则第一百一十一条与第一百二十七条对个人信息与数据进行分置，民法典则沿袭了这一立法模式且在人格权编细化了个人信息保护规则。虽然民法总则第一百二十七条并未严明数据的具体保护模式，但从体系解释而言，数据的保护属于权利保护或类权利保护，在对数据进行企业数据与公共数据二分的基础上，基于企业数据极强的财产属性（民法典将其与网络虚拟财产并列），采财产权保护合乎经济原理。④

---

① 龙卫球：《数据新型财产权构建及其体系研究》，载《政法论坛》2017 年第 4 期，第 63 页。

② 许可：《数据保护的三重进路——评新浪微博诉脉脉不正当竞争案》，载《上海大学学报（社会科学版）》2017 年第 6 期，第 24 页。

③ 张忆然：《大数据时代“个人信息”的权利变迁与刑法保护的教义学限缩——以“数据财产权”与“信息自决权”的二分为视角》，载《政治与法律》2020 年第 6 期，第 56 页。

④ 龙卫球：《再论企业数据保护的财产权化路径》，载《东方法学》2018 年第 3 期，第 54 页。

二、企业数据权利现有理论保护路径分析

（一）物权法规制路径

罗马法学家将物区分为有体物与无体物。有体物即指具有客体存在并且可以凭借感官而触觉的物，此时有体物即指有形物；而无体物则指没有实体而由法律所拟制的物，无体物即指权利，如地役权、用益物权等。[①] 随着近代法学的发展，人们对物的认识逐步深入，电、热、声、光等不具有具体物质形态的无形物逐渐纳入物权法讨论范畴。即使坚持“物必有体”原则的德国民法也主张对物采取扩张解释，将电、热、声、光等自然力归类于有体物之列。理由在于，有体物之“体”，其内涵不在于有形而在于指向物的客观实在性，且能为人所支配和控制。[②] 在此近乎哲学意义上的判断标准上，企业数据作为一种无形财产，其与电、热、声、光及空间等在物理上表现为无形状态的物具有相似性，似乎也能够纳入有体物范畴，受到物权法的保护。但实际上，电、热、声、光及空间等在物理上表现为无形状态的物本身能否纳入物权保护在学说和判例中仍存在较大争议。[③] 物权客体原则上应该是单一物、独立物、特定物，对于存储在企业数据库中的衍生数据而言，其具有信息本体与信息媒介的双重属性，其形式上是由匿名化后的个人信息聚合而成，但在此基础上其最终是以一种系统的，可读取的数据集的形式存在（该种存在形式并非单个信息的简单汇总，而是对信息进行分类、整合、加工，从而成为不同于原始信息的独立存在物），且从交易观念与实践出发，数据能够成为一种可支配的交易对象。即使不同企业收集同一类人的个人信息，但鉴于不同企业的数据处理方法不同，其最终所展现的形式带有特定性特征。在此意义上，企业数据在形式上符合物权客体的属性。

对于企业数据的物权法保护模式，有学者主张赋予企业数据所有权，即“原始数据信息的所有权应归于产生数据信息主体享有，而经匿名化处理的衍生数据信息所有权由数据控制着享有”；[④] 另有学者则主张由数据产生者享有数据所有权，同时赋予数据处理者数据用益权。[⑤] 从企业数据属于有体物这一

---

① 吴汉东：《知识产权基础问题研究》，中国人民大学出版社 2019 年版，第 110 页。

② 吴汉东：《知识产权基础问题研究》，中国人民大学出版社 2019 年版，第 114 页。

③ 此处采用对有体物进行扩张解释的方式将电、热、声、光等自然力纳入物权法保护，其本身存在较大争议，学界并没有达成共识，将企业数据这种新型无形财产纳入物权法规制，同样面临着较大的理论障碍，有待后续更为细致的研究论证。

④ 方印、魏维：《数据信息权利的物权法保护研究》，载《西部法学评论》2018 年第 3 期，第 31 页。

⑤ 申卫星：《论数据用益权》，载《中国社会科学》2020 年第 11 期，第 121—127 页。

逻辑出发，在其上创设所有权与用益物权符合物权法原理。但问题在于物权是一种绝对权、支配权，赋予企业数据物权法保护能否使数据价值最大化是诸多学者所疑虑的问题。从静态角度而言，某一时间段加工、整合而成的衍生数据其价值也会随着时间的流逝而减损。以某一群体的消费偏好模型为例，其消费行为与物价水平、工资水平、社会流行趋势等因素息息相关，相关因素的改变会使得此部分数据的时效性价值降低。对于此类数据，企业往往会对此进行清理以降低运行成本，但其实完全可以将其投入到科研或其他公共领域，使得此部分数据价值最大化。因此，可以借鉴知识产权领域的期限保护制度甚至是强制许可制度，对于超过期限保护的数据与属于强制许可制度范围内的数据，由政府进行数据接入，使之进入公共领域。在此意义上，基于物权绝对性与支配性的特点，将企业数据纳入物权法保护难以使其价值得到最大化展现。

如上文所述企业数据的物权法保护主要存在两处缺陷：其一，表现为无形财产的企业数据如何纳入物权体系存在分歧。上述对于有体物之“体”的扩张解释过于抽象，难以基于生活经验层面达成共识。且从另一层面出发，现代民法未必需要沿袭罗马法传统，将无体物限于权利范畴，将数据等无形财产纳入无体物范畴亦存在可取之处。因此，采取何种形式将数据纳入物权或整个民法体系，乃取决于各自的价值选择与理论构想，并无确切答案；其二，物权制度理念与数字经济理念不符。物权强调对物的支配、控制，注重个人利益，而数字经济强调数据的共享与利用，主张数据价值的最大化，平衡社会公益与私人利益的特性显著。

因此，笔者以为，企业数据的权益保护不应拘泥于物权客体之讨论，应跳脱于物权保护之外，针对企业数据属无形财产之本质，寻找与之更为契合且能平衡社会公益与私益的规制模式。

（二）竞争法规制路径

1. 一般条款规制

通说认为，《中华人民共和国反不正当竞争法》第二条处于一般条款的地位。基于一般条款内在的开放性，其可以有效应对层出不穷的新型不正当竞争行为，为尚未创设为权利的新型法益提供保护，从而克服法的滞后性和不周延性。我国反不正当竞争法第二条一般条款地位的确立源于“海带配额案”[①]，该案中，山东省高院首次引用第二条作为判断被诉行为是否构成不正当竞争的标准，最高人民法院通过此案首次明确了该一般条款的严格适用要

① 参见最高人民法院（2009）民申字第1065号民事裁定书。

件，即“一是法律对该种竞争行为未作出特别规定；二是其他经营者的合法权益确因该竞争行为而受到实际损害；三是该种竞争行为因确属违反诚实信用原则和公认的商业道德而具有不正当性或者说可责性”。[①] 随着数字经济的不断发展，一般条款逐渐被用于解决互联网企业的数据纠纷案中，诸如“美景科技与淘宝案”“大众点评诉百度案”“新浪微博诉脉脉案”，均是先确定涉案双方竞争关系的存在，再将反不正当竞争法第二条与具体案件事实相结合，分析判断行为人是否违背诚实信用原则与商业道德给另一方造成了损害。

尽管反不正当竞争法一般条款对企业数据权益提供了保护，但是竞争法保护模式毕竟是行为规制，而非对象规制，司法实践也一直回避数据权属这一关键问题，一般条款保护模式始终带有其局限性。第一，反不正当竞争法调整的是市场不正当竞争行为，主体受限于具有市场竞争关系的双方。问题在于，现实状况中侵害企业数据权益的行为人未必满足具有市场竞争关系这一条件，出于其他商业目的的盗用行为在此情况下这只能主张相关侵权责任，进一步限缩了企业数据权益的救济途径。第二，采用一般条款模式，权利人只能主张事后救济，受到反不正当竞争法的消极保护。企业只能就相关数据权益主张停止侵害、损害赔偿等消极权利，其无法通过许可、设定担保等积极行权方式获得反不正当竞争法的保护。[②] 第三，一般条款内容的开放性同时意味着内容的不确定性，数据竞争中诚实信用原则以及商业道德的标准难以界定，无法为市场竞争主体提供明确的指引。反不正当竞争法第二条第一款要求经营者在生产经营活动中遵守诚实信用原则、法律和商业道德，然而法律对何为诚实信用以及何为商业道德并没有一个准确的定性，司法实践中法院往往要基于互联网领域的行业特性，在借鉴以往判决的基础上进行利益衡量。在“大众点评诉百度案”中，二审法院认为，“就本案而言，对于擅自使用他人收集的信息的行为是否违反公认的商业道德的判断上，一方面，需要考虑产业发展和互联网环境所具有信息共享、互联互通的特点；另一方面，要兼顾信息获取者、信息使用者和社会公众三方的利益，既要考虑信息获取者的财产投入，还要考虑信息使用者自由竞争的权利，以及公众自由获取信息的利益；在利益平衡的基础上划定行为的边界。”[③] 由此可见，在法律没有

---

① 刘继峰、赵军主编：《互联网新型不正当竞争行为研究》，中国政法大学出版社 2019 年版，第 243 页。

② 徐海燕、袁泉：《论数据产品的财产权保护——评淘宝诉美景公司案》，载《法律适用》2018 年第 20 期，第 86 页。

③ 上海汉涛信息咨询有限公司诉北京百度网讯科技有限公司、上海杰图软件技术有限公司不正当竞争纠纷案，上海知识产权法院民事判决书（2016）沪 73 民终 242 号。

对诚实信用原则与商业道德进行明确界定的情况下，单纯依靠法官在个案中进行精准的利益衡量难度极大，极容易造成判决的任意性。

2. 商业秘密规制

我国反不正当竞争法第九条规定：商业秘密是指不为公众所知悉、具有商业价值并经权利人采取相应保密措施的技术信息、经营信息等商业信息。由此，商业秘密便在法律上确立了秘密性、价值性与保密性的特征，欲对某种新型法益适用商业秘密保护，必须使其满足以上三种特性，方有可能在诉讼中得到法院支持。企业数据权益作为一种新型法益，司法实践中只有部分判决认可了企业数据可以适用商业秘密保护。以“衢州万联诉周慧民案”为例，二审法院认为万联公司所拥有的数据库收集了海量不易为相关领域人员普遍知悉和容易获得的用户信息，该部分信息与企业收益相关具有价值性，且万联公司采取了对数据库设置密码，与部分人员签署保密协议等保密措施，因此认为万联公司数据库中的信息构成商业秘密。① 与之不同的是，在“新浪微博诉脉脉案”中，虽然新浪微博平台的《开发者协议》中指出用户数据是微博的商业秘密，但是此案一审和二审法院均对此问题进行了回避，转而通过反不正当竞争法第二条予以保护。

许可指出，“新浪微博诉脉脉案”中的用户数据符合商业秘密所要求的三个特征，法院没有适用商业秘密保护是出于其他考虑。② 对于此观点，本文认为，企业数据具有价值性已无需赘言，但就企业数据是否符合商业秘密的秘密性与保密性特征，本文存在不同意见。必须指出的是，上述两个案件中所涉及的企业数据多为原生数据，涉及个人信息保护问题，而本文所探讨的数据为经匿名化的衍生数据。企业如此重视用户数据的收集，目的就在于通过数据分析来攫取经济利益。在数据的利用方式上，企业通过分析用户的行为偏好来实现广告的精准投放，从而获得广告收入，也可以通过数据分析制定营销策略或进行风险评估，亦或是开发数据产品，通过出售数据产品来获取收益。在此意义上，衍生数据的价值不仅限于企业的内部利用，数据产品的开发出售亦是一种常见的方式。淘宝公司所出售的“生意参谋”数据产品，其最终输出的数据内容便是已经独立于用户个人信息、企业原生数据的衍生数据。因此从商业实践而言，企业数据的利用方式已经否定了其具有秘密性

---

① 参见衢州万联网络技术有限公司诉周慧民等侵犯商业秘密案，上海市高级人民法院民事判决书（2011）沪高民三（知）终字第100号。

② 许可：《数据保护的三重进路——评新浪微博诉脉脉不正当竞争案》，载《上海大学学报（社会科学版）》2017年第6期，第19页。

特征，即使企业出于数据安全考虑采取相应的保密措施，其也丧失了竞争法意义上商业秘密所具有的秘密性与保密性。《最高人民法院关于审理不正当竞争民事案件应用法律若干问题的解释》（2020 修正）第九条第二款第（五）项和第（六）项指出，该信息从其他公开渠道可以获得或该信息无需付出一定的代价而容易获得的可以认定该信息不构成不为公众所知悉。类似于“生意参谋”此类衍生数据内容，虽需要支付一定对价方能从淘宝平台获取，但从本质上讲，此类数据已经具有公开性，已经不符合商业秘密不为公众所知悉的条件。

（三）著作权法规制

企业数据的著作权保护主要围绕能否将其纳入汇编作品类型展开，而汇编作品的认定以具备独创性为必备要件，但就独创性的标准而言，相关国际条约与各国国内法在条款内容上存在些许差别。《保护文学和艺术作品伯尔尼公约》（以下简称《伯尔尼公约》）第 2 条第 5 款规定汇编作品对材料的选择和编排均需构成智力创作，[①] 而《与贸易有关的知识产权协定》（以下简称《TRIPS 协定》）第 10 条第 2 款和《世界知识产权组织版权条约》（以下简称《WIPO 版权条约》）第 5 条，除强调汇编作品内容的选择或编排需构成智力创作外，还指出数据汇编作品的保护不延及数据或资料本身。[②] 仅从字面意义理解，《TRIPS 协定》与《WIPO 版权条约》相较于《伯尔尼公约》似乎降低了数据库汇编作品独创性认定的门槛，内容的认定由选择和编排同时具备独创性向选择或编排择一具备转变，且二者均体现了著作权思想与表达二分的特性，只保护具备独创性的数据库结构，而不保护数据内容本身。《中华人民共和国著作权法》（2020 修正）第十五条也采纳了上述观点，仅要求汇编作品内容的选择或编排择一具备独创性即可。此外，《欧盟数据保护指令》以数据库是否具备独创性为标准，将符合独创性标准的数据库纳入著作权法规制，而不具备独创性的数据库则赋予其数据库特殊权利。就不具备独创性的数据库而言，德国法上的邻接权保护模式与数据库特殊权利具有相似之处，两者均倾向于保护数据库制作过程中付出的大量劳动与实质性投资。

上述相关规定与保护模式的差异性体现了数据库本身的复杂性，即使是企业衍生数据也未必均符合著作权汇编作品的独创性标准。单纯的实质性投资已无法将非独创性数据库纳入著作权保护，但若不将此种数据权益纳入法

---

① 参见中国保护知识产权网，http：//ipr. mofcom. gov. cn/zhuanti/law/conventions/wipo/1/Berne_Convention. html，2021 年 4 月 15 日访问。

② 参见中国保护知识产权网，http：//ipr. mofcom. gov. cn/zhuanti/law/conventions/wto/trips. html，2021 年 4 月 15 日访问；中国保护知识产权网，http：//ipr. mofcom. gov. cn/zhuanti/law/conventions/wipo/1/WCT. html，2021 年 4 月 15 日访问。

律规制，数据经济恐会遭受重创。实质上，企业数据保护与著作权保护模式存在着难以调和的矛盾冲突。首先，企业衍生数据的价值源于原生数据之上所产出的衍生数据内容，其内容的表达可以采取多种形式，然而形式的多样性始终无法替代内容本身。衍生数据内容的全面广泛有益于相关数据模型构建的精准性，但这与著作权的独创性标准存在冲突，因为若要满足独创性标准，内容的选择上就会有所取舍，这与衍生数据要求内容全面的价值取向相悖。与此同时，企业衍生数据的编排方式空间有限，既要考虑受众的接受度又要体现独创性，难度极大。其次，鉴于著作权法注重数据库表达形式而轻内容的特点，“侵权人便可以在使用他人数据库实质性内容时通过改变编排来轻易规避侵权责任，从而使著作权法的保护失去意义。”① 再者，著作权法强调独创性需体现作者自身的选择、取舍与安排，而衍生数据由算法生成，何为数据产品的作者亦或算法运作过程能否视为“创作过程”存在巨大争议。有学者指出，弱人工智能时代依据算法生成的人工智能创作物本质上仍是人类思想的表达，若此创作物符合独创性条件，仍应认定为作品。② 但问题在于，知识产权法完全可以对算法本身进行保护，基于算法而形成的衍生数据似乎并不存在智力创作的空间。诚如部分学者所言，“大数据产品作为运行该特定算法所生成的产物，是利用智力成果所产生的结果，并非智力成果，故不应将其界定为著作权保护的客体。③

第三节 企业数据保护及利用规则探析

一、个人信息商业化利用规则分析

（一）个人信息商业化利用的表现形式

个人信息的商业化利用主要表现为个人信息的许可使用，民法典第九百九十三条确立了人格权许可使用制度，从而为人格权上财产利益的实现提供了法律保障。④ 人格权的许可使用制度实为人格要素的许可使用，除第九百九十三条明确规定的姓名、名称、肖像等具体人格要素外，自然人的个人信息

---

① 郝思洋：《知识产权视角下数据财产的制度选项》，载《知识产权》2019 年第 9 期，第 50 页。

② 张晓津：《人工智能对知识产权法律保护的挑战》，载《中国法学评论》2018 年第 2 期，第 16 页。

③ 李永明、戴敏敏：《大数据产品的权利属性及法律保护研究》，载《浙江大学学报（人文社会科学版）》2020 年第 2 期，第 30 页。

④ 民法典第九百九十三条规定：“民事主体可以将自己的姓名、名称、肖像等许可他人使用，但是依照法律规定或者根据其性质不得许可的除外。”

也应当适用人格权许可使用制度的相关规定。个人信息许可使用制度的一个重要体现就在于互联网公司关于用户协议中的告知同意原则的运用上。互联网企业通过用户协议中的告知同意条款获得用户授权，并且基于免费提供的基础性技术产品与服务来整合用户信息，扩大市场竞争优势，最终通过第三方广告投放或收取高端顾客定制服务费等方式来实现盈利。[①] 用户个人信息向企业数据的转变正是建立在企业提供免费的基础性技术服务与征得用户授权取得其相关个人信息的基础上。在此意义上，个人信息权许可使用制度构成了个人信息权商业化利用的核心。

民法典仅在第一千零二十一条与第一千零二十二条对肖像许可使用合同作出规定，同时在第一千零二十三条指出对姓名等的许可使用，参照适用肖像许可使用的规定。[②] 个人信息作为标表性人格要素同样应当适用以上规定。第一千零二十一条指出，对肖像许可使用合同有争议的，应当作出有利于肖像权人的解释，第一千零二十二条赋予了肖像许可使用合同双方当事人在对许可使用期限没有约定或约定不明时的任意解除权，即使对期限有明确约定时，也赋予肖像权人的单方解除权，以上均体现了民法典对人格权主体权益的倾斜保护。个人信息许可使用合同目前主要体现为互联网企业提供的用户授权许可协议，该协议一般表明企业收集用户个人信息的目的，收集个人信息的类型，使用方式以及相关责任承担与争议解决方式，协议一般以格式条款的形式存在。[③] 对该格式条款发生争议时，应当作出有利于个人信息主体的解释。原因在于，民法典第四百九十八条指出对格式条款有两种以上解释的，应当作出不利于提供格式条款一方的解释。其次，基于民法典第一千零二十一条作为肖像许可使用合同争议解决的特别条款以及第一千零二十三条的参照适用条款，对个人信息许可使用合同有争议的，应当参照适用第一千零二十一条并作出有利于个人信息主体的解释。

---

① 张新宝：《“普遍免费 + 个别付费”：个人信息保护的一个新思维》，载《比较法研究》2018年第5期，第3页。

② 民法典第一千零二十一条规定：当事人对肖像许可使用合同中关于肖像使用条款的理解有争议的，应当作出有利于肖像权人的解释。第一千零二十二条规定：当事人对肖像许可使用期限没有约定或者约定不明确的，任何一方当事人可以随时解除肖像许可使用合同，但是应当在合理期限之前通知对方。当事人对肖像许可使用期限有明确约定，肖像权人有正当理由的，可以解除肖像许可使用合同，但是应当在合理期限之前通知对方。因解除合同造成对方损失的，除不可归责于肖像权人的事由外，应当赔偿损失。第一千零二十三条规定：对姓名等的许可使用，参照适用肖像许可使用的有关规定。对自然人声音的保护，参照适用肖像权保护的有关规定。

③ 虽然目前学界对用户许可协议的法律性质仍存在较大争议，但笔者倾向于赋予其合同效力，对此需要在法律上对用户许可协议的内容进行规范性要求，制定相对固定标准。

（二）个人信息商业化利用的限制

1. 个人信息商业化利用的分类处理规则

学理上存在“公开的个人信息”与“非公开的个人信息”，“直接识别的个人信息”与“间接识别的个人信息”，“一般个人信息”与“敏感个人信息”，“普通个人信息”与“私密个人信息”的区分，而我国民法典与个人信息保护法只存在“私密信息”与“敏感个人信息”的称谓，因此在个人信息商业化利用层面主要以法定类别作为研究对象。私密信息本身既存在隐私属性又属于个人信息范畴，但其本质更接近隐私，强调个人尊严、个人生活不被侵扰，民法典对私密信息优先适用隐私权的规定，强调了私密信息的“隐私”内涵。个人信息保护法对一般个人信息与敏感个人信息的区分则是以非法处理个人信息是否会造成人格利益与财产利益的严重损害为标准，因此私密信息与敏感个人信息在范围上存在交叉，两者侧重点不同。就私密信息而言，由于隐私的天然抗拒外来的侵扰，因此通常情形下应当拒绝私密信息的商业化利用。而对于敏感个人信息而言，企业不当使用敏感个人信息会对信息主体带来严重后果，因此个人信息保护法对敏感个人信息规定了较为严苛的利用规则。企业对敏感个人信息的商业化利用必须具有特定目的且符合充分必要性要求，在单独告知信息主体的情况下，取得信息主体同意。对于私密信息与敏感个人信息以外的个人信息的商业化利用应保持一个宽缓的态度，企业对该信息的利用符合个人信息保护的一般规定即可。

2. 信息主体撤回权的行使

关于人格权商业化利用，郑观提出了“设权让与”“债权性许可合同”以及“可任意撤回之同意”三种行权模式，同时指出“设权让与”与“债权性许可合同”限制了信息主体的撤回权，应采取“可任意撤回之同意”模式。[①] 个人信息保护法即采取了“可任意撤回之同意”模式，其在十五条规定，基于个人同意而进行的个人信息处理活动，个人有权撤回其同意，且个人撤回同意，不影响撤回前基于个人同意已进行的个人信息处理活动的效力。必须承认，该条赋予信息主体的撤回权有效权衡了信息主体的个人信息利益与企业数据权益，企业先前进行的信息处理活动不受撤回权的影响。但个人信息许可使用合同作为一种双方法律行为，涉及许可人与被许可人的双方利益，赋予许可人即信息主体的任意撤回权同样应考虑企业利益。原因在于，

---

① 郑观：《个人信息对价化及其基本制度构建》，载《中外法学》2019 年第 2 期，第 496—498 页。

首先，民法典中肖像许可使用合同的许可人单方解除合同亦受到正当理由的限制，若信息主体对个人信息享有如此强大的控制权，不利于信息的流通与企业数据权益保护。其次，民法典人格权编规定了个人信息权的具体权能，包括查阅、复制、更正、删除等权利。然而，信息主体行使更正权的前提在于信息有错误，行使删除权的前提在于信息处理者违反法律、行政法规或者相关约定。可见，信息主体行使撤回权也应当基于正当理由，无理由的撤回权在权益分配上是不合理的。因此，在赋予信息主体任意撤回权的情形下，为保障被许可的合同相对人的交易安全，出于平衡的目的，可以要求因行使撤销权而对无过错的合同相对人造成合同利益以外的损害的承担相应的赔偿责任。①

二、企业数据权的知识产权路径创设

（一）企业数据权的知识产权路径创设的正当性分析

财产权的证成往往以洛克“劳动财产理论”与边沁功利主义的“激励理论”做理论基础，然而企业数据本身并不完全符合两种理论的内涵，因此部分学者主张企业数据财产权的证成是不成立的。② 但实际上随着社会的发展，财产权制度的扩张，我们在证成一项权利的产生不可能完全局限于已有理论，我们所汲取的是劳动创造价值这一理念，在不侵害他人权利的基础上实现对企业数据权利的享有，在解决企业数据归属问题的基础上，为数据财产权的建立提供基础。就“激励理论”而言，实际上现有的行为规制模式一定程度上可以保护企业数据权益，为市场主体的数据处理行为提供正向激励，但是诸如通过反不正当竞争法一般条款进行的事后救济，其体现的是责任规则而非财产规则，数据权利受到侵害的补偿往往由法院决定，企业一定程度上丧失了对数据权益的主动控制权。根据科斯定理，“当交易成本为零时，不论权利的法律原始配置如何，只要权利交易自由，就会产生高效率的资源配置”。显然，交易成本不可能为零，因此权利的初始配置至为关键，不同的权利配置会产生不同的资源配置结果，法律要做的就是明确产权，降低交易成本。③

在对企业数据采取赋权保护的基础上，选择以知识产权路径创设企业数据权主要考虑数据权利客体的特征、数据保护理念以及数据发展趋势三个方

① 聂含秋：《论个人信息上财产利益的保护与利用》，载《经济论坛》2021 年第 9 期，第 33 页。

② 诸如刘建臣在《企业数据赋权保护的反思与求解》中便对企业数据赋权保护的合理性提出质疑，否认了以此为基础创设企业数据权的正当性。

③ 王亚楠：《企业数据权益保护的困境及路径研究》，载《衡水学院学报》2021 年第 6 期，第 106 页。

面，具体而言：第一，企业数据与知识产权客体均具有非物质性特征。企业数据的非物质性决定了其属于无形财产的范畴，知识产权与无形财产权在财产权体系上的争论极大程度上源于权利客体的非物质性特征。因此，企业数据的非物质性一方面是知识产权客体的共同属性，一方面迎合了知识产权体系保护新增权益的倾向。第二，企业数据利用与知识产权的价值理念相符。知识产权的主要价值在于为市场主体的创新行为提供激励并限制权利主体的利益，实现权利主体与社会利益的平衡，维护市场稳定。从数字经济发展现状来看，企业数据作为重要的驱动力，法律制度一方面要保障企业自身的利益，另一方面又要兼顾个人利益与社会公共利益，实现个人信息、企业数据权益与社会公共利益的平衡。第三，将企业数据纳入知识产权保护符合社会发展趋势。知识产权体系本身实质上一直处于动态的变化过程，且不同知识产权客体的具体类型在要求上也存在不同，诸如著作权作品的认定与专利权专利的认定存在区别。未来随着社会的发展知识产权体系仍会扩张，而企业数据无论在物质形态还是在价值理念上都符合知识产权的要求，因此，在现有权利框架内对企业数据实行知识产权保护更为合理。

综上所述，财产权的制度设计应以有效分配和利用资源，促进经济效益最大化为目的。企业数据作为一种无形财产，对其赋予排他性权能的同时又应作出相应限制，合理设计权益救济与责任承担规则，以实现企业数据效益最大化。就企业数据的无形性特征而言，其符合知识产权客体的一般特性，且其在追求价值最大化的方式上与相关知识产权客体具有相似性。但就现有的知识产权体系而言，著作权、商标权、专利权等权利类型难以对企业数据提供完善的保护。因此，我们有必要在遵循知识产权一般理念的前提下，扩充知识产权客体类型，将企业数据权作为一项新型财产权利纳入知识产权法体系，实现企业自身的数据支配权益与社会效益的平衡。

（二）企业数据权的具体权能展开

知识产权与物权同时具有支配效力与排他效力，但在具体权利的行使上，物权更强调支配权属性，而知识产权更强调排他权属性。将企业数据权纳入知识产权体系便是考虑到知识产权作为一种有限支配权，可以弥补企业对数据全面支配的缺陷，推动企业数据的社会化利用。对于企业数据权的具体内容，笔者主要从支配权与排他权两方面展开，前者体现为对企业数据权的积极效力，后者则表现为排斥他人行为的消极效力。

就企业数据权的支配权效力而言，其在内容上仍然可以表现为占有、使用、收益、处分四项权能，但这要与所有权的四项权能有所区分。第一，就占有权能而言，企业数据权具有复杂性。企业无法像占有有形物一样对数据进行支配控制，且数据作为一种无形财产，企业对数据的占有也不同于对一般知识产权客体的“虚拟占有”。对一般知识产权客体的保护往往是通过公开相关智力成果内容来换取部分垄断利益，一旦智力成果物化为相关载体，其内容便容易为大众所认知，此时的占有更多的表现为权利上的垄断，是抽象的、虚拟的占有方式，与物权对有形物的占有存在巨大区别。企业数据本质上虽然以一种无形物的形式存在于网络空间，但就企业对数据的占有而言，却体现为极强的支配权属性。不同于知识产权主体对智力成果虚拟占有的特性，企业无需通过法律规则的设置，仅需采取相关技术措施即可实现对数据的控制，实现企业在网络空间内对数据的独占。但就侵权人的非法复制行为而言，企业数据与一般知识产权客体都具有相似的缺陷，其无法同物权主体一样，可以通过对物的占有而制止类似侵权行为。第二，在使用权能层面，企业数据使用权能与物权的使用权能存在区别。数据具有无损耗性，可以在同一时间供多个主体进行无妨碍的利用，而物权客体在同一时间往往只能为一人所独占利用，同一客体之上不会产生两种内容相冲突的权利。企业是基于对衍生数据所投入的巨大人力、物力、财力而享有合理的使用权能，使用分为内部利用与外部利用两种方式。企业数据的内部利用指的是企业自身基于对数据的整理分析，将其用于广告的精准投放，公司内部决策以及风险评估等情形。而企业数据的外部利用指的是企业将数据进行对外许可使用。许可使用的方式往往是企业与相对方签订许可使用合同，将部分占有、使用、收益权能转让给相对方，具体可分为独占许可使用、独家许可使用与普通许可使用三种方式。虽然独占许可使用赋予被许可人极大的支配效力，但被许可人无权再将此权利转让给第三人，处分权仍掌握在企业数据权主体手中。第三，企业数据的收益权是指企业基于数据的内部利用与外部利用而获得经济收益的权利。外部利用收益通常表现为许可使用费的取得，在具体方式上，既可以表现为类似淘宝“生意参谋”软件出售数据产品的形式，又可通过贵阳大数据交易所、上海大数据交易中心、数据堂等数据交易平台进行数据交易获取收益。第四，企业数据的处分权主要指企业将合理保护期限内企业数据权的所有权能转让给相对方，相对方取代该企业成为权利主体，享有原权利主体完整的支配权与排他权。

企业数据的排他权属性与其本身属于无形财产相关，这一点与一般知识产权客体相通。一般而言他人对知识产权的侵害并非通过占有、侵夺、毁损智力成果的物化载体的形式进行，而是通过对智力成果的非法复制、传播等行为来获取非法收益。企业数据的排他权效力目的即在于防止他人对数据的非法侵入、盗用、非法复制、非法传播等行为。在“美景科技与淘宝案”中，

《生意参谋零售电商大数据软件服务协议》第五条明确禁止将开通使用权限的账户出售、出租、出借或以其他方式提供给第三方使用，以及将获取的相关数据向任何第三方披露、转让、出售、许可或以其他方式提供给第三方使用等。“美景公司恶意组织分享生意参谋账户、借由损害淘宝公司利益而从中牟利的行为，属于直接实施侵权行为。”① 因此，企业数据权的排他效力主要体现为对相关侵权行为的禁止，此种效力可以及于任何实施不法行为的第三人，而不仅仅限于合同相对方。

（三）企业数据权的合理限制

基于对知识产权制度维护公共利益的理念以及企业数据价值最大化方式的考量，有必要对企业数据权进行合理限制。知识产权法中基于知识产品权利利用的限制主要表现为合理使用与非自愿许可使用，后者又可分为强制许可使用与法定许可使用，两者区别在于是否需要经过行政机关的批准，② 就企业数据的利用而言，合理使用、法定许可与强制许可是否有存在的必要值得论证。企业数据的利用方式未必都以向外出售数据产品的形式展现，其数据内容也未必均体现为经济利益，部分行业的企业数据甚至关乎国家安全与公共安全，难以通过公开途径取得。因此，就合理使用与法定许可而言，其制度的实施往往以相关数据为使用者所掌握为前提。③ 然而，部分行业的企业数据难以通过公开渠道取得。其次，类似如“生意参谋”软件提供的商业数据完全可以通过支付相对合理的对价进行使用，合理使用与法定许可存在的必要性存疑。对于强制许可而言，其价值在于可以通过法律或相关公权力的介入来获取一些难以通过公开渠道获得的数据，并将其用于教育、科学研究公共政策制定等领域。此外，在对企业数据权的限制上，有必要建立数据强制公开制度，其目的在于强调企业自身应当承担的社会责任，即当企业通过数据分析，得出可能发生有关自然灾害、重大疫情、恐怖袭击等危及国家安全与公共安全的结论、观点时，应及时向国家机关以及社会公开，避免造成人民群众的利益与国家利益受损。④

---

① 淘宝（中国）软件有限公司诉安徽美景信息科技有限公司不正当竞争纠纷案，浙江省杭州市中级人民法院民事判决书（2018）浙01民终7312号。

② 吴汉东：《无形财产权基本问题研究》，中国人民大学出版社2020年版，第96—98页。

③ 王德夫：《知识产权视野下的大数据》，社会科学文献出版社2018年版，第280页。

④ 龙卫球：《再论企业数据保护的财产权化路径》，载《东方法学》2018年第3期，第61页。

第四章 消费金融机构个人信息的处理规则：以收集与利用为核心

以数据为关键生产要素、以现代信息网络为重要载体、以数字技术应用为主要特征的数字经济已经到来，数据正在与社会生活的每一方面深度融合，并成为数字经济新动能的重要源泉。2020 年 3 月 30 日《中共中央 国务院关于构建更加完善的要素市场化配置体制机制的意见》，明确提出“加快培育数据要素市场”，包括推进政府数据开放共享，提升社会数据资源价值，加强数据资源整合和安全保护。2020 年 5 月 11 日《中共中央 国务院关于新时代加快完善社会主义市场经济体制的意见》进一步提出，“建立数据资源清单管理机制，完善数据权属界定、开放共享、交易流通等标准和措施，发挥社会数据资源价值”。2021 年 12 月 21 日国务院办公厅印发的《要素市场化配置综合改革试点总体方案》中明确提出要探索建立数据要素流通规则，其中，要完善公共数据开放共享机制，建立健全数据流通交易规则，拓展规范化数据开发利用场景，加强数据安全保护。2022 年 1 月发布的《“十四五”数字经济发展规划》中，同样强调要“充分发挥数据要素作用”，包括强化高质量数据要素供给、加快数据要素市场化流通、创新数据要素开发利用机制等方面。

个人信息是金融市场的重要要素基础。我国关于金融机构个人信息保护的立法分散在不同的法律、法规和规章中，内容较为零散，体系性较低。现行个人信息保护相关的一般法规包括民法典、消费者权益保护法、商业银行法、保险法、证券法、反洗钱法、刑法修正案（七）、《个人信用信息基础数据库管理暂行办法》《金融机构客户身份识别和客户身份资料及交易记录保存管理办法》《中国人民银行关于银行业金融机构做好个人金融信息保护工作的通知》等。其中 2016 年颁布的网络安全法第三十一条规定，国家对金融等重要行业和领域，在网络安全等级保护制度的基础上，实行重点保护。2021 年 9 月开始实施的数据安全法在重要数据保护、数据安全评估、应急处置机制、组织与个人的信息安全保护义务等方面对数据的采集、存储与使用进行了规定，并对相关违规行为的认定进行了细致的划分。而 2021 年 11 月开始实施的个人信息保护法将金融账户等列为敏感个人信息进行更严格的保护。

与此同时，金融机构个人信息的执法力度也在不断加强，尽管机构对于违法违规金融活动的惩治力度不断加大。2021 年 5 月，中国银保监会对 2020 年全年的行政处罚情况进行了通报，通报显示 2020 年银保监会全系统共作出 6581 件行政处罚决定，处罚银行保险机构 3178 家次，作出警告 4277 家/人次，罚没合计 22.75 亿元。其中，围绕个人信息和数据活动的处罚案件逐渐增多。2020 年 5 月，8 大银行因监管标准化数据（EAST）系统数据质量及数据报送被罚 1770 万元，金融机构监管报送与数据治理逐步收紧；2020 年 8 月，招商银行信用卡中心因对客户个人信息未尽安全保护义务等事由被上海建管局责令改正，并被处以 100 万元罚款；2021 年 1 月，银保监会开出当年首张罚单，农业银行因发生重要信息系统突发事件未报告，制卡数据违规明文留存等违法违规事实，被罚款 420 万元；2022 年 1 月，东亚银行因信用信息违规被罚 1674 万元，涉及的违法行为有违反信用信息采集、提供、查询及相关管理规定，成为 2022 年第一张因信用信息违规的千万级罚单。

在此情境下，对消费金融机构个人信息的处理规则展开体系性研究，厘清消费金融机构个人信息合规处理的理论迷雾，是互联网时代激活数字金融的重要环节。其中，收集和利用是个人信息处理流程中最为关键的环节，本章拟以消费金融机构个人信息的收集和利用为切入点，聚焦消费金融场景中个人信息处理的合规实现。

第一节　域外消费金融机构个人信息处理规则的比较分析

一、美国消费金融机构个人信息处理规则

美国对于金融机构个人信息处理规则的立法采用了分散立法的模式，沿用了隐私法的规制框架，这与其个人信息保护的立法进路基本一致。从联邦立法层面，诸如《金融服务现代化法案》《公平信用报告法》等均对金融机构个人信息处理规则进行具体规定；从州立法层面，也出现了诸如《加利福尼亚金融信息隐私权法》《俄勒冈州预防身份盗用法》等。美国个人金融信息立法伴随着美国金融业分业经营—混业经营—金融危机后复归分业经营的改革流变过程，同样经历了分散到统一的过程，并且不断加强对金融消费者的权益保护。在 2011 年 7 月 21 日之前，《金融服务现代化法案》隐私保护规则的制定权由美国联邦储备委员会（Board）、联邦存款保险公司（FDIC）、联邦贸易委员会（FTC）、国家信用合作社管理局（NCUA）、货币监理署

（OCC）、储蓄机构监理局（OTS）、证券交易委员会（SEC）、商品期货交易委员会（CFTC）共同承担，分别制定了实施 GLBA 的具体隐私规则。2008 年金融危机之后，金融改革和金融消费者权益保护问题迫在眉睫，《多德—弗兰克华尔街改革与消费者保护法案》修订了包括《金融服务现代化法案》在内的多项消费者金融保护立法，并在美国联邦储备委员会下设立新的消费者金融保护局，全面保护消费者合法权益。2011 年，消费者金融保护局（CFPB）成立，具有独立的法律地位，专门保护金融消费者利益，主要负责监管资产超过 100 亿美元的美国金融机构，促进公平和透明的消费者金融产品和服务，维护消费者金融市场的公平竞争。并且，根据《多德—弗兰克华尔街改革与消费者保护法案》，该法案第 504（a）（1）（A）节所涉金融机构的规则制定权向消费者金融保护局集中。与此同时，依赖于美国金融行业高水平的自律组织和自治机制，相关行业规范也成为了美国个人金融信息处理规则的重要组成部分，发挥着平衡个人金融保护与产业发展激励的重要作用。

《金融服务现代化法案》颁布于 1999 年，专门针对金融机构中个人金融信息的使用和保护进行规定，要求金融机构应当向客户告知隐私政策，其制定背景是美国金融行业混业经营的大趋势，为了消除银行业、保险业、证券业等金融行业之间的壁垒，规范广泛的金融机构数据和隐私安全合规，降低个人金融信息的限制程度，促进金融机构之间的信息共享和流通。一方面，《金融服务现代化法案》采取关联方无需同意以及非关联方默示同意的授权模式；另一方面，规定了共同营销等金融机构无需提供“选择退出”的例外情形，金融机构可以直接向非关联方披露消费者的非公开信息，以此弱化信息主体的选择退出权利。[①]

与此同时，美国在《金融服务现代化法案》实践中发展出了隐私保护规则，例如联邦贸易委员会关于客户金融信息隐私的特别规定（16CFR313）、关于客户信息安全保护标准的特别规定（16CFR314）等，并且根据金融行业的发展情况和制度需求不断更新。根据 GLBA 项下的隐私保护规则，金融机构应当制定、实施和维护全面的信息安全计划，包括金融机构用于访问、收集、分发、处理、保护、存储、使用、传输的行政、技术和物理保障，以及如何处置或以其他方式处理客户信息[②]；信息安全计划中的保障措施必须适应

---

① 参见朱芸阳：《个人金融信息保护的逻辑与规则展开》，载《环球法律评论》2021 年第 6 期，第 63 页。

② 美国联邦法规 314.2（c），https：//www.ecfr.gov/current/title－16/section－314.2#p－314.2（c），2022 年 3 月 1 日访问。

金融机构的规模、复杂性、活动性质、范围以及所涉及客户信息的敏感性①；信息安全计划中的保障措施必须经过合理设计，确保客户信息的安全性和机密性，防止对信息的安全性或完整性造成威胁或危害，防止未经授权的访问或使用所可能导致的对客户造成的重大损害或不便②；金融机构在制定、实施、维护信息安全计划过程中，必须识别对客户信息的安全性、机密性和完整性可能造成合理、可预见的内部和外部风险，这些风险可能导致未经授权的披露、滥用、更改、破坏或此类的其他情形，并且基于此通过设计和实施保护措施以控制风险评估所确定的风险，采取定期测试或其他方式检测保护措施的有效性③；金融机构还应当根据测试和检测的结果、运营或业务安排的重大变化以及知道或已经知道的其他情况，评估和调整其信息安全计划④；金融机构必须指定一名或多名员工负责协调信息安全计划，采取合理措施选择能够为客户信息维护适当保障的服务提供商，并通过合同要求这些服务提供商实施和维护此类保障；等等。

近年来，美国个人金融信息频频出现泄露事件，直接推动美国从联邦到州层面都不断加强对个人金融信息处理规则的完善。2017 年 9 月，美国三大个人信用评估机构之一 Equifax 披露由于遭遇黑客攻击，出现数据泄露事件，约有 1.43 亿美国用户的个人信息面临泄露。这些个人信息包括用户的姓名、社会安保号、出生日期和地址等，以及部分用户的驾驶证号码、信用卡号码等。而事实上，早在 2017 年 7 月 Equifax 就发现了这一问题，但直到近两个月后才将数据泄露事件向社会公开。这一事件对美国个人金融信息保护规则的完善有着深远的影响，使掌握大量个人金融信息的信用评估机构等机构的信息安全风险暴露无遗。而在此次个人信用信息大规模泄露之前，美国健康保险公司安森保险（Anthem）就曾在 2015 年发生过 1880 万用户信息泄露事件，而美国另一大信用评级机构益百利（Experian）曾因欺骗消费者所售卖信用评分的用途，谎称其所向消费者推广销售的信用积分与借贷机构作出决定参考

① 美国联邦法规 314.3（a），https：//www.ecfr.gov/current/title－16/section－314.3#p－314.3（a），2022 年 3 月 1 日访问；美国联邦法规 314.（b），https：//www.ecfr.gov/current/title－16/section－314.3#p－314.3（b），2022 年 3 月 1 日访问。

② 美国联邦法规 314.3（a），https：//www.ecfr.gov/current/title－16/section－314.3#p－314.3（a），2022 年 3 月 1 日访问；美国联邦法规 314.3（b），https：//www.ecfr.gov/current/title－16/section－314.3#p－314.3（b），2022 年 3 月 1 日访问。

③ 美国联邦法规 314.4（c），https：//www.ecfr.gov/current/title－16/section－314.4#p－314.4（c），2022 年 3 月 1 日访问。

④ 美国联邦法规 314.4（e），https：//www.ecfr.gov/current/title－16/section－314.4#p－314.4（e），2022 年 3 月 1 日访问。

的积分一致，而遭到消费者金融保护局（CFPB）的罚款。在这些个人金融信息相关事件的影响下，联邦贸易委员会对GLBA项下的特别规定进行修订以加强对金融机构的问责，纽约州也针对泄露事件推动出台《阻止黑客入侵并改善电子数据安全法案》（SHIELD Act），旨在确保数据泄露事件不再发生。

2021年10月27日，联邦贸易委员会宣布了对保护客户信息标准特别规定的重大更新：[①] 一是扩大了规则的适用范围，但同时也排除了小型金融公司（根据特定要求收集少于5000名客户信息的金融机构），免除其书面风险评估、事件响应计划和向董事会提交年度报告的要求，这既使特别规定涵盖由联邦储备委员会确定的从事金融活动附带活动的所有机构，特别是对“发现者”（将产品或服务的买卖双方聚集在一起的公司）收集使用消费者财务信息的行为进行规范，又避免对小型金融机构课以过重的合规义务；二是细化了信息安全计划的具体要求，例如要求风险评估必须描述如何减轻或应对已识别的风险，规定了包括访问控制、数据分类、加密、多因素身份验证（MFA）、信息处理程序、变更管理、记录、开发实践、持续监测和测试、供应商管理、事件响应计划等在内的特定保障措施，增加了金融机构制定能够确保对员工进行培训和对服务供应商进行适当监督的有效机制；三是提高了金融机构信息安全计划问责制的要求，原有规则允许金融机构指定一名或多名员工负责信息安全计划，但是修订后的规则要求应当指定合格的个人进行负责，并且要向董事会或理事机构定期报告，确保使高级管理层更好地了解其金融机构的信息安全计划，从而防止金融机构在数据安全管理中可能出现的疏漏。其中，新修订的客户信息安全保护标准特别规定要求金融机构在访问限制上实行“最小特权原则”，限制用户对执行特定功能实际需要的客户信息的授权访问，不应允许员工和供应商访问所有客户信息，以避免广泛的用户访问可能带来的金融信息安全风险。金融机构必须在最后使用日期后“不迟于两年”内制定处置客户信息的程序，但允许金融机构保留“业务运营或其他合法业务目的所必需的”个人金融信息。

与此同时，美国消费者金融保护局亦在考虑关于消费者访问财务记录（Consumer Access to Financial Records）的拟议规则（Advance notice of proposed Rulemaking，ANPR）。根据《多德—弗兰克华尔街改革与消费者保护法案》第1033条的规定，金融机构应当为金融消费者提供其由金融产品或服务所控制或拥有的消费者金融信息，金融消费者对这些信息除法定例外情况以

---

① Federal Register，*Rules and Regulations*，Vol. 86，No. 234，December 9，2021，pp. 70272 – 70314.

外享有访问权限，与此同时，监管机构应当通过制定标准促进这些信息以标准化的格式得以开发和利用。但是伴随新兴市场（包括各类获得消费者授权访问数据并提供服务的“金融科技”公司等）和技术的发展，个人金融信息的第三方授权访问愈加常见，甚至出现了作为“第四方”的数据聚合商，这可能催生与访问相关的信息安全、隐私保护、用户访问控制、数据错误、未经授权访问等问题。①

而在州立法层面，《加州消费者隐私法》（CCPA）是近年来较为典型的消费者隐私保护立法。《加州消费者隐私法》赋予消费者（居住在加州的自然人）访问、删除、禁止出售营利性公司所持有其个人信息的权利，企业应当在网页上显著地放置禁止出售个人信息的渠道（a “do not sell” button），并且应为确保及时响应消费者访问或删除其个人信息的请求制定相应的政策和程序。但是为平衡科技创新和产业发展，《加州消费者隐私法》豁免了部分《金融服务现代化法案》所涵盖的个人信息，为个人金融信息的流通和利用提供了有限豁免机制。在2018年9月的修订案中，《加州消费者隐私法》所豁免的范围为根据《金融服务现代化法案》及其实施条例收集、处理、出售或披露的个人信息以及受《加州金融信息隐私法》（California Financial Information Privacy Act，FIPA）所管辖的信息②。根据《加州消费者隐私法》，个人信息是能够与特定消费者或家庭直接或间接关联或合理关联的任何数据。而根据《金融服务现代化法案》，“消费者”是从金融机构获得主要用于个人、家庭或家庭目的的金融产品或服务的自然人，其所保护的“非公开个人信息”是指“个人可识别的财务信息”，这些信息“由消费者提供给金融机构”，“与消费者的任何交易或为消费者执行的任何服务的结果”或是“金融机构以其他方式获得的”。与此同时，GLBA也规定了“个人身份财务信息”的定义：消费者向金融机构提供从金融机构“获取金融产品或服务”的信息；“关于金融机构与消费者之间的任何涉及金融产品或服务的交易所产生的消费者”；或金融机构“以其他方式获取有关向该消费者提供金融产品或服务的消费者的信息”。因此，诸如个人为个人、家庭或家庭目的的金融产品或服务所产生的个人信息可以得到豁免，例如：接收和审查消费者的家用汽车贷款申请；为个人、家庭或家庭目的在金融机构开立信用卡；为个人、家庭或家庭目的开立支票或储蓄账户等。

① Federal Register, *Proposed Rules*, Vol. 85, No. 216, November 6, 2020, pp. 71003 – 71011.

② FIPA对非公开个人信息和个人可识别财务信息的定义与GLBA下的定义几乎相同，此处仅以GLBA为阐述对象。

二、欧盟消费金融机构个人信息处理规则

欧盟金融机构个人信息的法律保护主要采用统一立法的方式，以《通用数据保护条例》（GDPR）为基本规则，将个人金融信息作为个人数据的类型之一实现一般性保护。根据《通用数据保护条例》的规定，个人享有知情权、查询权、删除权、修改权、可携带权等权利，并且设置了专门性的数据保护机构，提供完备的个人信息权益救济渠道。欧盟近年来一系列的立法活动颇为进取，试图寻求一条独特的并推实践和立法双向互动和促进的规制进路。具言之，一方面，通过增强数据主体对个人信息的自主权来保护数据权利，个人数据保护权（the right to protection of personal data）逐步取代隐私权成为欧盟数据保护的基础权利；另一方面，促进数据自由流通，推动本区域数据相关产业的发展，引导互联网信息技术的方向。欧盟试图通过频繁的数据立法活动提高个人数据保护的国际标准，推动全球数据保护法制在有别于美国数据法制方向的进一步发展，并在一定程度上倒逼其他国家、地区以及经济组织加强和完善对个人数据的法律规范。

在 GDPR 的基础上，欧盟对《支付服务指令》也进行了修改，以期能够促进金融行业特别是银行业的信息流通与共享。2018 年生效的欧盟《支付服务指令Ⅱ》（PSD Ⅱ）修正案要求欧洲传统商业银行允许第三方支付服务商（third - party payment service providers）可以通过 API 等应用程序接口获取客户数据，以此赋予新型机构能够获得传统银行中支付信息、交易历史、账户余额等个人金融信息的接入权限，这些第三方合作机构包括其他银行、科技公司、电信公司、保险公司、理财公司等主体，从而形成一个更加自由、规范的金融体系。

第二节　消费金融机构个人信息处理规则的规范立场

一、消费金融机构个人信息的一般规则

近年来，金融监管部门高度重视个人信息的保护问题，出台了一系列的专门性规范。2011 年和 2012 年《中国人民银行关于银行业金融机构做好个人金融信息保护工作的通知》和《中国人民银行关于银行业金融机构进一步做好客户个人金融信息保护工作的通知》分别发布，列举式地规定了个人金融信息的范围，并且较为具体地规范了金融机构的金融信息保护义务；2018 年银保监会发布《银行业金融机构数据治理指引》；2019 年 10 月中国人民银行

起草了《个人金融信息（数据）保护试行办法》（征求意见稿）[①]；2020 年《中国人民银行金融消费者权益保护实施办法》发布，共七章六十八条，对金融机构行为进行规范，从消费者金融信息安全权角度，进一步强化了信息知情权和信息自主选择权，与此同时细化了金融消费争议解决机制，明确了银行、支付机构提供金融产品和服务的具体规则，切实保护金融消费者合法权益，其中于第三章专章规定了“消费者金融信息保护”；2021 年 9 月 27 日，中国人民银行发布《征信业务管理办法》，在个人信息保护法等上位法的基础上进一步完善征信市场制度和社会诚信体系；2022 年 5 月 19 日，中国银保监会发布了关于《银行保险机构消费者权益保护管理办法（征求意见稿）》（以下简称《办法》），作为银保监会在银行业保险业消费者权益保护领域制定的纲领性文件，意在统一银行保险机构消费者权益保护监管标准。

2021 年 11 月 1 日，《中华人民共和国个人信息保护法》正式施行，作为个人信息保护领域的基础性法律，对个人信息处理活动进行了体系化的规定，为个人信息保护提供了专门法依据，是金融机构个人信息法律保护的一般法基础。而在金融机构个人信息处理活动的具体适用上，尚需厘清以下要点：

（一）消费金融机构个人信息与敏感个人信息的关系

个人信息保护法对敏感个人信息实行严格保护。该法在第二章第二节以专节形式明确了敏感个人信息的处理规则。根据个人信息保护法的规定，敏感个人信息，即一旦泄露或者非法使用，容易导致自然人的人格尊严受到侵害或者人身、财产安全受到危害的个人信息。与此同时，个人信息保护法通过列举式立法，规定敏感个人信息包括生物识别、宗教信仰、特定身份、医疗健康、金融账户、行踪轨迹等信息，以及不满十四周岁未成年人的个人信息。对于敏感个人信息，只有在具有特定的目的和充分的必要性，并采取严格保护措施的情形下，个人信息处理者方可处理，并且需要遵循特定、严格的处理规则：包括处理敏感个人信息应当取得个人的单独同意，法律、行政法规规定处理敏感个人信息应当取得书面同意的，从其规定；个人信息处理者处理敏感个人信息的，除了个人信息保护法已规定的一般告知事项以外，还应当向个人告知处理敏感个人信息的必要性以及对个人权益的影响；处理敏感个人信息的，个人信息处理者应当事前进行个人信息保护影响评估，并对处理情况进行记录，个人信息保护影响评估报告和处理情况记录应当至少保存三年；国家网信部门统筹协调有关部门针对处理敏感个人信息制定专门

---

① 虽然 2019 年中国人民银行曾经起草了《个人金融信息（数据）保护试行办法》（征求意见稿），但因当时个人信息保护法即将出台，该征求意见稿暂行搁置。

的个人信息保护规则、标准；等等。

其中，个人信息保护法将“金融账户”作为敏感个人信息的典型例子进行列举，是否意味着金融机构个人信息都属于敏感个人信息？金融机构个人信息的范畴在不同规定中有着不同的表述：例如，根据《中国人民银行关于银行业金融机构做好个人金融信息保护工作的通知》的规定，个人金融信息包括个人身份信息、个人财产信息、个人账户信息、个人信用信息、个人金融交易信息、衍生信息以及与个人建立业务关系过程中获取、保存的其他个人信息。《中国人民银行金融消费者保护实施办法》规定，消费者金融信息是指银行、支付机构通过开展业务或者其他合法渠道处理的消费者信息，包括个人身份信息、财产信息、账户信息、信用信息、金融交易信息及其他与特定消费者购买、使用金融产品或者服务相关的信息。这两个规定都是消费金融领域个人信息保护的重要依据，从文本表述上来看基本一致，并不存在根本性的区别。而《个人金融信息保护技术规范》对个人金融信息的规定更加详细，并且建立了个人金融信息的分类机制：个人金融信息是指金融业机构通过提供金融产品和服务或者其他渠道获取、加工和保存的个人信息，包括账户信息、鉴别信息、金融交易信息、个人身份信息、财产信息、借贷信息及其他反映特定个人某些情况的信息。在此基础上，根据信息遭到未经授权的查看或未经授权的变更后所产生的影响和危害，《个人金融信息保护技术规范》将个人金融信息按敏感程度从高到低分为 C3、C2、C1 三个类别：C3 类别信息主要为用户鉴别信息。该类信息一旦遭到未经授权的查看或未经授权的变更，会对个人金融信息主体的信息安全与财产安全造成严重危害；C2 类别信息主要为可识别特定个人金融信息主体身份与金融状况的个人金融信息，以及用于金融产品与服务的关键信息，该类信息一旦遭到未经授权的查看或未经授权的变更，会对个人金融信息主体的信息安全与财产安全造成一定危害；C1 类别信息主要为机构内部的信息资产，主要指供金融业机构内部使用的个人金融信息。该类信息一旦遭到未经授权的查看或未经授权的变更，可能会对个人金融信息主体的信息安全与财产安全造成一定影响。

因此，从个人信息保护法与《中国人民银行关于银行业金融机构做好个人金融信息保护工作的通知》《中国人民银行金融消费者保护实施办法》以及《个人金融信息保护技术规范》立法表述的对比可以发现，并非所有的金融机构个人信息都属于敏感个人信息，也并非消费金融领域涉及的所有个人信息都属于敏感个人信息。从个人信息保护法的立法过程来看，对于消费金融机构个人信息是否全部纳入敏感个人信息这一观点始终处于争论之中。最终，个人信息保护法在敏感个人信息的列举式规定中只纳入了“金融账户”一项与个人金融信息相关的概念，从解释论角度而言，可以看出个人信息保护法的意旨有二：一是突出个人信息保护立法对于金融账户重要性、风险性的重点保护，对于金融账户应当采取严格保护措施，涉及金融账户个人信息的处理应当进行风险评估；二是并非所有消费金融机构个人信息都被视为敏感个人信息，个人信息保护法仅将“金融账户”作为较为典型的敏感个人信息，而没有直接采用“金融信息”的表述，表明个人信息保护法并没有“一刀切”地认定金融机构个人信息都是敏感个人信息，这在一定意义上亦可解读为立法者对于金融机构个人信息流通、共享和利用的支持。

从体系解释来看，金融账户是否属于敏感个人信息，同样需要遵循个人信息保护法对敏感个人信息的界定标准，即敏感性要素的判断。根据个人信息保护法第二十八条的规定，敏感个人信息的判定是以风险性程度为标准，即一旦泄露或者非法使用，容易导致自然人的人格尊严受到侵害或者人身、财产安全受到危害。消费金融机构个人信息的安全保护措施与其风险程度相对应，而风险程度是敏感性的重要指征：如果消费金融机构个人信息（包括金融账户）达到个人信息保护法中敏感个人信息的风险性程度，那么无论是金融账户类个人信息，还是金融账户以外其他类型的消费金融机构个人信息，都应当属于敏感个人信息，遵守特殊的个人信息保护规则，采取严格保护措施；如果消费金融机构个人信息（包括金融账户）未达到个人信息保护法中敏感个人信息的风险性程度，那么仍应属于一般个人信息，遵循个人信息保护法对于个人信息处理活动的一般规定。与此同时，两种或两种以上的低敏感程度类别信息经过组合、关联和分析后可能产生高敏感程度的信息。同一信息在不同的服务场景中可能处于不同的类别，应依据服务场景以及该信息在其中的作用对信息的类别进行识别，并实施针对性的保护措施。

（二）消费金融机构个人信息与金融隐私之间的关系

个人信息与个人隐私之间的关系一直是理论界关注的焦点。从现行立法来看，消费金融机构个人信息与金融隐私之间必然存在着一定的交叉。个人信息是以电子或者其他方式记录的与已识别或者可识别的自然人有关的各种信息，不包括匿名化处理后的信息。而隐私是指自然人的私人生活安宁和不愿为他人知晓的私密空间、私密活动、私密信息。部分个人隐私同时呈现为一种个人信息，部分个人信息涉及个人私生活时亦属于个人隐私。[①] 这一问题映射到金融领域，即为消费金融机构个人信息与金融隐私之间的关系。消费

① 张新宝：《从隐私到个人信息：利益再衡量的理论与制度安排》，载《中国法学》2015 年第 3 期，第 38—59 页。

金融机构个人信息与金融隐私的处理规则存在根本性的区别：个人对于自身隐私有更强的控制能力，可以由个人实现完全的自决；相较而言，个人对于自身个人信息的控制能力较弱，个人信息的流通和利用是数字经济发展和数据作为生产资源要素实现市场化配置的重要渠道，需要兼顾安全与发展的双重目标。因此，金融隐私意在实现一种绝对安全和控制，而消费金融机构个人信息则指向一种风险可控基础上的安全，即一种相对安全，在安全保障的基础上可以实现消费金融机构个人信息的合理利用。对于消费金融机构个人信息和金融隐私的适用，可以依据民法典第一千零三十四条第三款的规定，个人信息中的私密信息，适用有关隐私权的规定；没有规定的，适用有关个人信息保护的规定。人格尊严高于私法自治，消费金融机构个人信息与金融隐私的法律适用存在先后顺序，对于属于消费金融机构个人信息中的私密信息，应当适用隐私权的规定，除此之外适用个人信息保护相关立法。

对于是否属于金融隐私，尚需结合个人信息的具体场景，综合考虑其私密程度、风险程度以及主体的控制能力。对此，二手车车况信息查询平台纠纷案[①]的司法裁判要旨可为参考。在该案中，酷车易美公司与数据提供方签订了《补充协议》，就汽车数据达成资源分享与合作。余某某分别于 2020 年 12 月 18 日、2021 年 2 月 21 日在酷车易美公司运营的查博士 APP 输入案涉车辆的车架号，付费获得案涉历史车况报告。案涉历史车况报告涉及车架号、基本行驶数据、维保数据、碰撞数据、评分项目及具体评分，包括年均行驶里程、年均保养次数、最后保养时间、维保项目等信息。余某某诉请法院判令酷车易美公司停止侵犯余某某的隐私权、个人信息权益，立即删除酷车易美公司属下查博士 APP 中未经余某某同意披露的汽车基本行驶数据、维保数据等信息，并赔偿经济损失 3000 元。该案的案由为隐私权纠纷，而广州互联网法院审理后认为，二手车交易场景中经有效脱敏化处理的历史车况信息不属于个人信息或隐私，以此兼顾个人信息保护与数据有序流动。结合广州互联网法院对于是否属于个人信息或隐私的裁判逻辑，可借鉴为个人信息与隐私的判断路径：

第一，该信息是否为个人信息，关键在于该信息能否单独或者与其他信息结合识别特定自然人。例如，开户机构、账户开立时间、账户余额等属于账户信息，但是这些账户信息不涉及具体的自然人，也无法关联到特定自然人。因此，并非所有金融信息都能够识别特定自然人，此处的判断标准应当以社会公众的一般认知为依据，并且需要考虑识别特定金融信息时可能涉及

① 以下案例相关信息参见广州互联网法院民事判决书，（2021）粤 0192 民初 928 号。

的技术门槛、数据来源、经济成本、还原时间等识别成本问题。即使是低敏感程度类别的信息，也可能通过不同低敏感程度信息的组合、关联和分析后产生高敏感程度的信息，这需要根据具体的服务场景以及该信息对于识别所起的作用进行个案评判。

第二，该信息是否属于金融隐私，关键在于该信息的公开是否会对个人的私人生活带来不当干扰以及该信息是否具有私密性。金融隐私成立的基本条件为该信息处于隐秘状态，且不为社会公众普遍知悉，这需要依据一般社会认知进行判断，即该类信息是否存在客观意义上的公开性，而非仅有主观意义上的私密需求。例如，账户名、账号、开户行等虽然属于个人信息，但通常具有一定的公开性，如果将这些信息仅因个人不希望被他人知晓而界定为隐私，则会对社会经济生活带来诸多障碍。与此同时，隐私权的保护是绝对安全的保护，法律的意旨在于保护人格尊严不受侵害，如果金融隐私的范畴过于泛化，会因对个人隐私的过度保护而加深金融交易活动的信息不对称程度。金融市场依赖于海量信息的供给和饲喂，个人信息的开放、利用、共享、流动均关乎到金融活动的风险防控和交易成本，需要在个人信息和金融隐私之间、信息流通和人格尊严保护之间寻求恰当的平衡。

（三）消费金融机构与个人信息之间的关系

关于消费金融机构与其所掌握（亦或“占有”）的个人信息之间的权属关系，学界尚存在诸多争议。主要观点有三：一是所有权转移说，认为信息主体将个人信息提交给金融机构后就转移了个人信息的所有权，该个人信息由金融机构所有，金融消费者不享有权利，但是该类观点在个人信息保护法出台后应被否定；二是保管说，认为金融消费者是为了享有金融产品或服务提供的个人信息，因此只是由金融机构对个人信息进行保管，或将其作为金融产品的附属品进行保存，但是个人信息保护法同样赋予了信息处理者相应的权利，对于金融机构所享有的权利不能仅进行消极性的解读；三是委托代理说，认为金融消费者是将个人信息的部分权能委托金融机构予以行使，但是这一学说无法解释金融机构作为信息处理者所承担的诸多强制性的附随义务，也不能厘清数据权属及其收益之间的逻辑关系。

事实上，关于消费金融机构与个人信息之间的关系之所以存在诸多学术争议，根本原因在于，金融机构个人信息保护义务来源于何处尚未厘清。这些讨论系主要基于私法层面的个人信息保护所展开，并未从金融机构个人信息保护的公法义务层面进行解读，因此仅能借用保管合同、委托代理合同等合同法上之“模型”解读金融消费者与金融机构之间的关系。事实上，个人信息保护法出台后，较为明显的趋势是，金融机构的个人信息保护义务不但要体现在服务协议、隐私保护说明等合同文本中，更重要的是要承担起法定的公法义务，确保个人信息安全保障、利用有序。

（四）个人信息保护法与消费者权益保护法、金消保办法等个人信息保护立法之间的关系

关于金融机构个人信息处理规则的专门规定与个人信息保护法之间的关系，宜解读为特别法与一般法的关系。2020 年 12 月 25 日，国务院新闻办公室举行完善失信约束制度健全社会信用体系国务院政策例行吹风会，时任人民银行副行长陈雨露在回答记者提问时曾指出："下一步，人民银行也会根据国家将要颁布的个人信息保护法、数据安全法等新的法律，及时推出《个人金融信息保护暂行办法》，以更大的力度来规范个人信息在金融领域里的依法合规使用，切实维护好信息主体的合法权益。"可以发现，个人金融信息领域的立法不断加强，以行政法规或部门规章形式进行专门性立法是未来个人金融信息保护的必然趋势。其中，个人信息保护法将会成为未来《个人金融信息保护暂行办法》的重要立法依据，也是消费金融机构个人信息处理活动的一般规则。因此，个人金融信息处理规则的设计也将以个人信息保护法为上位法，在一般规则的基础上结合消费金融机构个人信息的特点形成特别规范。

相对应的，《中国人民银行金融消费者保护实施办法》出台时间早于个人信息保护法和数据安全法，为 2020 年 9 月发布、11 月施行的中国人民银行部门规章，是在新时期金融市场飞速发展、金融科技不断更迭、金融消费者权益保护机制有待完善的迫切需求下的产物，其立法依据包括《中华人民共和国中国人民银行法》、《中华人民共和国商业银行法》、《中华人民共和国消费者权益保护法》和《国务院办公厅关于加强金融消费者权益保护工作的指导意见》（国办发〔2015〕81 号）等。因此，从立法渊源来看，《中国人民银行金融消费者保护实施办法》应是消费者权益保护法的特别法，对消费者权益实现倾斜性保护。

综而言之，消费金融机构个人信息保护立法根本上应属于个人信息保护法的特别法，在立法意旨上都遵循保护个人信息权益，规范个人信息处理活动，促进个人信息合理利用这一立法目标。《中国人民银行金融消费者保护实施办法》与金融机构个人信息保护立法之间虽有交叉，但是在立法逻辑上仍然有所区别。同时，金融机构对于个人信息的保护并不以消费关系为前提，这也是中国人民银行尝试为个人金融消费保护单独制定规则的必要性所在。

二、消费金融机构个人信息的收集

原有个人金融信息相关立法较为严格。例如，《金融控股公司监督管理试行办法》第二十三条规定，“金融控股公司及其所控股机构在集团内部共享客户信息时，应当确保依法合规、风险可控并经客户书面授权或同意，防止客户信息被不当使用。”《中国人民银行金融消费者保护实施办法》第二十九条规定，“银行、支付机构处理消费者金融信息，应当遵循合法、正当、必要原则，经金融消费者或者其监护人明示同意，但是法律、行政法规另有规定的除外。银行、支付机构不得收集与业务无关的消费者金融信息，不得采取不正当方式收集消费者金融信息，不得变相强制收集消费者金融信息。银行、支付机构不得以金融消费者不同意处理其金融信息为由拒绝提供金融产品或者服务，但处理其金融信息属于提供金融产品或者服务所必需的除外。金融消费者不能或者拒绝提供必要信息，致使银行、支付机构无法履行反洗钱义务的，银行、支付机构可以根据《中华人民共和国反洗钱法》的相关规定对其金融活动采取限制性措施；确有必要时，银行、支付机构可以依法拒绝提供金融产品或者服务。”相较而言，个人信息保护法为消费金融机构个人信息的收集提供了更加丰富的合法性事由。个人信息保护法第十三条规定了个人信息处理的合法性事由：“符合下列情形之一的，个人信息处理者方可处理个人信息：（一）取得个人的同意；（二）为订立、履行个人作为一方当事人的合同所必需，或者按照依法制定的劳动规章制度和依法签订的集体合同实施人力资源管理所必需；（三）为履行法定职责或者法定义务所必需；（四）为应对突发公共卫生事件，或者紧急情况下为保护自然人的生命健康和财产安全所必需；（五）为公共利益实施新闻报道、舆论监督等行为，在合理的范围内处理个人信息；（六）依照本法规定在合理的范围内处理个人自行公开或者其他已经合法公开的个人信息；（七）法律、行政法规规定的其他情形。依照本法其他有关规定，处理个人信息应当取得个人同意，但是有前款第二项至第七项规定情形的，不需取得个人同意。”从性质上而言，个人信息处理的合法性事由可以分为两类，一是基于告知同意的合法性基础，二是基于法定许可的合法性基础。

（一）基于同意的个人信息处理规则

第一，同意的性质。个人信息保护法旨在保护个人的人格尊严，因此相关法律制度在设计中主要通过提高处理行为过程的透明度，满足个人对于自身个人信息的知情权、控制权和决定权。而根据法律的一般原理，同意是个人信息权利最适宜的表现方式。基于此，告知同意规则是个人信息保护立法最为重要的基础性规则，也是消费金融领域个人信息收集和获取最基本的场景。

第二，同意的理解。个人信息保护法第十四条对同意进行了明确的规定，与此同时2022年5月中国银保监会发布的《银行保险机构消费者权益保护管理办法（征求意见稿）》在第四十二条同样对消费者个人信息的收集进行了细化规定："银行保险机构收集消费者个人信息应当向消费者告知收集、使用的目的、方式和范围等规则，并经消费者明示同意。消费者不同意的，机构不得因此拒绝提供不依赖于其所拒绝授权信息的金融产品或服务，不得采取变相强制、违规购买等不正当方式收集消费者个人信息。"

其一，这种同意是一种明示同意。个人信息保护法第十四条明确规定，个人信息处理活动以同意为合法性基础的情形中，仅有明示同意一种方式，排除了默示同意的解释空间，即"基于个人同意处理个人信息的，该同意应当由个人在充分知情的前提下自愿、明确作出。法律、行政法规规定处理个人信息应当取得个人单独同意或者书面同意的，从其规定。"这种明示是信息主体在特定场景中积极的行为，可以是口头的、书面的或是电子的，但是不包括单纯的默示或不作为。与之相似的，根据《中国人民银行金融消费者保护实施办法》第二十九条的规定，处理消费者金融信息，应当经金融消费者或者其监护人明示同意，但是法律、行政法规另有规定的除外。可以发现，未来消费金融公司在获取同意时应当满足更高的合规要求。《个人信息安全规范》第3.6条对"明示同意"进行了具体规定，是指"个人信息主体通过书面、口头等方式主动作出纸质或电子形式的声明，或者自主作出肯定性动作，对其个人信息进行特定处理作出明确授权的行为。"其中，肯定性动作包括个人信息主体主动勾选、主动点击"同意""注册""发送""拨打"、主动填写或提供等。

其二，个人信息处理者需要承担法定的透明度义务。"充分知情"所指向的是该法第十七条所规定的透明度要求，即"个人信息处理者在处理个人信息前，应当以显著方式、清晰易懂的语言真实、准确、完整地向个人告知下列事项：（一）个人信息处理者的名称或者姓名和联系方式；（二）个人信息的处理目的、处理方式，处理的个人信息种类、保存期限；（三）个人行使本法规定权利的方式和程序；（四）法律、行政法规规定应当告知的其他事项。"该条规定相较于《中国人民银行金融消费者保护实施办法》第三十一条所规定的"目的、方式和范围"而言，需要告知的法定范围更加宽泛。

其三，这种同意是一种实质意义上的同意。意即，信息主体应当对于是否同意能够表达真正意义上的选择，而捆绑在格式合同、基于不平等的经济或社会地位的同意不属于真正的同意。

此外，关于在页面让用户主动上传、填写相应信息，是否属于"同意"

这一问题，需要从以下维度进行分析：首先，这些信息是属于需要获取个人一般同意的个人信息，还是存在需要满足特殊同意形式的个人信息。个人信息保护法已经明确了同意为明示同意，是“要求个人在特定场景中通过积极清楚的行为来表示对个人信息处理的接受，可以通过书面形式（包括电子形式）、口头方式或者明确的肯定行为作出”，“沉默、不作为或选出同意都不构成明确同意”。[①] 因此可以发现，对于一般同意的要求，关键在于银行保险机构收集消费者个人信息是否向消费者告知收集、使用的目的、方式和范围等规则，以及同意的行为是否足够明确。与此同时，对于以格式条款形式取得个人信息授权的，银行在格式条款中明确收集、使用和对外提供的范围和具体情形，并在协议的醒目位置明示与消费者存在重大利害关系的内容。其次，对于属于需要单独同意或书面同意的信息，则禁止处理者通过“一揽子”同意、捆绑同意等方式作出同意，而是要确保个人充分自主地作出同意，这种同意的获取不得与一般个人信息、其他类型的处理行为一并取得个人同意。[②] 因此，对于特殊类型的同意获取，应当关注其是否尽到了独立、充分的告知义务，在此基础上结合具体场景进行判定。

第三，同意的特殊形式。同意的特殊形式是指，在一般同意的基础上还需要满足一定的形式要件，包括单独同意和书面同意，其依据来源于法律、行政法规的特别规定。

其一，单独同意。从个人信息保护法的范围来看，需要取得个人单独同意的个人信息处理活动主要包括五种情形：（1）第二十三条所规定的向其他个人信息处理者提供个人信息；（2）第二十五条所规定的个人信息处理者公开个人信息；（3）第二十六条所规定的将在公共场所安装图像采集、个人身份识别设备所收集的个人图像、身份识别信息用于维护公共安全之外的其他目的；（4）第二十九条所规定的处理敏感个人信息；（5）第三十九条所规定的向境外提供个人信息。从形式上来看，单独同意的实现不能与其他信息或处理活动进行混同或是概括性呈现，而是应当专门地取得个人同意；从实质上来看，单独同意的履行必须达到“单独”的充分程度，不仅是针对具体的个人处理活动，而且应当是针对特定类别的个人信息。个人信息保护法在立法文本中表述为“单独同意”而非“单条同意”或“单项同意”[③]，没有将同

① 杨合庆主编：《中华人民共和国个人信息保护法释义》，法律出版社2022年版，第56页。

② 杨合庆主编：《中华人民共和国个人信息保护法释义》，法律出版社2022年版，第56页。

③ 2021年11月中央网信办发布的《网络数据安全管理条例》（征求意见稿）中提出，“单独同意，是指数据处理者在开展具体数据处理活动时，对每项个人信息取得个人同意，不包括一次性针对多项个人信息、多种处理活动的同意”，在一定程度上代表了监管部门对于“单独同意”的理解和态度。

意的形式限定为需要对每条或每项个人信息均进行区分并取得同意，这就为个人信息处理者变通实现单独同意预留了空间。因此，单独同意应当是指在具体的个人信息处理活动中，对单类个人信息取得个人同意。在消费金融领域个人信息的告知履行中，对于法定应当告知的事项可以通过一个协议进行告知并获取同意，但是其中需要单独同意的应当与其他部分进行区分，达到充分的警示作用，而不能“一揽子”地混同在一起。

其二，书面同意。法律、行政法规规定处理个人信息应当取得个人单独同意或者书面同意的，从其规定。与单独同意的要求相同，书面同意旨在发挥警示作用，使个人更加谨慎地决定是否提供或允许个人信息处理者对其个人信息的处理行为。《征信业管理条例》亦在多处规定了取得信息主体书面同意的义务，例如第十四条第二款规定，“征信机构不得采集个人的收入、存款、有价证券、商业保险、不动产的信息和纳税数额信息。但是，征信机构明确告知信息主体提供该信息可能产生的不利后果，并取得其书面同意的除外。”第十八条第一款规定了“向征信机构查询个人信息的，应当取得信息主体本人的书面同意并约定用途。但是，法律规定可以不经同意查询的除外。”第二十九条第二款规定了“从事信贷业务的机构向金融信用信息基础数据库或者其他主体提供信贷信息，应当事先取得信息主体的书面同意，并适用本条例关于信息提供者的规定。”总而言之，一般的同意可以是一揽子的、概括性的，此时的书面形式主要是起到对个人信息处理者已履行告知义务的证明作用；而在同意的特殊形式中，为了使书面同意与一般同意书面形式形成区分，此处法律、行政法规所规定的书面同意，在实践中可限定为合同书形式，以此达到充分的警示作用。亦有观点认为，对于消费金融机构个人信息而言，应当将其分为个人财务信息和个人身份信息：对于个人财务信息以纸面选择进入规则方式采取最严格的授权规则；对于个人身份信息，如果是主动提交的视为采集授权，对其开放、共享和交易应采取纸面选择进入规则，对其中预测信息的开放、共享和交易可以采取电子方式选择退出规则。①

吴某诉上海寻梦信息技术有限公司、中国民生银行股份有限公司、上海付费通信息服务有限公司个人信息保护纠纷案，是较为典型的金融机构个人信息收集相关的裁判案例。被告寻梦公司是拼多多电商平台经营者，被告付费通公司是该电商平台内置支付软件的运营者。原告吴某是该电商平台的注册用户。其在使用电商平台输入姓名和身份证号注册支付账户时，发现被告向银行泄露原告信息，且电商平台与内置支付软件的运营主体不一致。原告

① 邢会强：《大数据时代个人金融信息的保护与利用》，载《东方法学》2021年第1期，第59页。

诉称，寻梦公司未经其同意擅自将其真实身份信息传输给付费通公司的行为侵害原告个人信息权益。被告寻梦公司辩称，本案所涉个人信息处理行为，“征得同意”并非必要条件。相关协议、界面等对被告收集信息的行为、目的、用途有明确约定。被告付费通公司辩称，获取原告身份信息是实名认证、开通第三方支付账户、履行法定义务所必需，同时取得了原告授权。向银行共享原告身份信息系原告选择服务所必需，且经原告事先明确同意。杭州互联网法院经审理后认为，寻梦公司未明确或单独告知原告并取得其同意便向付费通公司提供原告个人信息，付费通公司未告知且未取得原告同意便收集原告个人信息，两行为违反个人信息处理的知情同意原则，侵害原告个人信息权益。同时认为，大型网络平台作为个人信息处理者向关联方共享用户个人信息时，应当向用户告知接收方的名称或者姓名、联系方式、处理目的、处理方式和个人信息的种类，并取得个人的单独同意。网络平台应根据法律规范要求，及时调整平台规则，促使平台及关联方的商业运作合法合规，切实保护网络用户个人信息权益不受侵犯。同时应进一步强化数据安全保护措施，实现用户权益和商业利益的平衡。

第四，同意的撤回。个人信息保护法在第十五条规定了同意的撤回，“基于个人同意处理个人信息的，个人有权撤回其同意。个人信息处理者应当提供便捷的撤回同意的方式。个人撤回同意，不影响撤回前基于个人同意已进行的个人信息处理活动的效力。”同意的撤回是针对将个人同意作为处理合法性基础的情形，充分尊重个人对个人信息处理活动的决定权，“个人同意个人信息处理者处理其个人信息，并不表明放弃其权利，不适用民商事活动中的禁止反悔原则”①。具体而言，其一，同意权的主张无需得到个人信息处理者的回应或接受，仅凭单方行为就可以发生法律关系的变动。其二，同意撤回权并不因个人的行使而灭失，信息主体可以重复行使。其三，同意的撤回不具有溯及力，撤回前已进行的信息处理活动的效力，不因个人同意撤回权的行使发生变更。信息主体可以就隐私政策或征信授权的同意进行撤回，但是不影响基于同意已经发生的信息处理活动的合法性和效力。其四，当信息主体行使同意撤回权时，个人信息处理者负有积极配合义务，最为重要的履行方式即为提供便捷的撤回同意的方式。与此同时，个人信息保护法第十六条同时规定了禁止以提供产品或服务为由强制获取用户同意的规定，“个人信息处理者不得以个人不同意处理其个人信息或者撤回同意为由，拒绝提供产品或者服务；处理个人信息属于提供产品或者服务所必需的除外。”该条规定主

① 杨合庆主编：《中华人民共和国个人信息保护法释义》，法律出版社2022年版，第59页。

要针对的就是实务中经常出现的捆绑同意、“一揽子”同意、格式条款等情形。其中“属于提供产品或者服务所必需”的个人信息可以参考2021年3月9日国家互联网信息办公室、工业和信息化部、公安部、国家市场监督管理总局四部门联合公开发布的《常见类型移动互联网应用程序必要个人信息范围规定》，其中网络借贷类的必要个人信息包括：“1. 注册用户移动电话号码；2. 借款人姓名、证件类型和号码、证件有效期限、银行卡号码”这些规定都可以作为消费金融公司处理个人信息的实践参考，实践中属于提供产品或者服务所必需的个人信息还需要根据具体业务需求和场景进行认定。

（二）基于法定许可的个人信息处理规则

个人信息保护法第十三条第一款第（二）项至第（七）项规定了六种无需取得个人同意即可处理个人信息的情形。其中，对于消费金融公司较为重要的合法性事由包括以下三种情形：

第一，“为订立、履行个人作为一方当事人的合同所必需”。在此种场景中，结合消费金融领域，意指个人作为一方当事人与作为个人信息处理者的消费金融公司，在订立合同或履行已成立合同时，消费金融公司只有处理该个人的某些个人信息，才能与之缔结合同或履行合同，此为提供金融产品或者服务所必需的个人信息。并且，这种“必需”应当符合比例性要求，即根据个人信息保护法第十六条规定“属于提供产品或者服务所必需”。《中国人民银行金融消费者保护实施办法》第二十九条第一款同样规定，“银行、支付机构不得以金融消费者不同意处理其金融信息为由拒绝提供金融产品或者服务，但处理其金融信息属于提供金融产品或者服务所必需的除外”。消费金融机构在履行通知义务而需要收集和使用个人信息的，例如“通过邮箱或者收集向信息主体发送账单、消费提示信息、验证码”①，或为核验信息是否真实有效、与本人一致时使用个人信息，或为了处理投诉、客户争议、逾期催收、贷款管理等目的，都是常见的为履行合同所必需收集和使用个人信息的情形。值得注意的是，这种“必需”的程度，应当由作为个人信息处理者的消费金融公司承担证明责任。

第二，“为履行法定义务所必需”。金融机构为了满足金融监管所必须履行的法定义务。例如，金融机构承担着法定的反洗钱义务，金融机构对客户展开身份信息的识别和尽职调查，基于此履行法定的反洗钱、反恐怖融资等法定义务，防范金融风险，规范金融交易活动。例如反洗钱法第十六条第一

---

① 朱芸阳：《个人金融信息保护的逻辑与规则展开》，载《环球法律评论》2021年第6期，第56—73页。

款规定，金融机构应当按照规定建立客户身份识别制度。洗钱等金融犯罪行为极为复杂，通过空壳公司、伪造票据、技术手段、金融衍生工具等方式进行犯罪活动，使其更加隐蔽、难以被发现。因此，洗钱等金融犯罪活动的识别和筛查，并不能仅仅依靠一次性的个人信息识别，而是需要对个人信息进行初次识别、持续识别、重新识别并定期审核。[①] 另据金消保办法第二十九条第二款的规定，“金融消费者不能或者拒绝提供必要信息，致使银行、支付机构无法履行反洗钱义务的，银行、支付机构可以根据《中华人民共和国反洗钱法》的相关规定对其金融活动采取限制性措施；确有必要时，银行、支付机构可以依法拒绝提供金融产品或者服务。”在这些场景中，为了履行法定义务（同时也是为了保护消费者财产安全等合法权益），例如为反诈骗、反洗钱等目的，为验核信息主体本人而收集和使用个人信息的，可以无需经过个人同意。具体而言，2022 年 1 月，中国人民银行、中国银行保险监督管理委员会、中国证券监督管理委员会联合印发《金融机构客户尽职调查和客户身份资料及交易记录保存管理办法》（中国人民银行 中国银行保险监督管理委员会 中国证券监督管理委员会令〔2022〕第 1 号），自 2022 年 3 月 1 日起施行。其中对客户尽职调查、客户身份资料及交易记录保存制度进行了细化规定，要求“在与客户建立业务关系时，应当识别并核实客户身份，登记客户身份基本信息，并留存客户有效身份证件或者其他身份证明文件的复印件或者影印件。”

第三，“依照本法规定在合理的范围内处理个人自行公开或者其他已经合法公开的个人信息”。在此种场景中，对于已经合法公开的个人信息，例如通过网络、媒体、平台等渠道发布日常生活照片、视频、电话、电子邮箱等个人信息，[②] 原则上可以无须告知并获取同意，但是这一规则同样需要满足法定条件：一方面，已经公开的个人信息同样属于个人信息的范畴，需要接受个人信息保护法的调整，信息主体并不因公开而丧失对自身个人信息的权利，消费金融公司同样需要遵循个人信息保护法所确立的基本原则，在合理的范围内进行处理，遵循正当、必要等原则；另一方面，已公开个人信息的处理活动，需要以是否会对个人权益有重大影响为边界，包括可能对自然人的生命、财产、人身安全等重大利益产生负面影响。因此，对已公开个人信息的收集不能仅仅因为其公开状态而“当然地”认为收集和处理这些个人信息具

① 朱芸阳：《个人金融信息保护的逻辑与规则展开》，载《环球法律评论》2021 年第 6 期，第 61 页。

② 杨合庆主编：《中华人民共和国个人信息保护法释义》，法律出版社 2022 年版，第 56 页。

有合法性事由，而是应当根据是否属于合理范围进行具体判断。

值得注意的是，消费金融公司应当充分考量其选择何种合法性基础。消费金融公司在处理个人信息时，应当在开始处理前即确定处理行为的合法性基础，而非在处理活动过程中或结束之后再补充或变更合法性基础。这一问题的意义在于，个人信息处理者应当“做好尊重选择的准备”，基于告知同意的合法性基础与基于法定许可的合法性基础，两者所产生的法律效果和法律责任是存在区别的。例如，基于告知同意的合法性基础将带来后续同意的撤回以及撤回效力等问题。以域外立法作为借鉴，根据欧盟第 29 条工作组在《对第 2016/679 号条例下同意的解释指南》的意旨，数据控制者不能从同意转换到其他法律基础。这一观点也得到了学界主流观点的支持，个人信息处理者不能在合法性事由上寻求“双保险”，而只能择一，并且遵循相应的法律逻辑、尊重由此带来的法律后果。[①]

与此同时，消费金融公司还需要重点把握“最小必要”原则的实践和边界。个人信息保护法第五条规定了个人信息收集的最小必要原则。最小必要原则与告知义务的履行之间并不存在直接的关系，告知义务是对信息主体知情权、决定权等权益的保障，最小必要原则是从个人信息处理者角度对于其收集行为的限制，避免个人信息处理者出现滥采、滥用等情形。充分履行告知义务并不能证成其收集行为满足最小必要原则，是否满足最小必要原则，需要对个人信息处理过程中合同目的的实现、个人信息权益保护与个人信息流通利用的利益均衡等要素进行综合考虑。例如，在打击恶意代客维权行为中，是否能够使用客户声纹信息进行核对，需要区分收集行为和使用行为。首先，声纹作为生物识别信息，属于敏感个人信息，对其进行收集根据个人信息保护法的规定需要取得个人的单独同意。其次，消费金融公司在处理客户维权时，核对客户身份信息应当属于履行合同所“必需”的范畴，对于已合法收集的客户声纹信息进行使用不需要取得个人同意。

王某诉广东华兴银行股份有限公司个人信息保护纠纷案是较为典型的基于法定事由的个人信息收集案件。该案中，王某通过平安普惠 app 申请了 45 万元信用贷，贷款发放人为华兴银行。申请中，王某按照流程提供了个人信息，签署了若干份涉及信息收集、征信业务的授权书，并进行人脸核验、视频面谈等步骤。贷款发放后经多次催收，王某仍逾期还款。华兴银行将该逾期记录上传至征信系统。原告诉称，被告未经原告同意，单方面查询、上传原告征信，收集原告的人脸和声音，侵犯原告的公民身份信息。要求被告立

① 程啸：《个人信息保护法理解与适用》，中国法制出版社 2021 年版，第 127 页。

即删除原告征信，消除上传的不良记录、立即停止查询原告征信，并赔偿精神损失和财产损失。被告辩称，其具有采集、使用原告个人信息的合法资格。被告采集、使用原告个人信息，是为进行贷款资格审查、签订贷款合同等必要程序，符合法律规定。杭州互联网法院经审理后认为，查询、上传征信信息包含不良信息的行为应纳入个人信息权益保护的范畴。被告收集、查询原告个人信息的行为符合合法性、正当性、最小必要性原则。被告上传原告不良征信的行为符合《征信业管理条例》规定，不应承担民事责任。

三、消费金融机构个人信息的利用

个人信息的利用是消费金融公司开展业务活动的重要基础，为消费金融公司的商业营销、客户服务、贷款催收、风险识别等方面提供基本依据。消费金融公司通过实现个人信息的安全利用和有序流动，防范和化解风险。根据个人信息保护法的规定，结合消费金融领域的特殊性，消费金融领域个人信息的利用需考虑以下要点：

（一）消费金融公司与他人共同处理个人信息

根据个人信息保护法第二十条的规定："两个以上的个人信息处理者共同决定个人信息的处理目的和处理方式的，应当约定各自的权利和义务。但是，该约定不影响个人向其中任何一个个人信息处理者要求行使本法规定的权利。个人信息处理者共同处理个人信息，侵害个人信息权益造成损害的，应当依法承担连带责任。"该种场景的立法逻辑为"个人信息共同处理者权利义务——共同侵权民事责任"[①]：这种联合可以是重叠的，也可以是分割的；可以是紧密的，也可以是松散的；可以是全部的，也可以是部分的。这种联合的本质是意思表示上的联络或协同，两者权利和义务的约定不影响信息主体向其中任何一个主张权利，并且两者在个人信息权益遭受侵害时应当承担连带责任。

（二）消费金融公司委托他人处理个人信息

根据个人信息保护法第二十一条的规定，"个人信息处理者委托处理个人信息的，应当与受托人约定委托处理的目的、期限、处理方式、个人信息的种类、保护措施以及双方的权利和义务等，并对受托人的个人信息处理活动进行监督。受托人应当按照约定处理个人信息，不得超出约定的处理目的、处理方式等处理个人信息；委托合同不生效、无效、被撤销或者终止的，受托人应当将个人信息返还个人信息处理者或者予以删除，不得保留。未经个

---

① 参见程啸：《个人信息保护法理解与适用》，中国法制出版社2021年版，第191—200页。

人信息处理者同意，受托人不得转委托他人处理个人信息。”个人信息的委托处理不仅涉及消费金融公司作为个人信息处理者的经营自由权，同时也关乎信息主体的权益保护问题，因此，个人信息处理者仅可在信息主体初始同意的范围内，委托具备个人信息安全保障和管理能力的受托方进行个人信息处理活动，并且应当对后者的行为进行监督。就委托他人处理这类情况而言，通过对银行业金融机构处理个人信息的原有专门性规范展开对比可以发现，《商业银行信息科技风险管理指引》《银行业金融机构外包风险管理指引》中委托方只有在规定允许的范围内，按照“必需知道”和“最小授权”原则将个人信息交付给受托方，同时负有高标准的选任义务。

（三）消费金融公司向其他处理者提供个人信息

根据个人信息保护法第二十三条的规定，“个人信息处理者向其他个人信息处理者提供其处理的个人信息的，应当向个人告知接收方的名称或者姓名、联系方式、处理目的、处理方式和个人信息的种类，并取得个人的单独同意。接收方应当在上述处理目的、处理方式和个人信息的种类等范围内处理个人信息。接收方变更原先的处理目的、处理方式的，应当依照本法规定重新取得个人同意。”对此，可以结合《个人信息安全规范》对共同个人信息控制者和委托处理的规定展开理解。《个人信息安全规范》第 9.2 条就个人信息共享行为进行规范，而该规定第 5.4 条同时就间接收集个人信息行为予以规定。可以发现，《个人信息安全规范》规定了提供方在初始环节实现告知—同意规则，而在变更环节中则设计了两种渠道，一是接收方履行告知同意义务，一是接收方通过提供方履行该项义务。因此，综合而言，在个人信息处理者向他人提供其处理的个人信息的场景中，本条款规定了履行获取个人（重新）同意这一义务的承担者，但是提供者和接收者仍可根据业务办理的实际情况，就这一义务的具体履行通过合同进行约定，保障公民的个人信息权益。

与此同时，该类情形中值得注意的是个人信用信息的处理规则。信用信息的收集、使用和提供是消费金融公司实务中需要面临的重要场景。2021 年 9 月发布的《征信业务管理办法》在个人信息保护法的基础上进行了更加具体的规定。根据该管理办法第九条、第十条和第十三条的规定，结合个人信息保护法等法律法规的相关规定，消费金融公司在与征信机构开展业务合作时，需要注意三个方面的合规要点：一是需要向金融消费者（即信息主体）尽到告知义务，向个人告知接收方的名称或者姓名、联系方式、处理目的、处理方式和个人信息的种类，并且，该项内容的告知同意是一种单独同意，不能通过一揽子协议或格式合同等形式获取同意；二是消费金融公司应当与征信机构通过协议等形式，明确信息采集的原则以及各自在获得客户同意、信息采集、加工处理、信息更正、异议处理、信息安全等方面的权利义务和责任，特别是应当要求征信机构遵守处理限度的义务，即应当在消费金融公司向个人告知的处理目的、处理方式和个人信息的种类等范围内处理个人信息；三是完善信息来源、信息质量、信息安全、信息主体授权等合规机制，接受征信机构的必要审查。

（四）消费金融公司使用自动化决策处理个人信息

自动化决策是消费金融公司业务活动的重要工具，无论是形成便捷、安全、高效的业务产品，还是应对逐渐明晰的复杂监管要求，都发挥着不可替代的作用。金融领域，特别是消费金融领域，对于利用计算机技术分析个人信息并实现自动化决策的应用较为广泛，通常涉及金融产品的个性化推荐和精准营销、消费贷款的额度确定和风险管理等方面。基于消费者身份信息、账户信息、交易信息、信用记录等个人信息的数据画像应用越发广泛，消费金融公司基于此进行区分，分层次地推销金融产品或服务，研发适合目标客户的金融产品或服务，降低经营风险或客户违约风险。

根据个人信息保护法第二十四条的规定，“个人信息处理者利用个人信息进行自动化决策，应当保证决策的透明度和结果公平、公正，不得对个人在交易价格等交易条件上实行不合理的差别待遇。通过自动化决策方式向个人进行信息推送、商业营销，应当同时提供不针对其个人特征的选项，或者向个人提供便捷的拒绝方式。通过自动化决策方式作出对个人权益有重大影响的决定，个人有权要求个人信息处理者予以说明，并有权拒绝个人信息处理者仅通过自动化决策的方式作出决定。”《中国人民银行金融消费者保护实施办法》第三十条规定：“银行、支付机构收集消费者金融信息用于营销、用户体验改进或者市场调查的，应当以适当方式供金融消费者自主选择是否同意银行、支付机构将其金融信息用于上述目的；金融消费者不同意的，银行、支付机构不得因此拒绝提供金融产品或者服务。银行、支付机构向金融消费者发送金融营销信息的，应当向其提供拒绝继续接收金融营销信息的方式。”此种场景的合规要义包括：一是自动化决策应当遵循透明度原则和公平合理原则，透明度要求即通过以完整、开放、可理解、易于访问和免费的格式发布有关项目的信息，使操作、过程和数据易于检查；二是赋予个人拒绝权和算法解释权，自动化决策的算法解释权能够为用户个人提供决策相关的信息，由用户个人向自动化决策的使用者请求发起；[①] 三是个人信息处理者先行处

① 张凌寒：《商业自动化决策算法解释权的功能定位与实现路径》，载《苏州大学学报（哲学社会科学版）》2020 年第 2 期，第 51—60 页。

理，自动化决策算法解释权的启动不要求用户举证自动化决策结果错误，否则用户或需提供自我的正确数据，或需收集大量自动化决策进行统计。

（五）消费金融公司处理已公开个人信息

信息社会，大量的个人信息处于已公开或半公开的状态，由此也引发了“爬虫”采集、“人肉搜索”等现象。但是与此同时，已公开信息的收集、挖掘、利用、流通是大数据时代重要的数据资源。为了权衡两者之间的关系，个人信息保护法第二十七条规定，“个人信息处理者可以在合理的范围内处理个人自行公开或者其他已经合法公开的个人信息；个人明确拒绝的除外。个人信息处理者处理已公开的个人信息，对个人权益有重大影响的，应当依照本法规定取得个人同意。”对于已公开个人信息的处理活动，其正当性基础和行为边界的判定关键在于合法公开和合理谨慎两个方面。已公开个人信息有别于一般的个人信息，其在一定范围内具有相当程度的公开性甚至公共性，因此不能对此依据一般的较为私密性质的个人信息进行保护。

例如，在徐某诉芝麻信用管理有限公司隐私权纠纷案中，杭州互联网法院确立了收集于政府、法院等国家机关依法公开的个人征信数据，可以进行合理化的商业使用的裁判规则。在该案中，原告通过支付宝客户端开通“芝麻信用”服务，同时签订《芝麻信用服务协议》，原告授权被告可以向合法提供其用户信息的主体采集信息。后原告收到芝麻信用平台发出的执行案件信息，原告认为被告侵犯其隐私权，要求被告删除该信息，并赔偿其个人征信损失5万元。被告辩称，被告采集的被执行人信息来源为某高院，属于可公开内容，且被告提供的被执行人信息仅原告本人可以查阅，未侵犯原告隐私权。杭州互联网法院审理认为，数据只有流通利用起来才有价值，但必须保障数据安全和个人信息权利。通过明确用户数据商业使用的规则和边界，既明确滥用个人征信数据的法律责任，也为信用经济的发展保驾护航。

（六）消费金融公司个人信息的处置

个人信息保护法第十九条规定：“除法律、行政法规另有规定外，个人信息的保存期限应当为实现处理目的所必要的最短时间”，对个人信息处理者保存个人信息的时间作出合理化限制，防止个人信息处理无限期地保存个人信息，对信息主体的权益带来难以预测的风险，进而导致个人对自身信息丧失控制权的情形出现。这一条规定的是个人信息保存期限的上限，将个人信息保存限定为实现处理目的所必要的最短时间，并且通过设置准用性规范优先适用各领域法律行政法规的特殊规定，以此作为特殊场景下个人信息保存期限的下限要求。例如，法律层面的网络安全法、反洗钱法等，行政法规层面的《互联网信息服务管理办法》《征信业管理条例》等，均对个人信息数据保存期限作出了规定。与此同时，可以参考《个人信息安全规范》第 6.1 条的规定，个人信息处理者在保存期限届满后应及时对个人信息进行删除或匿名化处理。值得注意的是，个人信息保护法关于个人信息保存期限的限制属于强制性规定，不能通过约定进行排除。个人信息处理者不得通过合同约定或者公示个人信息处理规则的方式，变更个人信息保护法关于个人信息保存期限的限制性规定。从域外执法来看，法国巴黎银行个人理财公司就曾因违反数据存储限制原则而受到处罚。法国巴黎银行与零售商和服务提供商都签署了数据处理协议。采用电子形式签署协议时，法国巴黎银行在履行法定义务及获得用户明示同意的基础上，收集用户的生物特征签名数据。在合同履行完毕后，法国巴黎公司继续存储与客户的通话录音长达 10 年。法国巴黎银行处理与经常账户申请有关的个人数据的处理时间超过了处理目的所需的期限，且超过了销毁数据所指定的期限。针对该事件，捷克数据保护监管部门于 2019 年 3 月 21 日对该公司做出 9704 欧元的处罚决定。①

第三节　消费金融机构个人信息处理规则的理论归正

一、现实困境：消费金融机构对个人信息的高度依赖

从我国金融机构个人信息处理规则的立法可以看出，我国对于金融机构个人信息的法律保护体现出强父爱主义的色彩。监管部门作为管理人出于增进利益或免于受损的善意，严格监管金融机构个人信息的收集和利用。然而，进入数字经济以来，金融机构个人信息对于金融市场竞争的影响愈加明显，金融产品和服务的效率、金融机构之间的竞争更加依赖于海量的个人信息。在互联网的推动下，个人信息的隐私属性越来越强，而个人信息的侵权现象却日益严重，频频出现的隐私泄露、大数据杀熟等现象，揭示了金融机构和信息主体之间存在严重的信息不对称条件。可以说，建立在不受约束的个人信息应用之上的资源分配机制，完全是一个“弱肉强食”的“掠夺”社会，需要法律父爱主义为个人信息提供充分的保护屏障。但也正因如此，金融机构个人信息流通利用与安全保护之间的矛盾更加尖锐，需要从基础理论层面重新检视金融机构个人信息处理规则中的强父爱主义进路。

① 参见中兴通讯数据保护合规部、数据法盟：《〈通用数据保护条例〉执法案例精选白皮书》，载 ZTE 中兴官网，www.ztc.com.cn/mediares/zte/Files/PDF/white_ book/202004070858.pdf? la = zh – CN。

个人信息是消费金融活动的重要基础。根据2010年实施的《个人贷款管理暂行办法》的规定，贷款人受理借款人贷款申请后，应履行尽职调查职责，对个人贷款申请内容和相关情况的真实性、准确性、完整性进行调查核实，形成调查评价意见。贷款调查包括但不限于以下内容：（一）借款人基本情况；（二）借款人收入情况；（三）借款用途；（四）借款人还款来源、还款能力及还款方式；（五）保证人担保意愿、担保能力或抵（质）押物价值及变现能力。其中必然涉及海量的个人信息，甚至是敏感个人信息。因此，如何合理获取和利用个人信息，是消费金融公司需要重点关注的问题。消费金融业务中，个人信息的收集和使用具有以下特点：一是对于个人信息时效的要求较高，只有最新的个人信息才能充分揭示客户的特点、风险和需求，才能最大程度发挥个人信息的利用价值；二是消费金融业务往往无法面签，身份核实、业务开展、合规实现、风险防控等方面均高度依赖于客户个人信息的收集和利用；三是个人信息来源多样，不仅从客户处收集个人信息，而且需要通过查询其他数据源补充信息。因此，消费金融业务对于个人信息的需求和依赖更甚。然而，消费金融机构个人信息范围较为广泛，不同敏感程度的个人信息混杂在一起，导致消费金融机构个人信息的范畴边界并不清晰，加之实践中消费金融机构个人信息处理规则的具体场景和制度需求都更加多元，因此，对于消费金融机构个人信息的收集和利用不能机械地适用个人信息保护立法的争议一直存在。实务界长期呼吁应当充分考虑金融行业及其个人信息的特殊性，促进个人信息的共享利用，① 促进金融市场的技术创新和效率提升。

信息对于金融风险的重要性，也是目前金融法学者论证个人金融信息共享利用的核心理据。例如邢会强教授在《大数据时代个人金融信息的保护与利用》中将最大诚信原则、信息披露制度、证券发行人的勤勉尽责义务、股票发售定价、金融机构客户适当性义务等作为从信息角度看金融的重要例证。② 但是这些讨论多仅从金融信息的角度出发，而金融信息不但包括个人金融信息，也包括非个人金融信息。因此，对于个人金融信息的探讨需要围绕其本身的特殊性，而不仅仅从信息的角度展开分析，避免焦点出现偏差和混淆。

消费金融领域中，对个人信息进行合理利用的理论基础在于：第一，金

---

① 朱芸阳：《个人金融信息保护的逻辑与规则展开》，载《环球法律评论》2021年第6期，第57页。

② 邢会强：《大数据时代个人金融信息的保护与利用》，载《东方法学》2021年第1期，第52页。

融产品的无形性依赖于信息基础上的信任关系。金融和科技的融合更加紧密，科技发展使金融产品和服务更加精细、专业，极易形成跨行业、跨市场、跨业态的交叉性金融风险，甚至酝酿系统性金融风险。而相对的，金融产品和服务具有无形性，更加依赖建立于海量信息之上的信任关系。金融业是高度信息化的行业，金融产品和服务是信息的集合产物①，金融业的实质就是信息产业②。第二，个人信息的公共性是其合理利用的基础。主流观点认为，个人信息在具有私人性的同时，还具有一定的公共性和可共享性。③ 这一点在消费金融机构个人信息中尤为突出。金融安全保障和风险防范需要对海量个人信息进行分析和挖掘，与此同时，金融机构还承担着实名制、反洗钱、投资者适当性等法定义务，都对个人信息的自决权和控制权有所限制。第三，个人信息的合理利用是金融本质的客观需要。金融市场的本质是风险管理，通过风险定价获得收益，而信息的交换是风险管理的基础。信息交换是金融产品交易的第一个环节，通过海量数据的收集、分析、挖掘，降低风险、提高效率。因此，消费金融机构个人信息法律保护需要寻求个人信息安全和利用之间的平衡。现代金融法实现了从强调个人信息安全保障向保护与利用并重的转变。例如，美国《金融服务现代化法案》就允许金融机构在处理消费者及客户的非公开个人信息时，应遵守数据安全保护规则和隐私保护规则，允许金融机构将消费者信息与关联机构分享，但金融机构需要履行通知义务并为消费者提供选择权。④

二、核心问题：如何理解消费金融机构个人信息处理规则中的“合理”

相较而言，在金融机构个人信息处理规则中采取弱父爱主义更为妥当。弱父爱主义通过提升自治而非阻碍自治以协调安全和发展的双重目标。从这一角度而言，弱父爱主义不是阻碍自治，而是保护和提升自治，⑤ 这可以为金融机构个人信息的权益保护和流通利用之间的协同共存和博弈均衡提供一个契合的接口，这个接口就是对“合理”使用判定的再阐释。

---

① 朱宝丽、马运全：《个人金融信息管理：隐私保护与金融交易》，中国社会科学出版社 2018 年版，第 1 页。

② 周小川：《信息科技与金融政策的相互作用》，载《中国金融》2019 年第 15 期。

③ 高富平：《个人信息保护：从个人控制到社会控制》，载《法学研究》2018 年第 3 期。

④ 参见个人信息保护课题组：《个人信息保护国际比较研究》，中国金融出版社 2017 年版，第 295—298 页。

⑤ Heta Häyry eds. , *Encyclopedia of Applied Ethics*, Ruth Chadwick, vol. 3, 1998, p. 454.

第一，“合理”利用本身也是个人信息保护法的立法目标之一。根据全国人大常委会法制工作委员会副主任刘俊臣2020年10月13日在第十三届全国人大常委会第二十二次会议上的《关于〈中华人民共和国个人信息保护法（草案）〉的说明》，“制定个人信息保护法是促进数字经济健康发展的重要举措。……应当统筹个人信息保护与利用，通过立法建立权责明确、保护有效、利用规范的制度规则，在保障个人信息权益的基础上，促进信息数据依法合理有效利用，推动数字经济持续健康发展”。从域外立法来看，平衡个人信息权益保护与合理利用之间的关系亦比比皆是。以欧盟《通用数据保护条例》为例，其明确指出，“保护个人数据的权利不是一项绝对权利，必须考虑其在社会中的作用并应当根据比例性原则与其他基本权利保持平衡……尤其是在以下方面：个人和家庭生活、家庭和通信、个人数据保护、思想自由、意识和宗教、言论和信息自由、商业活动自由、获得有效救济和公平审判的权利、文化、宗教和语言多样性。”《个人金融信息保护技术规范》也在特定规则中赋予“合理”利用的空间，例如规定金融业机构满足一定的具体技术要求时，可以在经法律授权或具备合理事由确需公开披露时，公开披露个人金融信息。

第二，从体系解释的视角解构“合理”的维度。个人信息保护法中有四个条文出现了关于“合理”的表述：第一条中关于“促进个人信息合理利用”的规定；第六条中关于“处理个人信息应当具有明确、合理的目的”的规定；第十三条中关于“为公共利益实施新闻报道、舆论监督等行为，在合理的范围内处理个人信息”以及“依照本法规定在合理的范围内处理个人自行公开或者其他已经合法公开的个人信息”的规定；第二十七条中关于“个人信息处理者可以在合理的范围内处理个人自行公开或者其他已经合法公开的个人信息”的规定。具而言之，个人信息处理活动的“合理”应当包括两个维度的解读：

一是，何为“合理的目的”？根据个人信息保护法第三条的规定，个人信息处理的目的不仅要明确，还必须合理，应当包含以下要义：首先，目的应当合法，意即，当处理的目的符合该法第十三条第一款所列举的情形时，就符合合法性的基本要求；其次，目的应当符合比例原则，合法性要求是目的合理的基础，但并非其充分条件，合理的目的还需要符合比例原则的要求，意即，需要结合具体个案场景进行权衡，实现个人信息权益保护与合理利用的利益平衡。

二是，何为“合理的范围”？个人信息保护法中所言“合理的范围”在根本上是一种比例性的要求，是指该个人信息应当为提供产品或服务所必需，否则信息主体应当有权拒绝。该种“必需”可以构成告知—同意规则以外的其他合法性事由，无须信息主体同意即可处理（包括收集和利用等）个人信息。

第三，“合理”与“敏感性”之间的平衡。敏感性是个人隐私感知程度的重要影响因素，与用户的隐私担忧①和人格利益②直接相关。因此，对于信息主体而言，敏感性是隐私和个人信息保护的核心关切所在。③ 科学合理地界定敏感性范畴的意义在于，能够以此确定一般个人金融信息的范畴，实现不同类型数据的区分规制以平衡权利保护和产业激励之间的利益关系。然而，敏感性的金融机构个人信息分类标准并不能绝对化和单一化，还应当兼容其他信息分类标准作为规则设计的补充和平衡。目前单一化的“敏感性”标准无法满足金融消费者个人信息多样性的现实保护需求，更无法为权利主体提供多层次、多梯度的区分保护。法律层面对于个人信息的分类，已然无法满足信息技术爆发和金融市场发展后个人信息应用的深度和广度。在目前大数据时代的场景下，这种一刀切的机械性认定模式已然捉襟见肘。因此，金融机构个人信息的敏感程度应当随着技术和时代的变迁在不断变化，一些金融机构个人信息的范围在扩张，而一些金融机构个人信息则被容忍进入流通领域以换取金融产业的效率价值。

---

① Al – Fedaghi, *How sensitive is your personal information?*, In Proceedings of the 2007 ACM symposium on Applied computing, March, 2007, pp. 165—169.

② 例如，刘德良教授对于敏感数据和一般数据的分类就是以是否与人格尊严相关作为标准，与人格尊严有直接关系的为敏感个人信息，同时给予人格权和财产权的双重保护；对于与人格尊严无直接关系的为一般个人信息，仅给予财产权保护。参见刘德良：《网络时代的民商法理论与实践》，人民法院出版社 2008 年版，第 208 页。

③ Ojanen, T, *Privacy Is More Than Just a Seven – Letter Word: The Court of Justice of the European Union Sets Constitutional Limits on Mass Surveillance: Court of Justice of the European Union Decision of* 8 *April* 2014 *in Joined Cases C – 293/12 and C – 594/12, Digital Rights Ireland and Seitlinger and Others*, European Constitutional Law Review, vol. 3, no. 10, 2014, pp. 528 – 541.

第五章　消费金融领域中个人信息保护的责任问题研究

第一节　消费金融中个人信息保护的责任界定以及划分

从法律的角度看，所谓法律责任就是行为主体因为违法行为或违约行为，即没有履行法定义务或约定义务，或虽主体未违反法律义务、但仅仅因法律规定而应承担某种不利的法律后果。[①] 根据该理论可知，责任的产生在于违反相应的义务（法律的规定也是一种义务），同时对于权利的侵害也会产生相应的责任，既包括私法上的侵权责任又包括公法上的行政与刑事责任。

一、个人信息保护责任的界定及特征

鉴于消费金融中个人信息保护的复杂性，其责任的界定也非常复杂。笔者认为，所谓消费金融领域的个人信息保护责任是指违反相关法定或者约定的义务而产生的综合性法律责任。责任人对其行为应当承担法律规定的不利后果。具体而言，可以从几方面去理解：

一是该责任具有综合性。所谓综合性，系与单一性责任比较而言。一般来讲，普通个人信息保护责任主要集中在民事责任之中，但是在消费金融领域则不仅包含民事责任，而且还包括大量的刑事、行政、监管等责任。在这些责任之中，涉及的法律规范非常复杂，不仅涉及公法而且还涉及私法，适用的法律程序也相应比较复杂。简言之，责任规则不仅包含私法规则而且包含公法规则，且两种规则相互交织。

二是该责任主体多样性。从前述该责任的综合性出发，相应的责任主体比较复杂，不仅包括相关的民事主体，而且也会涉及大量的公法主体，比如行政机关之市场监管主体、金融监管机构、价格监管主体、互联网监管机构等等。在民事主体之中，不仅涉及金融消费者，而且还涉及相关的金融机构、消费金融公司以及网络平台公司主体等等。这些主体的多样性放大了个人信

---

① 舒国滢主编：《法理学》，北京大学出版社 2006 年版，第 162 页。

息保护责任的复杂性。

三是责任内容具有特殊性。从一般的规则出发，最核心的规则是民事责任之中的侵权责任或者是违约责任。但是在具体的理念与规则之上，还是与一般的规则有些区别。比如在金融机构与平台主体责任之上，其需要承担加重责任，这反映在举证责任上也体现了这一点。同时在公法责任之中还会存在监管责任，即行政机关的监管责任问题。

四是法律适用的复杂性。消费金融不仅涉及个人信息保护、金融消费者权益以及普通的民事权益，而且因涉及互联网以及数据权利内容，甚至还会涉及国家安全或者金融安全问题。因此，其法律责任规则则分散于民法、行政法、刑法、个人信息保护法、消费者权益保护法、数据安全法以及相关的行政法规与部门规章之中。如何妥善适用相关领域的责任规则就显得尤其重要。

二、个人信息保护责任分类以及竞合

如前所述，个人信息保护责任比较复杂。为此，根据不同的标准，我们可以将个人信息保护责任予以类型化处理。即是说，根据不同的标准，不同的责任将个人信息保护责任加以不同的分类来分析。

（一）私法责任与公法责任

从私法责任的角度出发，其主要内容包括消费金融机构与个人信息保护之中存在的民商事责任。这种责任没有脱离民商事法律体系的框架，主要是包括违约责任和侵权责任。而公法责任则比较复杂，主要包括经济法责任、行政责任和刑事责任。在行政责任以及刑事责任之外，这里比较特殊的是经济法责任。鉴于金融行为具有很强的外部性，经济法责任主要是从社会本位主义出发，对于民商事法律无法调整的予以调整，最典型的是金融机构的加重责任，主要表现在其社会责任之上。比如惩罚性赔偿责任就是经济法责任的明显表现。特别是近年来，知名金融机构用户个人信息和数据泄露事件频发，损害不可逆转，使得民法传统的填补性损害赔偿无法有效平衡。因此应该引入惩罚性赔偿责任，在填补被害人财产损害、舒缓精神痛苦，同时也能实现侵害行为的惩罚、威慑和禁止。当然，如果超越一定的范围和限度，个人信息保护则可能启动刑事责任。因此，对于消费金融机构以及其他相关市场主体而言，涉及个人信息保护的刑事合规就显得十分重要。从市场主体监管的角度上讲，其可以对违反个人信息保护的违法行为依照行政法予以规制，同时也对其职责承担相应的监管履职带来的责任问题。

（二）过错责任与无过错责任

不论是从公法的角度还是从私法的角度，主观过错均是责任的核心内容。所谓过错责任是指以存在主观过错为必要条件的法律责任，即无过错即无责任。其中的过错内容包含故意和过失。所谓无过错责任，是指不以主观过错的存在为必要条件的法律责任，在法律有特别规定的情况下，以损害结果为判断标准，只要行为人的行为与损害结果有因果关系，就要承担法律责任。[①]从民事侵权的角度而言，过错责任指的是除非法律另有规定，任何人在且在过错（故意或过失）侵害他人权益时，才应当承担侵权损害赔偿责任。[②]而无过错责任指的是不论是否有过错，只要法律规定应当承担责任的就应该承担责任。从实证法上看，我国民法典第一千一百六十五条关于过错责任的规定是，行为人因过错侵害他人民事权益造成损害的，应当承担侵权责任；第一千一百六十六条关于无过错责任的规定是，行为人造成他人民事权益损害，不论行为人有无过错，法律规定应当承担侵权责任的，依照其规定。在个人信息保护法第六十九条第一款而言，采取的是过错推定原则。即是说，如果个人信息处理者"不能证明自己有过错"，即是说推定其存在过错。这还涉及举证责任倒置的问题。从行政法的角度而言，对金融机构或者平台主体的相关行政责任既会考虑主观过错，典型的如行政处罚，同时对其他法律规定的行政责任则可能不会考虑主观过错。在监管机构监管责任的问题上，由于监管机构具有法定职权同时又负有法定义务处理个人信息保护，因此其责任属于无过错责任。有观点认为，对于公权力机关而言，因利用海量个人信息进行算法自动化决策而侵权的，应适用无过错原则；对于其他组织或企业而言，因利用海量个人信息进行算法自动化决策侵权的，应适用过错推定责任；对于其他没有利用个人信息进行自动化决策而侵权的组织或个人，则适用过错责任。[③]至于涉及个人信息保护的刑事责任而言，侵犯公民个人信息罪在主观上以故意为主，除非法律明确规定过失犯罪的过失犯不以犯罪论处。刑法修正案（七）在刑法第二百五十三条后增加下列内容："国家机关或者金融、电信、交通、教育、医疗等单位的工作人员，违反国家规定，将本单位在履行职责或者提供服务过程中获得的公民个人信息，出售或者非法提供给他人，情节严重的，处三年以下有期徒刑或者拘役，并处或者单处罚金。"该条还规

---

① 舒国滢主编：《法理学》，北京大学出版社2006年版，第164—165页。

② 程潇著：《侵权责任法》，法律出版社2017年版，第90页。

③ 刁胜先：《个人信息网络侵权规则原则的比较研究——兼评我国侵权法相关规定》，载《河北法学》2011年第6期。

定了单位犯罪。由该条内容可见，侵犯公民个人信息罪在行为的要件上是出售或者非法提供。故主观状态应该是具有主观故意，而非过失。

在前述两种大的分类之下，各类责任会产生竞合。所谓责任竞合，是指由于某种法律事实的出现，导致多种法律责任的并存或者相互冲突。① 前述个人信息保护责任也会产生各种责任竞合，主要包括民事、行政、经济法、刑事责任的竞合，也会包括民事、行政、经济法、刑事责任内部的竞合。对于前者而言，这种竞合是允许存在的，但是对于发生在同一法律部门的责任竞合则会不能产生竞合。那么相关责任的界定则比较复杂，尤其是在民事和行政责任之中。以民事责任为例，虽然民事责任的竞合在违约责任与侵权责任之间，但是鉴于涉及的法律法规非常复杂，即使在违约责任或者侵权责任之间，其具体的规则或者请求权基础也比较复杂。即是说，法律的适用与选择则成为法律责任确定绕不开的一道屏障，比如上位法与下位法、特别条款与一般条款、部门监管规则与正式法律之间的关系处理等等。

三、个人信息保护责任的立法模式

从之前的介绍来看，关于我国消费金融领域的个人信息保护责任规定比较分散，规则之间层次紊乱，缺乏系统性和体系性，直接导致保护力度不够理想。以刑事责任为例，根据刑法的规定，侵犯公民个人信息罪是以违反相关规定为前提。如果国家的相关规定体系性不明确的话则不利于消费金融领域个人信息的保护。虽然我国已经有个人信息保护法、数据安全法等法律，但是这只是适用于个人信息保护的普通规则，对于消费金融领域中的个人信息保护还需要针对其特殊性予以专门性安排规定。

从世界各国关于个人信息保护的立法模式来看，美国实行的是分散模式，欧盟与日本实行的是集中立法模式，专门出台法律予以规定。② 无疑，我国个人信息保护法采取了这种方式。因为消费金融中的个人信息也属于个人信息保护法之中的内容，因此个人信息保护法的一般条款也应该适用。但同时在金融法中也存在金融消费者权益之个人信息保护的问题，故其规则也可以适用于消费金融领域的个人信息保护。为此，其法律规则之间是一般法与特别法的关系。为更好保护消费金融领域个人信息保护的问题，笔者认为立法模式还是应该采取一般与特殊的立法模式。即是说，在消费金融领域中，结合

---

① 舒国滢主编：《法理学》，北京大学出版社 2006 年版，第 167 页。

② 张玉洁、李佳文：《互联网时代个人信息保护机制研究》，载《政法学刊》第 37 卷第 3 期，2020 年 6 月。

其互联网特征，采取单独集中立法。对于个人信息保护法或者数据安全法、金融消费者权益保护中关于个人信息保护等法律的规定，可以直接采取引致立法技术，但对于消费金融领域中的个人信息保护特殊规则则采取特别立法模式。

第二节　消费金融中个人信息保护的私法责任

消费金融中个人信息保护责任中的核心是私法责任，即违约责任和侵权责任。其理由在于大量的金融消费行为是以合同的形式出现，而在合同中也会约定相关关于违约责任的条款。自然，个人信息保护条款也会是合同中的一部分。同时基于成本或者收益的考虑，消费金融机构可能会怠于履行个人信息的保护义务，从而产生侵权。但是，不论是违约责任还是侵权责任，在责任保护的理念上都存在一个共性，即是由信息处理主体特别是金融机构承担加重责任。具体的体现是归责原则主要系过错推定责任，同时在证明责任上也采取举证责任倒置。

一、个人信息保护中的侵权责任

从侵权责任的过错来看，主要包括两种形态：故意和过失。从故意的角度上讲，侵犯金融消费者个人保护信息主要是对金融消费者权利的侵犯，主要包括直接窃取个人信息；擅自更改他人真实信息；侵犯删除权（主要指明知记载错误而拒绝信息主体更改或者删除请求）；侵犯不受自动化决定约束权，以及侵犯可携带权等等；未经允许而收集、使用、公开、运输、分析其个人信息。在共同故意的场合，还可能存在买卖人的共谋、教唆与被教唆的故意。从过失的内容来看，分为主观过失和客观过失，但现在从司法裁判的宏观角度上看，采取客观过失的态度更为可取。所谓客观过失是参照一个理性人应有注意的义务，如果违反这个客观的注意义务的话那么就推定其为过失。但落实到消费金融中个人信息保护的问题上，其过失的客观标准应该注意其高度专业性。具体说来就是涉及个人信息需要云数据等高科技手段支持以及金融信息专家予以专门分析，因此其过失的标准就应该更加理性与专业。

从之前的信息权利来看，侵犯个人信息保护主要表现在积极侵犯与消极侵犯。对于积极侵犯而言，主要针对的权利，集中在查阅个人信息不能、被拒绝抄录复制个人信息、错误标注个人信息而不更正或者删除、泄露以及篡改个人信息、产生歧视的算法自动化决策、非法提供个人信息、未经允许收集买卖个人信息等行为。对于消极侵犯而言，则主要指的是违反不作为义务，这种不作为主要来自于以下方面：法定积极作为义务、约定的积极作为义务、现行行为所引发的积极作为义务、基于社会伦理所产生的纯粹不作为义务。《欧洲侵权法原则》第4：103条规定：防止他人遭受损害的义务存在于以下情形，法律规定，行为人制造了或者控制危险，当事人之间存在特殊的关系，损害的严重性和避免损害的容易性共同指向该义务。[①] 这里的侵犯实际上指的是不作为侵权。最典型的例子就是前述个人信息保护义务中的安全保障义务。

在个人信息权益侵权过程中，核心的内容是因果关系的认定。关于因果关系，从目前学界来看，大陆学界对因果关系主要集中在以下几种理论：条件说或者等值说、实质原因理论、相当因果关系理论、规范目的或者保护目的理论、危险范围理论。[②] 从曾世雄教授的介绍来看，主要包括条件说、相当因果关系说、预见说、法规目的说。[③] 从目前来看，相当因果关系说为主流。有学者总结道，在我国司法实践中，主要采取相当因果关系理论，如果适用该标准导致明显不合理的法律后果，将通过公平正义等价值加以修订。[④] 曾世雄教授明确称台湾地区采取相当因果关系说。[⑤] 对因果关系说的内涵而言，台湾学者认为综合德国学说与实务之见解，主要包括以下几个方面：1. 首先应判断结果发生之条件，为损害发生之“不可欠缺的条件”，亦即事实上因果关系，再判断相当因果关系。2. 相当因果关系之判定，在于行为人提高损害发生之危险，亦即增加损害结果发生之客观可能性。3. 损害发生之因果历程必须无其他异常独立之原因介入，亦即事件发生之因果历程必须符合一般事件之正常过程。4. 相当因果关系并非事实上因果律之问题，而系对行为人公平课与责任之判断标准，具有法律政策判断之色彩。[⑥] 我们认为，从概率的理论出发，有法国牛顿之称的拉普拉斯曾说：“这门源自考虑赌博中的机运之科学，必将成为人类知识中的最重要的一部分，生活中最重要的问题中的大部分，都将只是概率的问题。”换句话讲，概率统管一切。因果关系某种意义上就是一种概率，所有的学说都是概率的一种表达。那种绝对因果关系就是100%的概率，而相当因果关系就是大概率事件。从概率统计的思维出发，绝对因果关系的概率较少，相当因果关系才是绝大多数。在这之间，绝对因果

① 朱岩：《侵权责任法通论》，法律出版社2011年版，第358页。
② 朱岩：《侵权责任法通论》，法律出版社2011年版，第189—201页。
③ 曾世雄：《损害赔偿法原理》，中国政法大学出版社2001年版，第96页。
④ 朱岩：《侵权责任法通论》，法律出版社2011年版，第202页。
⑤ 曾世雄：《损害赔偿法原理》，中国政法大学出版社2001年版，第102页。
⑥ 陈聪富：《因果关系与损害赔偿》，北京大学出版社2006年版，第13页。

关系、相当因果关系、小概率事件构成了一个概率分布——正态分布。回到涉及个人信息保护责任的问题上，其面对的本身就是一个概率性问题，即风险问题。因此，依概率的思维处理相应的责任问题，就是相对合理与科学。而在其中，以绝对的概率处理其承担的责任，可能会导致责任主体特别是金融机构承担过重的责任导致消费金融领域萎缩或者加重消费者的成本负担；而以小概率来要求又会不利于消费金融市场的市场化发展。有学者根据实务经验总结出几个内容：一是缓和相当因果关系中的相当性判断，换言之，只要原告证明侵权行为与侵害结果存在引起与被引起的关系，即应认定存在因果关系。二是降低因果关系证明标准。三是总结并逐步承认新型侵害类型，比如承认敏感信息的泄露、未经允许的个人信息化自动处理本身就构成侵权。[①] 进一步讲，这会涉及证明标准与证明责任的问题，后文予以阐述。

这里需要注意的是消费金融中共同处理个人信息及侵权连带赔偿责任。我国个人信息保护法第二十条规定："两个以上的个人信息处理者共同决定个人信息的处理目的和处理方式的，应当约定各自的权利和义务。"即是说，所谓共同处理者的标准是：共同决定个人信息的处理目的和方式。欧盟《通用数据保护条例》中"联合控制者"的认定标准与此相类似。在欧盟立法中，当多个主体共同决定个人数据的处理目的和手段时，这些主体被称为"联合控制者"处理个人信息。[②] 有学者认为，所谓"共同决定处理目的和处理方式"，主要包括以下内容：存在多个信息处理者，即两个或者两个以上实施个人信息处理行为的主体；共同决定个人信息的处理目的和处理方式；共同处理者应当对处理目的和处理方式都是共同决定的。在消费金融中共同处理个人信息的主体极有可能产生共同侵权从而产生连带侵权赔偿责任。虽然个人信息保护法第二十条第二款规定信息共同处理者共同侵权的依法应当承担连带责任，但是该法本身并未设定共同侵权责任，而是应该依据我国民法典关于多数人侵权责任的规定请求共同处理者承担连带责任，主要的法律依据是我国民法典第一千一百六十八条至第一千一百七十一条，具体包括共同加害行为、教唆帮助行为、共同危险行为以及无意思联络的数人侵权等内容。在消费金融中共同处理个人信息侵权行为主要是共同加害行为，实践中较为常见的是非法买卖个人信息、个人数据。

---

① 丁宇翔：《个人信息保护纠纷理论解释与裁判实务》，中国法制出版社 2021 年版，第 118—119 页。

② 程啸：《个人信息保护法理解与适用》，中国法制出版社 2021 年版，第 192 页。

二、个人信息权益保护的合同责任

所谓的合同保护指的是采取合同的方法对个人信息权益进行保护，主要包括两种路径：一是在合同中约定个人信息保护条款；二是法律规定相应的责任条款，如格式合同之中的相关责任。在第一种情形之下，因为个人信息保护已经成为合同的内容，那么相关信息保护内容就成为信息处理主体有义务予以履行，如果不履行保护义务则应承担相应的违约责任。此时，根据合同法律的规定，金融消费者有权要求消费金融机构等义务人履行保护义务，其依据是民法典第五百七十七条中“当事人一方不履行合同义务或者履行合同义务不符合约定的，应当承担继续履行违约责任”的规定。如果约定了违约金，则可以适用违约金条款。如果有损失还可以主张违约损害赔偿责任。这里的违约损害赔偿责任需要以受到可预见性、与有过失、损益相抵规则的约束。需要说明的是，这里涉及损害赔偿与违约金的关系问题，从现行我国民法典的规则来看，违约金和损害赔偿可以同时主张，但是要受到损失的制约。即是说，根据我国民法典第五百八十五条之规定，约定违约金过分高于造成的损失的，人民法院或者仲裁机构可以根据当事人的请求予以适当减少。

需要注意的是，个人信息权益保护中的合同责任是否可以在请求违约责任之后请求精神损害赔偿。一般来讲，精神损害赔偿仅适用于侵权领域，在违约责任领域不适用损害赔偿。但是个人信息保护领域应该予以赔偿。我国台湾地区“个人资料保护法”第二十八条第二款规定，“被害人虽非财产上之损害，亦得请求赔偿相当之金额；其名誉被侵害者，并得请求为恢复名誉之适当处分。依前二项情形，如被害人不易或不能证明其实际损害时，得请求法院依侵害情节，以每人一事件 500 元以上 2 万元新台币以下计算。对于同一原因事实造成多数当事人权利受侵害之事件，经当事人请求损害赔偿者，其合计最高总额/亿元新台币为限。但因该原因事实所涉利益超过 2 亿元新台币者，以该所涉利益为限。”① 根据我国民法典第九百九十六条“因当事人一方的违约行为，损害对方人格权并造成严重精神损害，受损害方选择请求其承担违约责任的，不影响受损害方请求精神损害赔偿”之规定，基于个人信息具有人格权与财产权的双重属性，如果消费金融机构等信息处理主体造成金融消费者严重精神损害的，金融消费者在主张违约责任的同时，仍然可以

① 张继红著：《大数据时代金融信息的法律保护》，法律出版社 2019 年版，第 295 页。

主张精神损害赔偿。实践中，也有案例如此裁判。①

合同责任之中除违约责任之外，还有其他责任形态，如缔约过失责任。这是基于合同义务而产生的。在合同义务上，主要包括先合同义务、履行中的合同义务、后合同义务。这些合同义务之中，违反先合同义务会产生缔约过失责任，其他的会产生损害赔偿责任。

这里需要强调的是，此处的合同责任仅限于消费金融机构或者相关平台处理者与个人消费者之间的合同责任，而不包含其他主体签订且包含案涉个人信息内容的合同。在涉及的合同之中，违约责任要根据具体的有名合同的内容来判定。比如依据个人信息保护法第二十一条委托处理个人信息的规定，其合同的类别为委托合同。根据民法典九百一十九条的规定，受托人和委托人约定，由受托人处理委托人事务的合同。前述二十一条之规定即是符合委托合同要件。该条第一款规定，个人信息处理者委托处理个人信息的，应当与受托人约定委托处理的目的、期限、处理方式、个人信息的种类、保护措施以及双方权利和义务等。因此，其违反合同义务而产生的违约责任首先应该根据具体类型的合同予以寻找具体的规范，然后再回到债法总则之中去寻找总则规范。同时其产生的侵权责任也需要适用具体的债法条款和侵权法条款。由于委托人和受托人之间系委托合同关系，受托人并非委托人的雇员或工作人员，并不受委托人的控制，所以，由此产生的侵权责任属于定作人责任。因此适用民法典承揽合同以及共同侵权行为规则的规定。

三、个人信息保护中的加重责任

在消费金融个人信息保护之中，由于前述其权利与义务的内容存在特殊性，因此其责任的基础与界定也会存在相应的特殊性。其特殊性在于对于金融机构而言的责任较金融消费者而言更为严格，这不仅体现在内容抑或是举证责任上。从现在实证法的角度上看，不论是美国还是欧洲，都对作为信息控制者的金融机构课以更为严格的责任。② 有学者认为，在金融领域加重金融机构的信息保护义务是基于金融消费者之信息数据之使用必须限定在合目的之限度范围之内。根据信息不对称之理论，大数据的广泛运用进一步加剧了金融机构与消费者之间的这种矛盾，因此在责任的分配上划分到金融机构这

---

① 具体案例详见丁宇翔：《个人信息保护纠纷理论解释与裁判实务》，中国法制出版社 2021 年版，第 152—153 页。

② See President's Council of Advisors on Sciences and Technology, *Big Data and Privacy: A Technological Perspective*, *May* 2014.

一方来处理。这种责任类似于行政诉讼之中行政机关对于其合法性的举证责任。需要明确的是，这种加重责任具有其法定性特征，需要法律明确予以规定。

之所以采取这种加重责任，其理论基础在于金融机构之经济法责任理论。与传统的民事、行政、刑事责任不同，经济法责任具有综合性特征，具有很强的社会性与双重性。在其发展的过程之中，经济法责任不仅包括传统的责任，而且还发展出相应的控股股东加重责任以及社会责任等新型责任。其理论基础在于传统法律的线性特征不适应也无法诠释复杂的社会问题，而采用网络性的经济法责任理论更能适应复杂社会的理论需求。在金融领域，相关责任都是超出民商事领域的基本规则，如金融控股公司的股东加重责任并不符合普通公司的一般有限公司原则，但是从金融机构的公司治理以及存在的道德风险和外溢的系统性风险来看，对其实施加重责任更符合社会治理的需要和实质正义与理性的要求。同时在法源之上，一般意义上的法律并未规定加重责任，目前实证法规定的金融控股股东加重责任是规定在中国人民银行出台的金融控股公司管理办法之中，但是并不能因此就否定央行规定的正当性而不予以适用。目前在司法的审判案件之中，已经将监管机构的规章规则作为判断合同效力的参考因素。

同理，在消费金融领域，风险外溢性的特征依然要求金融机构负担相应的加重责任。在个人信息保护领域来看，不论是利益相关者理论、资源配置理论还是准公共产品理论，都要求对金融机构课以更为严格的责任。利益相关者理论认为，公司在追求自身经济利益最大化的同时不得以损害其他利益相关者的利益，要求达到帕累托优化标准。资源配置理论认为，“企业会把社会责任活动的投入看作获取额外资源及提高竞争优势的投资”。[①] 准公共产品具外部性特征，直接关系社会的公共服务的提供及其质量水平。从消费金融领域中的个人信息保护来看，消费金融直接涉及个人信息内容，其提供的是可以购买的社会公共产品服务，对于个人的贷款也是对社会资源的投资，因此该领域中的个人信息保护责任适用加重责任理论是完全符合逻辑的。

从实证法来看，现行的相关法律规定确实也对金融机构在信息保护这方面课以更为严格的责任。《中华人民共和国个人信息保护法》第五十一条至第五十九条分别规定了个人信息处理者在安全管理要求、个人信息负责人制度、定期合规、超大互联网平台责任、受托方的个人信息保护义务等内容。《中华

① See Branco, M. C. and Rodrigues, L. L, “Corporate Social Responsibility and Resources - based Perspectives”, Journal of Business Ethics, 2006, pp. 111 - 132.

人民共和国数据安全法》第四章第二十七条至第三十六条进一步规定数据安全义务，同时在第四十四条至第五十二条全方位规定了违反数据安全的民事、行政、刑事以及监管责任。从这些规定可以看出，法律对金融机构在个人信息保护中的义务与责任规定较为严格。同时从个人信息保护法和数据安全法的规定来看，个人信息保护责任的主体的界定是信息处理者或者是开展数据活动的组织和个人，因此个人信息保护责任不仅仅指金融机构而且也涉及其他主体。虽然消费金融领域之中，金融机构是个人信息保护的主体，但是也可能存在其他主体，比如网络平台公司等。

四、个人信息保护责任中的证明责任分配

民事证明责任问题是民事法律以及民事诉讼活动中的核心问题，被学术界和实务界公认为民事诉讼活动的脊梁。其理由在于，对利益攸关的当事人而言，“证明责任的负担是败诉的一半”。这说明，司法在审判上对案件事实作出的认定与证明责任分配规范之间的关系密不可分。证明责任问题在诉讼活动中是牵引当事人诉讼行为的中枢神经。在整个诉讼过程中，当事人的动机和行为不得不围绕以提供具有说服力的证据来证明其一事实主张为中心环节，以尽可能地避免客观证明责任出现。同时法院始终掌握证明责任分配的效果在每一个诉讼阶段对双方当事人的事实主张与举证行为所产生的实际影响。①

证明责任分配不属于私法责任的范畴，其是属于诉讼过程中证明责任的范畴。但是基于消费金融机构等信息处理主体极有可能涉及相应不少的诉讼，特别是在侵权责任诉讼之中，因此明确证明责任分配规则对于消费金融机构具有重要的意义。所谓证明责任，指的是当事人为避免败诉的结果，而有证明特定事实的必要。② 也有学者认为，当某一事实处于真伪不明时，通过假定（拟制）该事实存在或不存在来作出裁判，进而使一方当事人遭受的危险或不利益，就被称为证明责任。③ 一般来讲，从实务的观点出发，证明责任分为主观证明责任和客观证明责任。所谓主观证明责任，又被称为“形式上的证明责任”或者是“证据提出责任”，其指的是一种主张责任为前提，从而使得当事人随之应当在诉讼上提出证据证明其事实主张的行为责任。所谓客观证明责任又被称为“实质上的证明责任”，其指的是一种涉及当事实的过程无法重

---

① 毕玉谦：《民事证明责任研究》，法律出版社 2007 年版，第 7 页。

② ［日］松冈义正：《民事证据论》（上下册），张知本译，中国政法大学出版社 2004 年版，第 30 页。转引自毕玉谦：《民事证明责任研究》，法律出版社 2007 年版，第 1 页。

③ ［日］高桥宏志：《民事诉讼法制度与理论的深层分析》，林剑锋译，法律出版社 2003 年版，第 420 页。

建时裁判者应当如何作出裁判以便对特定当事人产生实质影响的结果责任。[①]在证明责任之中，居于主导地位的是德国天才法学家罗森贝克的规范说理论。罗森贝克认为，证明责任分配原则是，如无一定法条的适用，则无法获得诉讼上请求成果的当事人，应就该法条要件在实质上已存在的事实负主张及证明责任。也就是说，各当事人应就其有利的规范要件进行主张及负担证明责任。[②] 换言之，各方当事人证明责任是基于实体法律法条的结构要件据以展开。原告只是必须主张和证明权利形成规范的构成要件，被告只是必须主张和证明权利妨碍、权利消灭或者权利制约规范的构成要件。虽然规范说是基本的证明责任规则通说，但是在证明责任之中还存在证明责任的转换。所谓证明责任的转换指的是法院在个案或经由固定性实务见解就证明责任分配一般规则（法则）予以背反的证据法则。[③] 其存在是以证明责任一般规则为前提。[④] 证明责任转换主要包括实体法上的特别规定出现的转换、诉讼法上的规定所出现的转换、法官裁量权所出现的转换、当事人之间的约定出现的转换。这个里面比较典型的是特殊侵权责任的证明责任转换，包括产品致人损害、高度危险、环境污染、物件致人损害、动物致人损害、因雇佣关系致人损害、道路交通事故致人损害、医疗侵权行为致人损害等等。

从消费金融中个人信息保护责任来看，主要包括合同责任和侵权责任。在合同责任之中，因其归责原则是无过错原则，因此其证明责任规则的理论基础是罗森贝克的规范说，即主要看实体法之债法规则要件，并根据具体的实体法规则要件来区分具体举证内容。因为，在合同纠纷案件中，主张合同关系成立并生效的一方对合同订立和生效的事实承担举证责任；主张合同关系变更、解除、终止、撤销的一方当事人对引起合同关系变动的事实承担举证责任。但是如果合同有具体约定那么就可能发生证明责任的转换。

在这里尤其需要说明的是，个人信息保护中的侵权责任尤其需要注意证明责任问题。首先，在归责原则上，个人信息保护责任的基本规则是过错推定原则。虽然过错推定原则也是过错原则的一种，但是在诉讼法上过错推定原则的证明责任与过错原则的证明责任相反。虽然数据安全法没有规定过推定责任，但是个人信息保护法第六十九条第一款规定，处理个人信息侵害个人信息权益造成损害的，个人信息处理者不能证明自己没有过错的，应当承

---

① 毕玉谦：《证据制度的核心基础理论》，北京大学出版社 2013 年版，第 38 页。

② ［德］汉斯·普维庭：《现代证明责任问题》，吴越译，法律出版社 2000 年版，第 165 页。

③ 毕玉谦：《民事证明责任研究》，法律出版社 2007 年版，第 259 页。

④ 同上。

担损害赔偿等侵权责任。即是说，在证明责任的问题上，普通侵权责任过错是由原告来证明，但是在归责原则系过错推定的情况之下，则产生证明责任转换的法律效果。如果信息处理者“不能证明自己没有过错”，那么就推定其存在过错。虽然该条规定了过错推定责任，但是并没有侵权责任构成要件的数量，个人信息主体依然要按照规范说的理论承担损害、因果关系等相关要件的证明责任。同时对于不可抗力、正当防卫、紧急避险、受害人故意、自甘冒险、自助行为等情形，即使消费金融机构不能证明自己没有过错，但是可以证明前述情形也可以免责。具体说来主要包括：在自然人或者其监护人同意的范围内合理处理人脸信息的；合理处理该自然人自行公开的或者其他已经合法公开的信息，但是该自然人明确拒绝或者处理该信息侵犯其重大利益的除外；为维护公共利益或者该自然人合法权益，合理实施的其他行为。

第三节　消费金融中个人信息保护的公法责任

与私法责任相对的是消费金融领域中个人信息保护的公法责任。其主要内容包括违法主体的行政责任、负有监管义务的监管机关的监管者责任以及最严重的刑事责任。其中特别强调的是，之所以区分违法主体的行政责任、负有监管义务的监管机关的监管责任两种责任，是因为它们的责任主体承担不同，承担的具体内容也不同，尽管它们都是属于行政执法范围。在行政责任这个意义上讲，行政相对人负有遵守行政法律法规的公法义务，但是其行为违反相关的行政法律法规义务，那么它就应该接受行政法律制裁。而对监管责任而言，其承担责任之主体公权力机关主要在于是否履行法定职责，而是否履行法定职责又包括两个层面：是否超越职权履职、是否损害行政相对人以及第三人利益。由此可知，监管责任具体而言可分为侵权责任（或者行政赔偿责任）和监管者因履职所引发的非侵权责任（如政治责任、行政责任）。[①] 从前述三种责任来看，行政责任与刑事责任属于纯粹的公法关系，而监管责任主要划分监管机构与个人权利的边界，处于公法私法交叉的地带。某种意义上，公法责任比私法责任对于个人信息保护治理更有效果。其理由在于私法责任仅仅是对于个案，而且启动需要经过冗长司法程序，受到严格的诉讼程序以及证据规则所约束。但是公法责任则可以通过积极主动的行政程序或者刑事侦查程序予以处理，对违法行为予以行政处理、处罚，从而形成良好的信息保护秩序。

---

① 苏洁澈：《银行破产监管责任研究》，中国政法大学出版社 2016 年版，第 8 页。

一、消费金融领域个人信息保护中的行政责任

从广义上讲，行政责任是指违反行政法律规范或者因行政法规定而应承担的法律责任。它包括行政机关及其工作人员在行政管理中因违法失职而产生的法律责任，以及公民、法人等行政相对人违反行政法律而产生的法律责任。[①] 但本文此处从行政法理论上讲，行政责任一般指的是行政相对人违反行政法律而产生的责任。在消费金融领域中，这种行政责任主要集中在行政处罚上。但这种处罚都是监管机构，并且可能存在交叉的行为。违法主体承担行政责任不仅依据个人信息保护法的内容，而且也要受到消费者权益保护法、行政处罚法、治安管理处罚法、公职人员政务处分法等法规的约束。因此，个人信息保护相关的行政处罚具有专门性行政处罚和一般性行政处罚相结合的特点。此处个人信息保护中涉及的行政责任主要是金融监管机构作出的行政处罚，其对象主要是消费金融机构等信息处理者以及其他主体。

具体到法律规则上，2013 年修订的消费者权益保护法第五十六条第一款规定，如果经营者侵害消费者个人应该予以保护的信息，市场监管部门可以视情节轻重采取责令改正、警告、没收违法所得、罚款、停业整顿、吊销执照等处罚措施，形成多元灵活的行政责任体系。2016 年的网络安全法第六十四条针对“网络运营者、网络产品或者服务提供者”侵害个人信息权益的行为，构建了更为全面、严格的行政责任机制，在之前消费者权益保护法第五十六条第一款规定的基础上增加了“责令暂停相关业务”“责令关闭网站”“吊销相关业务许可证”等处罚措施，为执法机构提供了更为充分的规制工具；此外罚款限额也大幅上升。我国个人信息保护法第六十六条规定，对违反规定处理个人信息或者处理个人信息未履行个人信息保护义务的，由履行个人信息保护职责的部门予以行政处罚，具体的处罚内容包括：责令改正、警告、没收违法所得；对违法处理个人信息的应用程序，责令暂停或者终止提供服务；罚款等；责令暂停相关业务或者停业整顿、通报有关部门吊销相关业务许可或者营业执照。需要特别说明的是，该条针对大型企业的滥用个人信息，借鉴了 GDPR 的罚则计算方式，规定针对情节严重的违法行为，由履行个人信息保护的部门“处五千元以下或者上一年度营业额百分之五以下罚款”，从而大幅提高个人信息处理者的违法成本，但是这种处罚有必要受到比例原则的约束。从涉及被处罚的主体来看，除相关金融机构之外

---

① 舒国滢主编：《法理学导论》，北京大学出版社 2006 年版，第 164 页。

还会涉及董事、监事、高管、个人信息保护人员、直接负责的主管人员、直接责任人员。从比较法上看，德国《联邦数据保护法》第四十三条规定，明确了数据控制人违反法定义务构成行政违法，并对不同情形的行政违法行为设定了罚金数额（应当被处以25000欧元以下罚金）。我国台湾地区“个人资料保护法”第三十一条强调公务机关侵犯个人信息资料适用国家赔偿法之规定。①

除此之外，涉及行政责任的主要法律还有我国的数据安全法。该法主要是从安全的角度对个人消费金融信息予以规制。该法自第四十四条至第五十二条均规定相应的法律责任，其中第四十四条至第四十八条、第五十一条、第五十二条是对行政责任之规定。其中第四十四条规定的是主管部门对数据安全风险的前置处理，构建了数据监管安全制度的约谈制度；第四十五条规定不履行数据安全保护义务的法律责任，同时还对违反国家核心数据管理制度，危害国家主权、安全和发展利益的数据处理活动设定法律责任，其中的内容主要是行政处罚，内容包括全部行政处罚内容；第四十六条规定的是违反数据出境管理规定的法律责任，其核心内容也是行政处罚；第四十七条、第四十八条均系从事数据交易中介服务的机构未履行说明审核义务、拒不配合数据调取的行政处罚责任。除此之外，第五十一条规定了引致条款，即是说窃取或者以其他非法方式获取数据，开展数据处理活动排除、限制竞争，或者损害个人、组织合法权益的，依照有关法律、行政法规规定处罚。在第五十二条也是属于引致条款，包括民事责任、刑事责任和治安管理处罚责任。同时还会涉及网络安全法、国家安全法等相关法律条款。但是从一般法与特别法的关系来看，笔者认为一般来讲优先适用特别法之个人信息保护法和数据安全法，在这两种法律之间如果产生冲突还是应该适用前者，但是在法律未规定的情况下才适用后者。

这里着重强调的是个人信息保护中的治安管理处罚责任。我国个人信息保护法第七十一条规定，违反本规定的，构成违反治安管理行为的，依法给予治安管理处罚。即是说，构成治安管理处罚的条件是违反个人信息保护法的规定且违反治安管理行为。根据治安管理处罚法的规定来看，与个人信息保护相关的主要是第二十九条。该条规定，违反国家规定，侵入计算机系统，造成危害的；违反国家规定，对计算机信息系统功能进行删除、修改、增加、干扰，造成计算机信息系统不能正常运行的；违反国家规定，对计算机信息系统中存储、处理、传输的数据和应用程序进行删除、修改、增加的；故意

① 张继红著：《大数据时代金融信息的法律保护》，法律出版社2019年版，第294—295页。

制作、传播计算机病毒等破坏性程序，影响计算机信息系统正常运行的行为，处五日以下拘留；情节较重的，处五日以上十日以下拘留。同时结合个人金融信息保护的规定来看，笔者认为下列行为也应该依照治安管理处罚法予以处理：个人信息处理者非法收集、存储、使用、加工、传输他人个人信息；个人信息处理者非法买卖、提供或者公开他人个人信息的；处理个人信息未按照规定采取必要的安全保护措施，对个人造成损害的，以及其他可能造成危害的行为。

二、消费金融领域个人信息保护中监管机构的监管责任

在行政相对人之外的另外一种行政责任就是监管责任。有学者对监管责任的界定为，监管机构因不履行法定职责所产生的相关责任。其外延包括侵权责任和监管者因履职所引发的非侵权责任（政治责任和行政责任）。[①] 该学者认为监管责任包括了侵权责任，其实是站在普通法系的角度来看待监管责任的。这是因为，在普通法系国家行政诉讼适用的程序法主要是民事诉讼程序。但是在大陆法系语境之中，特别是在我国的法律体系之中，笔者认为应该以行政责任予以界定更为妥当，与我国的法律体系更为自洽。同时对涉及的政治责任，笔者认为应该予以抛弃。因为政治的问题是法律所不能涉及的，即是说司法无法判断，无权予以裁决。总的来讲，笔者认为监管责任是在行政诉讼的框架范围之内予以处理行政责任，当然涉及侵权而产生的赔偿的话还可能产生行政责任之赔偿责任。也有学者将之界定为国家责任或者公共责任。[②] 后者的性质其实就是我国法律语境下的行政责任性质。

与民事责任不同的是，监管责任属于公法责任，故应满足公法责任的普遍相关要件。从国家赔偿法的角度出发，其正当性的理论的演变包括了国家无责任论、法律拟制论、国家无过错责任论。在国家无责任论看来，从国家财政负担隐忧、守夜人式的消极国家论、政府人员赔偿和国家放弃主权豁免的角度出发，国家应该对其行为不承担责任，享有豁免的特权。18 世纪的德国发展出委托理论，认为公务员与国家之间的关系是处理事务的委托或授权合同关系，与一般私法上的雇主与受雇者的关系没什么差别，而对于公务员的委托范围不包括在国家的范围之内。[③] 法律拟制论分为二元论和一元论，二

---

① 苏洁澈：《银行破产监管责任研究》，中国政法大学出版社 2016 年版，第 9 页。

② ［瑞］艾娃·胡普凯斯：《比较视野中的银行法律破产制度》，季立刚译，法律出版社 2006 年版，第 127 页。

③ 沈岿：《国家赔偿法》（第二版），北京大学出版社 2019 年版，第 35 页。

元论将国家人格二元化，分为私法人格和公法人格；一元论则将国家视为一个法人。二元论承认国家在私法上的责任，但让国家在公法上免责；一元论强调国家作为一个整体的对法律人格，不论在公法上还是私法上皆有相应的权利义务。国家无过错责任论则包括特别牺牲理论、风险理论和危险责任论及社会保险理论、公共负担平等理论。从构成要件上讲，沈岿教授归纳为主体要件、侵权行为、损害事实、因果关系等四个方面。欧洲法院认为其具备三个要件：被侵害的法律赋予个体权利、违背必须足够严重、国家的违背义务和个体的损害存在直接因果关系。[①] 而在有的学者看来，应该是三方面的因素：首先的大前提是监管机构的作为与不作为必须属于其职权范围。其次，包括管制行为、损害事实以及因果关系。[②] 从三种标准来看，沈岿教授的观点直接来源于民事侵权责任要件，第二种加入行政法的因素，特别是从法定职责履行的角度出发。而第三种的标准实际上也暗含主体以及违法事实等内容，但是其更加具备针对性。

对于监管机构的责任原告资格问题，是整个诉讼的起点。关于原告资格的问题，学者的论述是，只要公民、法人或者其他组织与行政主体之间存在着一定的行政法律关系，并且认为自己的合法权益被行政主体侵害，就应当具备原告资格。[③] 从比较法的角度上讲，各个国家具有不同的理论。美国的理论从法律权利标准发展到利益范围标准或者单一的事实标准。利益范围标准适用《美国程序法》第七百零二条关于起诉资格的规定，是法律所要求的标准；单一的事实标准是美国《宪法》第三条关于起诉的标准，两者结合起来就是两层结构标准。所谓利益范围标准指的是当事人对于行政决定能够控诉，必须被攻击的行政决定所侵害的利益，是可争辩地属于法律或者宪法所保护或者调整的利益范围以内。这一标准要求，当事人的利益不需要是法律规定特别规定或者特别保护的利益，只要可能处在法律规定的或者调整的利益范围以内，当这种利益受到侵害时，就可以请求司法保护。而事实损害标准则是，即除非国会不保护某种利益的意图是十分明显的，否则只有个人合法利益受到事实上的损害，他就有原告资格。关于事实损害，主要包括：现实性、特定性、损害和事实之间存在因果关系。英国的起诉权标准是足够的利益。日本的原告适格是指可以依法提起诉讼的资格，亦称为诉讼的主观利益，主

---

① 苏洁澈：《银行破产监管责任研究》，中国政法大学出版社 2016 年版，第 223 页。

② ［瑞］艾娃·胡普凯斯：《比较视野中的银行法律破产制度》，季立刚译，法律出版社 2006 年版，第 129 页。

③ 马怀德主编：《行政诉讼原理》（第二版），法律出版社 2009 年版，第 190 页。

要是存在法律上的利益，包括受法律保护的利益、裁判上值得保护的利益、行政合法进行的利益。德国的标准则是以“公权利”与“反射利益”的分野作为界定原告资格的标准。也就是说，起诉人是否具有原告资格取决于其是否具有公权利，如果其受到的损害仅仅是反射利益，则不能提起行政诉讼。所谓公权利，是指人民基于法律行为或以保障其个人利益为目的而制定之强行性法规，得援引该法规向国家为某种请求或为某种行为之法律上地位。

从裁判后果上讲，我们应该回到前述国家赔偿责任的构成要件上看，债权人也不满足相关的条件。以因果关系为例。债权人需要证明他们的损失与监管行为存在相当的因果关系。而这个证明难度极高，不可能胜诉。且过失上也为重大标准。因果关系以及其他要件也存在公共利益的问题。因此，在实体上债权人也不可能胜诉。按照中国行政法以及行诉讼规则，确认监管机构违法都不可能，遑论赔偿问题。

具体到消费金融领域中的个人信息保护而言，个人信息保护法第六十八条规定：“国家机关不履行本法规定的个人信息保护义务的，由其上级机关或者履行个人信息保护职责的部门责令改正；对直接负责的主管人员和其他直接责任人员依法给予处分。履行个人信息保护职责的部门的工作人员玩忽职守、滥用职权、徇私舞弊，尚不构成犯罪的，依法给予处分。”事实上，本条规定的是监管责任的问题，只是第一款针对的是国家机关，第二款针对的是工作人员。在第一个问题上，国家机关面对的个人信息保护义务既包括积极义务又包括消极义务。消极义务的法理基础在于个人信息权益的防御权功能，其要求国家机关处理个人信息时，应遵循合法正当、知情同意、比例原则、目的明确与目的限制等原则，以避免对私人自治空间的过度入侵。[①] 积极义务的法理基础在于个人信息权益的客观法功能，其要求国家机关必须主动创造和维护有利于实现个人信息保护的制度环境。尤其是在当前的大数据时代下，面对个人与信息处理者之间高度不平等的势力构造，国家更要积极介入，通过强化制度性保障、组织与程序保障以及严格履行侵害防止义务等，避免个人因被工具化而丧失主体地位。[②] 在国家层面而言，执法机构对信息平台的监管介入采取“常规执法＋责任追究”模式。不论是对于消极保护义务还是积极保护义务，如国家机关不予履行均应承担相应的责任。但这种责任的承担具体化到直接负责的主管人员和其他直接责任人员，并不存在国家赔偿的问

① 赵宏：《〈民法典〉时代个人信息权的国家保护义务》，载《经贸法律评论》2021 年第 1 期。
② 王锡梓：《个人信息国家保护义务及展开》，载《中国法学》2021 年第 1 期。

题。此外，我国数据安全法第四十九条也直接规定："国家机关不履行本法规定的数据安全保护义务的，对直接负责的主管人员和其他直接责任人员依法给予处分。"该条规定也说明了国家监管机关的监管责任。

三、消费金融领域个人信息保护中的相关刑事责任

违法主体承担刑事责任需要遵循"罪刑法定原则"。刑法修正案（九），将"出售、非法提供公民个人信息罪""非法获取公民个人信息罪"调整为"侵犯公民个人信息罪"，同时对特殊主体予以加重处罚，明确了单位构成该罪应并罚，并扩大了刑罚处罚区间。由此，"侵犯公民个人信息罪"成为违反个人信息法律规定的主要刑事责任类型。与此同时，侵犯公民个人信息罪与非法利用信息网络罪、拒不履行信息网络安全管理义务罪等罪名具有关系。在消费金融中，违反法律规定侵犯个人信息保护应该适用的罪名是侵犯个人信息罪。具体的构成要按照刑法的总则与分则的关系确立其犯罪构成要件。

在"侵犯公民个人信息罪"的认定之中，最高人民法院、最高人民检察院联合发布的《侵犯公民个人信息刑事案件适用法律若干问题的解释》对侵犯公民个人信息犯罪的定罪量刑标准和相关法律适用问题作了全面系统的规定。其内容主要包括公民个人信息的范围、违反国家有关规定、非法获取公民个人信息的认定、侵犯公民个人信息罪的定罪量刑标准、侵犯公民个人信息关联犯罪的处理、侵犯公民个人信息罪的认罪认罚从宽处理、涉案公民个人信息的数量计算规则等内容。从消费金融机构而言，相较于民事责任或者行政责任，刑事合规是尤为突出的一个方面。在刑事责任之中，尤其需要关注的是公民个人信息的范围、违反国家的相关规定、非法获取公民个人信息的认定等内容。毫无疑问，消费金融之中金融消费者信息肯定是个人信息的范畴，但是如何避免刑事责任需要结合其他法律的规定，比如个人信息保护法、数据安全法等法律规定。如果没有相关法律规定，那么入罪是不构成的。需要注意的是，目前的侵犯个人信息保护罪惩治的对象是自然人，单位、特别是规模以上单位还不成为该类主体犯罪主要对象。但事实上是，个别规模以上单位、特别是互联网企业非法获取、出售、提供公民个人信息屡见不鲜。在消费金融领域，消费金融机构掌握的金融消费者信息肯定较多，那么存在泄露风险肯定较大。如何通过刑事手段保障金融消费者信息就显得至关重要。因为该解释第九条明确规定网络服务提供者拒不履行法律、行政法规规定的信息网络安全管理义务的，在法定条件下要以拒不履行信息网络安全管理义务罪来定罪处罚。

在消费金融领域金融消费者个人信息保护的层面上讲，虽然主要的罪名是侵犯公民个人信息罪，但是还会涉及其他罪名。除前段所述的拒不履行信息网络安全管理义务罪之外，还有非法侵入计算机信息系统罪，非法获取计算机信息系统数据、非法控制计算机信息系统罪等罪名。这都需要在刑事合规中予以立体化完善构建。

第六章 消费金融领域个人信息保护的监管

第一节 消费金融领域个人信息保护监管的理论基础

一、金融隐私权理论

美国学者萨缪尔·沃伦（Samuel Warren）和路易斯·布兰代斯（Louis Brandeis）在1890年提出隐私权的概念以后，该概念被全世界广泛采用并发展成为一项重要的人格权利。隐私权是指自然人享有的私生活安宁与私人信息依法受到保护，不被他人非法侵扰、知悉、收集、利用和公开的一种人格权。伴随社会的进步，隐私权在现代社会中的意义日益彰显，隐私权保护的范围也进一步扩大。二十一世纪早已不是“传统经济时代”，而是被人们广泛认同为随电脑问世而发展的“信息时代”。信息光速传递的时代，无疑也带来信息安全的问题，特别是在有关个人权益的领域。为了保障我国个人信用系统的顺利运行，在收集、管理、分析、使用客户信息中需要对客户隐私权的保护，因此出现了金融隐私权这一说法。1924年，在英国的“图尔尼尔案”中，法院将银行原本的信息保密义务提升至法律层面的法定义务，为金融隐私权在其国家银行法律制度中的确立打下了坚实的基础。[①]

金融隐私权是由隐私权引申出的下位概念。金融隐私指在和金融机构交易的过程中企业或个人产生的不能公开的资料信息，具体包括信用信息、财务信息、保险信息、投资信息等与财务有关的信息。金融隐私权是金融信息所有人对其持有的金融信息或者交易产生的相关信息享有的支配权或控制权。它与隐私权相比，具有财产的属性，包括信息持有者经济状况和金融交易相关信息，比方说权利主体财产流动信息和资产情况的相关信息。其中金融信息包括个人的相关身份信息，如身份证号码、姓名、联系电话、家庭住址、职业及单位等，以及个人与银行交易的相关信息，如账户信息、资金信息、信用信息及信用卡消费信息等。金融隐私权伴随商品经济和信用经济的发展

---

① 易涛：《金融隐私权法律保护问题探析》，载《科技与法律》2016年第1期，第105页。

而产生并成长于特定时空要素之下，是传统隐私权内涵不断延伸的衍生品。金融隐私权具有人身权属性，还会彰显由该权利本质所派生出来的信息财产权利的特质，是逐渐从人格利益中分离出来并向财产利益转化的一种新型权利。法律随时代发展和社会进步而不断演化，金融隐私权的出现恰恰体现法律的演进。民事权利不仅规制有形的利益，还包括无形的及未形成系统的利益。金融隐私权这一理念，就是金融客户信息持有者对自身的交易信息及财产信息等相关信息具有特定的支配权。

作为特殊的隐私权，金融隐私权具有如下几种特征：第一，专属性。金融隐私权的专属性主要是指它和金融客户的人身是密切不可分的，金融客户不得放弃或者是转让以及被他人继承该权利。专属性是为了尊重以及保护个人的价值要求和尊严不受侵犯，同时也受金融隐私相关的人格权的影响。第二，财产性。金融隐私权与隐私权不同，其作为单独的一个概念，还具有独特的财产利益属性。金融隐私权所指的信息是在经济交易中，具有个人切身财产利益的信息。这种财产信息可作为一种利用性价值介于信息持有人与金融机构之间，所以被认定为客户的一种财产。第三，自主性。金融隐私权一方面是一种主动的控制性权利，另一方面又是一种被动的支配性权利。金融客户希望自己的金融信息资料不被别人非法使用，也希望在自己所掌控的范围之内来进行交易。这种自主的信息控制也是我们通常认为的自控性。在日常的生活当中，金融隐私权的自主性一般表现为三种权能：支配权能、隐瞒权能和救济权能。支配权能是指信息的持有者是能够自主支配的，自己可以决定能否让第三人知晓和利用。隐瞒权能是指持有信息的人有隐瞒其信息不被他人知晓的权利。救济权能是指当信息被别人泄露或者是被他人侵害的时候，信息的所有人有请求法律救济的权利。第四，信息性。在金融隐私权中，大致包含两种信息：一是金融客户有关的基本身份信息，即姓名、工作单位、家庭地址等个人信息；二是金融客户在与金融机构交易的过程中产生的资金记录、账户信息、消费意向等财务信息。第五，信用性。对于任何一类市场经济之中的主体，信用都尤其重要。在金融交易的过程中，参与方的信用度可能是其能够进入交易市场的门票。特定经济领域中，金融机构处于主导地位，对其金融客户的交易信息进行记录，用于衡量金融客户的信用度。由此可见，信用性之特征对于金融隐私权来讲，不仅是对其主体的肯定，同时也要求个人信用度本身应当受到保护。

从金融隐私权到金融信息权，并不单单是名称上的区别，二者在价值衡量、权利内容等方面都有显著的区别。第一，从价值层面看，金融隐私权在价值取向上偏重对人性尊严和自由的保护，强调的是对敏感信息的保护；而金融信息权保护在价值取向上既涵盖对个人金融信息本身的保护，也包含着对个人金融信息利用与流通的价值考量。金融机构通过收集消费者的金融信息，并进行整理分析之后，可以对消费者需求进行“精准画像”，从而实现产品和服务升级提升的目的。可见，消费者的金融信息具有重要的商业价值，若执着于追求以金融隐私权保护为主导的秘密状态，必然会影响个人信息的流通与使用，不符合数字时代的价值需求。只有对金融信息的保护与利用同等重视，才能更大限度地在保护金融消费者权益的同时，促进金融信息价值的开发与利用。第二，在概念内涵的界定方面，个人隐私和个人信息存在交叉重复的部分。个人信息权的范围更广泛些，个人金融隐私更多与金融敏感信息相关。个人金融信息外延更加宽泛，不仅包括个人敏感金融信息，还包括个人一般金融信息。随着各类新技术发展，信息的“可识别性”在不断增强，大量匿名化金融信息将会更精准地指向某个人。因此对个人金融信息的保护范围将不再仅限于敏感信息。第三，在权能内容方面，金融隐私权更多地表现为消极的、被动的静态权利，只有在遭受侵害或者确认侵害发生时才能行使请求排除妨害、赔礼道歉、损害赔偿等救济途径；金融信息权不再局限于个人信息的保密和隐藏，而是表现为主动、积极的动态权利，强调个人对金融信息的控制和利用。

金融与科技的融合以信息的充分利用为前提，个人金融信息不仅关乎个人利益，也关乎社会公共利益，甚至国家安全利益。金融隐私权强调权利保护的私密性不利于金融信息的流动，而金融信息权在保护与利用之间寻求平衡，强调信息的控制性、安全性和实用性，能更大化金融信息的价值，促进大数据时代金融业的发展。显然，金融业作为信息和数据流最多的行业之一，在大数据的背景下，金融信息权比金融隐私权更为妥帖。金融信息权是个人信息权在金融领域的衍生性权利，是以金融消费者特定身份的个人信息权的具象化，因此，金融消费者权的权利主体是金融消费者，即购买、使用金融机构提供的金融产品和服务的自然人；权利客体是个人金融信息，包含个人身份信息、财产信息、账户信息、信用信息、金融交易信息及其他反映特定个人某些情况的信息。金融消费者信息权指向的义务主体不仅包括金融机构还包括政府监管机构。金融信息权兼具私益性与公益性。从私益性上看，金融信息权由个人信息权衍化而来，是对个人人格利益和财产利益的保护，具有私权属性。但是，金融信息权并不是纯粹的私人利益，还有着公共利益的属性。

综上所述，金融信息权脱胎于民事权利，但突破了民事主体权利的范畴，并基于金融消费者的弱者地位对金融消费者权益的倾斜性配置获得法理上的正当性。金融信息权具有明显的扩张性、权利义务的非对等性等特征，体现了经济法上消费者本位的基本理念，从而使其成为经济法视野中的权利形态。以经济法权利的视角重新审视我国的金融信息权并建立相关的配套制度，有助于更好地保护金融信息权利，并最终实现金融消费者保护的立法目的。

二、公平信息实践理论[①]

二十世纪七十年代，美国政府开始普遍使用计算机数据库处理个人信息并成立一个“关于个人数据自动系统的建议小组”（Advisory Committee on Automated Personal Data Systems）。这个小组在1973年首先发布了一份“公平信息实践准则”报告，确立了处理个人数据的五项原则：（1）必须禁止所有秘密的个人数据档案保存系统。（2）必须确保个人了解其被收集的档案信息是什么，以及信息如何被使用。（3）必须确保个人能够阻止未经同意而将其信息用于个人授权使用之外的目的，或者将其信息提供给他人，用作个人授权之外的目的。（4）必须确保个人能够改正或修改关于个人可识别信息的档案。（5）必须确保任何组织在计划使用数据时，其创建、维护、使用或传播可识别个人数据的档案中的数据都必须是可靠的，并且必须采取预防措施防止数据的滥用。1977年，美国政府设立的“隐私保护学习委员会”在提交给美国总统卡特的报告中，进一步发展了公平信息实践，设定了数据保护系统的三大目标：（1）在个人对档案储存机构的期待和机构的实际做法之间保持平衡（最小化干涉性）。（2）对于档案储存的操作，应尽可能减少个人的档案信息成为导致对其不公平的渊源（最大化公平性）。（3）对于个人的档案信息的使用和披露，应当建立和界定有关责任（建立合法的、可执行的保密预期）。此外，“隐私保护学习委员会”报告还将公平信息实践的原则从五项扩展至八项：（1）公开原则：必须禁止所有秘密的个人数据档案保存系统，而且机构应当设立个人数据档案的保存政策、实践和系统的公开政策。（2）个人访问原则：对于档案保存机构以个人可识别形式保存的有关信息，必须确保个人有权查看和复制。（3）个人参与原则：对于档案保存机构，必须确保个人有权更正或修改实质性的其为档案储存机构所保存的信息。（4）收集限制原则：对于一个机构可以收集的关于个人信息的类型，以及收集方法，应当存在某些限制。（5）使用限制原则：在档案保存的机构内，对个人相关信息的使用

---

① 丁晓东：《论个人信息法律保护的思想渊源与基本原理——基于“公平信息实践”的分析》，载《现代法学》2019年第3期，第107页。

应当有限制。（6）披露限制原则：对于档案保存机构可能做出的对外披露个人信息，应予以限制。（7）信息管理原则：档案保存机构应当制定合理、适当的信息管理政策和做法，保证收集、维护、使用、传播有关个人的信息是必要的、合法的，而且信息本身是最新和准确的。（8）问责原则：档案保存机构应当对个人数据档案保存的政策、实践和系统承担责任。

1973 年“关于个人数据自动系统的建议小组”和 1977 年“隐私保护学习委员会”所提供的两个版本的公平信息实践初步确立了个人信息保护的基本框架与原则。一方面，公平信息实践对个人进行信息赋权，并规定个体所享有的一系列信息权利，例如个人的信息访问权、更正权与修改权等权利。另一方面，公平信息实践也对信息收集者或处理者施加一系列义务，并规定个人信息收集者或处理者应当承担相应义务，例如收集个人信息时的告知义务、使用个人信息的目的限制义务、个人信息安全保障义务。

三、金融消费者权益保护理论

现代消费者权益保护理论的确立来源于消费者保护运动，美国《消费信用标志法案》是金融消费者保护立法的重要代表。该法案认为由于银行与消费者存有法律关系不对等加之金融自身的复杂性，故而金融消费者更需要受到保护。其中，一般消费者权益保护制度的目的在于克服“市场失灵”，而金融消费者权益保护制度的初衷在于克服“监管失灵”。泰勒于 1995 年首次诠释“双峰监管”，并明确指出有两个监管目标：审慎监管，旨在防范系统性金融风险；行为监管，旨在保护金融消费者利益。在某种意义上，行为监管与金融消费者权益保护高度关联，甚至可以等同使用。此后各个国家与地区纷纷采纳“双峰监管”理论，并在 2008 年全球“次贷”危机后加重了对金融消费者权益保护。例如，美国在 2010 年颁布《华尔街改革与消费保护法》，其主要目标就在于强化保护金融消费者。

互联网消费金融作为金融科技背景下的创新型金融业态，既需要保持金融创新的活力，又需要防范创新之金融风险。各个国家和地区出现大量侵害金融消费者知情权、公平交易权、隐私权等情形，甚至由此引发的暴力催收行为对金融消费者的人身财产安全权、自主选择权等方面也造成重大侵害。互联网消费金融的核心是金融业务，但金融消费者保护是互联网消费金融行业发展的基础。互联网消费金融机构与金融消费者之间存在的实质不平等问题在数字时代加剧裂化为信息鸿沟或数据鸿沟。金融机构与金融消费者之间的权利义务关系在法律关系上并非对等，需要公权力介入消费金融关系对其加以调整。根据现代实质正义与公平竞争的法治理念要求，我们应该从经济法律关系视角，对互联网消费金融的消费者进行倾斜保护。

金融消费者信息保护的核心要素①有以下几项：（1）知情权。知情权是指金融消费者有权知悉其购买的金融产品或服务的全部、真实、准确信息。金融消费者依法享有对金融产品或服务的价格、类型、服务态度等涉及自身权益的相关情况知晓权利，对金融机构不恰当的信息保护行为有权提出批评。对金融消费者知情权的保护符合国际惯例，与欧盟《通用数据保护条例》（General Data Protection Regulation，简称 GDPR）、美国加州《消费者隐私权法案》（California Consumer Protection Act，简称 CCPA）的规定基本相同。金融机构有义务披露所提供金融产品或服务的真实情况，无论收集、流通、使用，还是删除过程都需要履行“告知—同意”义务，帮助金融消费者信息知情与处理可控，最大限度保护个人信息安全。（2）隐私权。隐私权指金融消费者的个人信息、账户信息、交易信息等依法受到保护的权利。金融机构不得不当储存、过度收集、私自披露金融消费者的个人信息，更不能借此谋取不当利益。例如，欧洲委员会 1981 年通过了世界上第一部个人信息保护的国际公约《个人数据自动化处理中的个人保护公约》，第一条就明确规定其目的在于保护个人权利和信息安全。欧盟 1995 年《数据保护指令》及 2016 年《通用数据保护条例》也都将保护自然人基本权利和信息安全作为其立法基本宗旨，尤其是加强个人隐私权保护，特别是体现在使用个人数据不得泄露或公开个人数据的规范上。因此，个人数据和隐私权保护已经成为欧洲各国个人信息保护最重要的内容之一。（3）信息安全权。信息安全权是金融消费者信息保护的首要延展性权利，即金融机构应当依法保障金融消费者在购买金融产品和接受金融服务中的信息安全。在西方国家，个人信息被认为是人权的一种延伸权利。《欧盟基本人权宪章》第 8 条明确将“个人数据保护权”作为一项独立的基本权利加以保护：“每个人有权保护涉及自身的个人数据”。欧盟《数据保护指令》以及《通用数据保护条例》（GDPR）都一直坚持将个人数据处理的安全性原则作为个人数据处理的法律依据，处理个人信息的前提应当尊重个人的选择或意思表示。这种理念应该得到延续，应该在未来金融消费者信息保护中得到体现。这就意味着，金融机构不得利用科技技术优势在格式合同中让金融消费者对信息产生不明确认知，不得加剧信息不对称，不得加剧导致金融消费者无法了解或者知晓金融信息的可能性。由此，我们

---

① 杨东、顾雷：《数字经济时代金融消费者信息保护的核心要素》，载《清华金融评论》2021 年第 2 期，第 46 页。

建立个人信息内部安全管理制度，不仅要强化个人信息在收集、转移、使用、借用、删除、向第三方提供、跨境告知方面的权利，而且要让金融消费者具有控制个人信息的收集、使用、删除或出售的能力，例如采取清晰易懂的语言向个人告知金融信息；当变更处理方式时，还须重新告知，以期达到金融个人消费者的知情与可控，严格保护金融消费者信息安全。(4) 同意使用权。在数字经济时代，金融消费者往往处于被动地位，不提供个人信息往往无法使用对方的产品或服务。由此，监管机构要求金融信息使用机构必须基于信息主体同意表述后才能使用信息。也就是说，知情同意成为个人信息的接受方（信息收集者）保有或使用该个人信息的依据，信息收集者必须要求信息主体作出同意表示。否则，任何在没有信息主体同意情况下的信息使用、收集或转让都不具备法律正当性。因此，“同意使用权”应该成为数字时代金融消费者信息保护的一项重要原则。对于金融消费者而言，遵循“同意使用权”是强调个人口头或者书面同意的明示权利。对金融机构而言，遵循“同意使用权”则是强调金融机构在处理数据之前的“通知”义务。当然，同意使用权也不是绝对的。基于公共利益或国家利益的个人信息收集、利用和流通无须经过信息主体的同意，但必须具有明确的法律规定。例如基于统计法的专项统计调查，必须具有公共利益性质的信息，否则就不能直接采集。(5) 追责求偿权。金融消费者在购买金融产品和接受金融服务过程后，发现其信息安全受到侵犯和遭受损失，有权追究法律责任，要求有关机构进行赔偿。在欧盟，GDPR 设计了诸如警告、训斥等处罚机制，罚款也可高达 2000 万欧元。在美国，监管机构试图用严厉的事后罚款来倒逼企业实现对个人信息的全面保护，如“剑桥分析案”中，美国联邦贸易委员会（Federal Trade Commission，简称 FTC）对“脸书”的处罚高达 50 亿美元。显然，在金融信息保护方面，强监管和严责任以实现对金融消费者的权益保护已经成为一个基本发展趋势。

第二节　消费金融领域个人信息保护监管的目标与原则

一、消费金融领域个人信息保护监管的目标

消费金融监管的总体目标是维持稳定、健全、高效的金融制度，保护金融消费者的利益。从其分目标来看有三个层次：一是保障消费者的合法利益不受金融机构侵害；二是保证金融机构和金融市场正常运行，确保金融体系的安全和稳定；三是提供公平竞争的市场环境和制度保障，为互联网金融创

新和发展提供必要的前提和条件。[①] 数字社会个人金融信息的利用与流动将会不断推动金融科技创新，因此个人金融信息对金融行业的重要性不言而喻。消费金融领域个人金融信息保护应当始终秉持规范个人金融信息的利用与分享、维护金融稳定与安全为根本目标，保障个人金融信息权益为直接目标，促进金融发展与创新为重要目标，对个人金融信息的法律保护与分享利用进行监管。

（一）直接目标：保护个人金融信息权益

消费金融作为金融科技背景下的创新金融业态，倘若完善适用于传统金融监管体系，便容易与互联网消费金融监管目标冲突，导致其消费者权益保护落后于金融监管，戕害金融市场根基。根据“双峰监管”理论，金融监管应当着眼于审慎监管和行为监管两个方面：其中审慎监管旨在防范系统性金融风险；行为监管旨在保护金融消费者利益。就我国现行金融监管体制而言，“一委一行两会”既实施审慎监管旨在防范系统性金融风险，又分别设立金融消费者保护机构，承担消费者保护职责。此种纵向“分割”的监管机制，极易导致监管目标冲突，将金融机构的短期利益置于金融消费者权益之上。消费金融的经营者与消费者之间存在着实质不平等问题。因为消费金融具有交易标的的无形性、内容的复杂性、方法的电子性、营销的专业性等特征，金融消费者囿于其经济实力、金融经验、辨识能力等因素的限制，较之消费金融服务机构通常处于弱势地位。若一味强调形式正义，金融消费者的合法权益将难以得到保障，更容易加剧实质的非正义。从现代实质正义与公平竞争的法治理念要求，我们应该对互联网消费金融的消费者进行倾斜保护。

（二）重要目标：促进消费金融创新与发展

消费金融建立了直接面向小微投资者和金融消费者，以直接金融为核心的竞争型金融业态，优化了金融的资金融通和降低交易成本的功能。金融依据这些移动互联网、大数据、云计算，实现支付清算、资金融通、风险防范等金融本质的回归，并且具有快速、便捷、高效、低成本的优势和场外、涉众、混同的特征，并能打破金融垄断，实现消费者福利。特别是互联网消费金融作为金融普惠和市场化的重要创新领域，极大促进了金融市场竞争，进而使得互联网金融发展。[②] 为了维护个人隐私和促进金融活动的有序开展，使金融机构在法定或约定的框架内处理个人金融信息，避免因个人金融信息泄

---

① 刘霞：《金融创新背景下金融监管体制改革比较研究——基于2007年国际金融危机的经验研究》，载《北京航空航天大学学报（社会科学版）》2014年第4期，第71页。

② 杨东：《互联网金融风险规制路径》，载《中国法学》2015年第3期，第94页。

露而引起的金融风险的发生，保障个人金融信息安全和金融活动稳健运行，更好发挥金融服务实体经济的功能。在人格利益、财产利益以及社会公共利益三者之间，以保障个人金融信息主体的相关权益为直接目标，以维护金融信息处理秩序为最终目标，促进金融信息带来社会利益最大化。对于金融信息的处理能够提升金融行业整体经济水平、提高金融行业的经营效率、推出更优质的金融产品和服务，促进整体经济效益的实现。金融信息的商业化利用，是信息经济时代对个人金融信息之上所负载的社会属性的证明。

（三）根本目标：维护金融秩序稳定与安全

随着新一代信息技术的变革，科技与消费金融进入深度融合阶段。在金融创新驱动下，我国消费金融行业正处在从传统消费金融向互联网消费金融时代快速迈进，消费金融的质量与效率得以有效提升。我国消费金融，从居民债务表角度分析，其主要来源于不包含房贷、车贷等中长期消费贷款的短期消费贷款。根据中国人民银行发布《中国金融稳定报告（2018 年）》数据结构分析，我国居民部门债务结构呈现以下特点：消费贷款增速占据主导地位，并且增速大幅度高于经营贷款增速；短期消费贷款增长速度居高不下。近年来，我国消费金融由于政策鼓励、经济发展、消费升级等原因在居民债务中比例快速攀升，该比例从 2008 年的 7.3% 大幅度上升至 2017 年末的 16.8%，虽然总体比例相对较低，但消费金融的增长速度飞快。一方面，互联网消费金融的增长对于消费需求的刺激与经济发展的抬升具有重大的积极作用：我国经济步入“新常态”，消费已经替代投资与进出口成为经济发展的“第一极”，我国消费对经济发展贡献率在 2018 年末达到 78.0%。消费信贷的增长，有效地刺激了消费需求，并满足了消费者对美好生活的向往。另一方面，互联网消费金融的过快发展可能产生过度与透支消费等“恶习”，对年轻人成长以及经济健康发展带来消极作用。基于典型国家的发展经验，可知居民杠杆率的过快上涨可能引发金融风险，严重时甚至会诱发金融危机①；居民杠杆率的良性“恢复”可能稳定社会发展，推动经济可持续增长。对此，我国需要学习与吸收日本、韩国与美国互联网消费金融危机之经验，在保持居民杠杆率的“良性”程度上，促进互联网消费金融的适度发展，避免系统性金融风险的爆发。保护个人金融信息是维护金融稳定的重要方面。个人金融信息频繁泄露最重要的原因是，其本身具有一定的经济价值，往往是金融机构工作人员通过非法出售向外提供的。大量的个人金融信息泄露或被非法利

① 根据 IMF《全球金融稳定报告》：当一个国家居民杠杆率超过 30% 时，该国经济增长将会受到影响；一旦超过 65%，将给经济金融稳定带来冲击。

用，金融机构不仅要承担金融消费者的损失，还可能引发自身的经营风险。更为重要的是，如果不遏制非法转让个人金融信息的现象，将导致个人金融信息保护处于无序、混乱的状态，将会失去客户对金融机构的信任，产生系统性风险，危及金融稳定。个人金融信息的泄露将造成金融系统的混乱，破坏金融系统的安全性和稳定性，给国家金融稳定带来巨大的隐患。①

二、消费金融领域个人信息保护监管的原则

从私法自治、意思自由的理念出发，我们应适度容忍和鼓励金融领域的各项创新活动；但从实质正义、防范风险的角度出发，我们又必须对消费金融予以监管。应该说，在制定金融监管规则时，应当考虑如何达到鼓励创新与加强监管之间的平衡。基于此，消费金融领域个人金融信息的监管应依据个人信息处理原则并结合金融领域个人信息的特殊性，确立以下监管原则：

（一）包容审慎原则

2019 年 3 月 5 日《政府工作报告》中提到“坚持包容审慎原则，支持新业态新模式发展”。消费金融行业正是新业态新的典型，对该领域个人金融信息保护的监管应当遵循包容审慎监管原则。消费金融本身在很大程度上扩大了金融服务的边界，降低了金融消费的门槛，增强了金融包容性与普惠性。联合国在 2005 年提出“金融包容”概念及其目标。② 金融包容是指通过建立多层次、多元化、多方位的金融服务体系，使原本被排斥在金融体系之外的客户能够以合理的价格获得安全、便捷、高效的金融服务，其核心是机会均等、互惠共生和合作共赢。③ 传统基于刚性规则的“命令—控制”型监管难以应对动态多变的消费金融商业模式，对金融创新往往是不可承受之重，很有可能扼杀创新活力并阻碍金融创新。但从另一方面看，完全自由放任的监管则会导致行业野蛮成长、放大和传染其破坏力，甚至会酿成系统性风险。因此包容审慎监管原则既关注金融创新对包容的需求，又对其风险特征予以审慎回应，兼顾创新与规范，融合效率与安全，确保消费金融行业的个人信息保护工作的稳健，促进消费金融有序发展。

---

① 朱伟彬：《我国个人金融信息保护法律问题研究》，载《西部金融》2014 年第 10 期，第 30 页。

② 罗培新：《着力推进互联网金融的包容审慎监管》，载《探索与争鸣》2018 年第 10 期，第 5—7 页。

③ 这里的金融包容（financial inclusion）与普惠金融（inclusive finance）实质上是从不同表述方式解释同一概念。

（二）智慧监管原则

智慧监管是指一种包含灵活性、富于想象力和创新性的社会控制形式的监管多元主义。① 智慧监管强调在风险防范、促进创新和消费者权益保护之间平衡。智慧监管认为监管主体政府作为传统强制执行主体应当创造条件，促进和协调第二方（企业）、第三方（行业协会、市民社会等）承担一定的监管责任。监管方法上智慧监管利用多元化政策工具与多主体参与相结合，实施多样化的监管手段，构建有效的监管体系。中国人民银行成立金融科技（FinTech）委员会，强化监管科技应用实践，积极利用大数据、人工智能、云计算等技术丰富金融监管手段，提升跨行业、跨市场交叉性金融风险的甄别、防范和化解能力。监管科技不同于金融科技，也并非是金融科技的分支，包含三个各自独立又相互补充的层面：金融机构日益用技术来满足监管要求；监管机构需要利用技术来检测并实施繁重的监管要求；决策者和监管者面对即将到来的金融体系转型，需要依靠监管科技建立起支撑监管的必要基础设施。就此而言，监管科技不仅是增进效率的工具，更是导致金融监管范式转变的关键性变革。②

（三）监管协调原则

消费金融领域的个人信息保护本身带来风险复杂化，不仅涉及金融领域的行业监管，还会触及网络安全、数据竞争等监管问题。从金融监管体制来看，以提供金融服务的产品或服务的机构监管为主导，忽略提供的金融产品或金融服务的功能和性质的功能监管，不仅难以覆盖和应对全部风险，还无法避免监管套利的问题。这种监管套利事实上并不是金融行业的特有现象，而是监管领域普遍存在的问题。就金融监管的场景而言，提供相同产品的不同金融机构因受到不同监管者的监管，造成规则、标准和执法实践上的不一致，从而导致金融机构尝试改变其类属，将自己置于监管标准最宽松或监管手段最平和的监管者管辖之下。③ 这一监管协调原则体现在三个层面：第一个层面：金融监管不同部门之间的协调；第二个层面强调央地金融监管的协调；第三个层面应强调金融监管与网络安全、数据竞争等监管之间的协调。

---

① See Neil Gunningham. etal.，“Regulatory Theory：Foundations and Application”，ANU Press，2017，p. 133 – 148.

② See douglas W. Arner. etal.，“Fintech，Regtech，and the Reconceptualization of Financial Regulation”，37Northwestern Journal of International Law &Buniness 371，2017，p. 384.

③ 廖凡：《竞争、冲突与协调——金融混业监管模式的选择》，载《北京大学学报（哲学社会科学版）》2008 年第 3 期，第 110 页。

第三节　消费金融领域个人信息保护监管的现状与问题

一、消费金融领域个人信息保护监管的现状分析

（一）从分业监管走向混业监管

“一行三会”为主的分业监管模式是基于金融主体的身份性质划分监管职责，属于机构监管模式，仍是分业监管。中国在次贷危机之后，受宏观政策和机制体制特点影响，陆续出现影子银行快速膨胀、大资管行业迅猛发展等现象。在发展的同时，资金池业务、过度杠杆、多层嵌套甚至集资诈骗等行业乱象日渐凸显，原有分业监管模式存在监管空白与监管重叠的空间，难以覆盖全面的金融风险问题。2008 年金融危机后，西方国家基于对金融自由化的反思进行的金融监管制度改革对中国也有一定的借鉴意义，并体现在我国的金融监管制度建设之中。从 2012 年开始，我国结合自身实际情况，陆续推进实施巴塞尔协议Ⅲ的各项要求。中国人民银行从 2016 年开始建立宏观审慎监管框架并逐步完善；2017 年国务院金融稳定发展委员会和银保监会成立后，我国“一行三会”的历史格局被打破，转变为“一委一行两会”的新监管模式。这在一定程度上说明我国仍在不断地调整金融监管方式，而金融监管的深化改革也将持续进行。2019 年根据监管改革的安排，我国专门成立宏观审慎管理局。从实践来看，宏观审慎管理已成为我国宏观调控政策的双支柱之一。此外，行为监管的重视程度也有所上升，各个监管部门均成立了独立的消费者权益保护部门，强化对金融消费者保护。总体来说，“一委一行两会”的监管新框架有效地解决了中国金融分业监管体制导致的缺乏协同、沟通效率低下的问题，加强金融基础设施的统筹监管和互联互通，推进金融统计数据和信息共享；并且增强了宏观审慎管理和功能监管，实现金融监管统一性、专业性、穿透性，弥补了单纯的机构监管的缺陷。从实际的运行情况看，金稳委的设立有助于各金融管理部门的协调沟通，使得各部门在金融发展改革中形成合力，相关政策出台速度明显加快，有效推动了各项金融改革和金融业的健康发展。

（二）从一线多元监管变双线多元监管

2014 年，我国开始逐渐厘清中央与地方的金融监管职责的边界，明确了中央与地方各自需要监管的金融活动以及金融监管目标，特别强调了地方要引导和规范民间借贷行为，防范和打击非法集资、金融欺诈等违法犯罪活动。自此，各地纷纷制定地方金融监督管埋条例，地方金融工作办开始加挂金融

监督管理局牌子。在2017年的全国金融工作会议上，进一步划清了央地金融监管的权责，强化了属地风险处置责任。在2020年的央行工作会议中，金稳委提出了“要加快建立金融委办公室地方协调机制”，我国逐渐形成了中央设置“一委一行两会”、地方设立政府直属机构的金融监管格局，确立了“央地协同”的双线多元监管模式。

目前我国由国务院金融稳定发展委员会、中国人民银行、中国银保监会、中国证监会、互联网消费金融行业协会、消费者权益保护局等多部门机构组成的“单层多头的金融监管体制”，共同构筑了“政府部门外部监管为主，行业内部自律与社会舆论监督为辅”的法律规制体系。然而由于我国消费金融发展时间较短、发展程度较浅，并没有采取类似于域外发达国家的功能性监管体系，依然采取的是根据不同金融业务特征而采取的以机构监管为主的监管体系，而且这种监管体系在较长时间可能依然难以改变。对于消费金融创新发展而言，这种初步的消费金融的法律规制体系，具有较为严重的滞后性。从域外发达国家监管体制演进历程来看，功能监管将会逐步得到重视，从而实现对“机构监管+功能监管”的综合监管格局。完善的金融法律规制体制是消费金融发展的重要前提，必须构建政府监管、行业自律、企业自治、社会监督“多位一体”的综合法律规制体系。金融监管当局应根据本国的政治经济体制、历史文化背景、金融业经营体制以及国内外经济金融状况，借鉴国际经验，构建本国的金融监管体制以规避风险、促进金融业健康稳定发展。互联网消费金融的规范发展，既需要法律规范层面的顶层设计，也需要执法层面的依法执行，更需要行业层面的自律规范。

二、我国消费金融领域个人信息保护监管的问题梳理

第一，个人金融信息保护立法亟待健全。

中国人民银行法、商业银行法、证券法、保险法等金融领域基本的法律法规都涉及个人金融信息保护的内容，但总体上金融业尚未形成完整统一的个人金融信息保护规范，因此针对消费金融领域个人金融信息相关活动的监管依据较为薄弱。最早在2011年《中国人民银行关于银行业金融机构做好个人金融信息保护工作的通知》（银发〔2011〕17号）明确指出“对个人金融信息的保护是银行业金融机构的一项法定义务”并对个人金融信息的范围、收集、保存、使用和对外提供作出基本规定。《中国人民银行关于金融机构进一步做好客户个人金融信息保护工作的通知》（银发〔2012〕80号）要求各金融机构加强对个人金融信息的保护，进行机构自查并接受监管部门的专项检查。《中国人民银行金融消费者权益保护实施办法》（中国人民银行令

〔2020〕第5号）对消费者金融信息保护设专章，较为全面地对个人金融信息的定义及其收集、保存、使用、对外提供的义务规则和企业内部控制、信息安全技术防范措施、委托处理、信息泄露报告及责任的承担等内容进行了规定。目前《个人金融信息（数据）保护试行办法》仍处于征求意见稿阶段，个人金融信息保护的专门规范尚未完成。从普遍适用的个人信息保护法律规范和国家标准来看，《中国银行保险监督管理委员会关于印发银行业金融机构数据治理指引的通知》（银保监发〔2018〕22号）中第二十四条规定“银行业金融机构采集、应用数据涉及个人信息的，应遵循国家个人信息保护法律法规要求，符合与个人信息安全相关的国家标准”，将国家标准纳入企业合规体系之中。

第二，监管机构多头执法问题突出。

“一行两会”在金融监管中对消费金融领域的个人金融信息相关活动具有法定的行业管理职权，在《中国人民银行关于银行业金融机构做好个人金融信息保护工作的通知》中明确由人民银行行使监督处罚权，《关于促进互联网金融健康发展的指导意见》中将人民银行、银保监会等七个部门列为监管机构，并明确互联网消费金融由银保监会负责监督管理。2020年中国人民银行相关分支机构依法就侵害消费者个人信息等违法违规形成对3家国有银行的6家分支机构及相关负责人予以警告并处以罚款，总额高达4000余万元。2021年中国人民银行已经公示的行政处罚信息，银罚字【2021】1—15号、银罚字【2021】23—24号、银罚字【2021】25号、银罚字【2021】26号中违法行为均包含与个人金融信息收集、储存、处理等内容对金融机构和个人均处以罚款，总金额近5000万元。2020年中国人民银行就部分金融机构侵害消费者金融信息安全权案件答记者问时明确提到，保障消费者金融信息安全是金融机构的法定职责，金融机构应当从强化全流程管控、加强员工教育、规范分级授权、应用技术手段、发挥投诉预警作用、强化责任追究方面切实履行主体责任。从中国银保监会网站对行政处罚以“个人信息”作为关键词进行检索，结果显示共有3项：宁波银保监局行政处罚信息公开表（甬银保监罚决字〔2021〕64—66号）、上海银保监局行政处罚信息公开表（沪银保监银罚决字〔2020〕8号）和上海银保监局行政处罚信息公开表（沪银保监银罚决字〔2020〕7号），具体的行政处罚措施包括对个人采取禁止从事银行业工作五年、警告，对单位罚款100万元。

网络安全法第六十三条、第六十四条及第七十五条赋予公安部门在网络安全及个人信息保护执法中的行政处罚权，并且根据2018年《公安机关互联网安全监督检查规定》，公安机关有权依法对互联网服务提供者和互联网使用单位履行法律、行政法规规定的网络安全义务情况进行安全监督检查并对违法行为予以行政处罚。自2016年以来，公安部在开展的打击整治网络侵犯公民个人信息犯罪、打击整治黑客攻击破坏犯罪和网络侵犯公民个人信息犯罪等一系列专项行动，发现涉及金融等重点行业的信息系统及安全监管漏洞。自2020年5月起，国家互联网信息办公室启动2020“清朗”专项行动，全面覆盖各类网络传播渠道和平台，集中清理网上各类违法和不良信息。网信办表示“清朗”专项行动是网络综合治理的一项基础性、长期性任务。从2020年初至2021年3月，工信部及其下属部门累计通报了1500多款APP存在侵害用户权益行为，其中有79款为金融APP。这些金融APP包含银行、保险、证券、基金、支付、消费金融、投资理财、信贷等多种类型。

第三，信息技术监管措施尚需协调。

2019年工信部依据网络安全法、《电信条例》和《规范互联网信息服务市场秩序若干规定》《电信和互联网用户个人信息保护规定》《移动智能终端应用软件预置和分发管理暂行规定》等法律法规和规范性文件要求开展APP侵害用户权益专项整治工作，2021年在前期APP专项整治的基础上，进一步梳理互联网行业社会关注度高、影响面广、群众反映强烈的热点难点问题，决定开展互联网行业专项整治行动。2021年3月12日国家互联网信息办公室、工业和信息化部、公安部、国家市场监督管理总局联合制定的《常见类型移动互联网应用程序必要个人信息范围规定》发布，明确移动互联网应用程序（APP）运营者不得因用户不同意收集非必要个人信息，而拒绝用户使用APP基本功能服务，并且对39种常见类型APP的必要个人信息范围进行规定，其中“（十二）网络借贷类，基本功能服务为通过互联网平台实现的用于消费、日常生产经营周转等的个人申贷服务，必要个人信息包括：1. 注册用户移动电话号码；2. 借款人姓名、证件类型和号码、证件有效期限、银行卡号码”。作为互联网领域主要监管部门，工信部关于侵害用户权益行为的APP截至2021年9月底，一共进行了19批通报。其中多家金融机构、移动支付企业的移动应用存在侵害用户个人信息等违规行为，集中体现为“违规收集个人信息”“超范围收集个人信息”“过度索取权限”“私自共享给第三方”等问题。

第四，全面催收管理规范有待完善。

2017年12月1日，互联网金融风险专项整治工作领导小组办公室、P2P网贷风险专项整治工作领导小组办公室共同发布了《关于规范整顿“现金贷”业务的通知》（整治办函〔2017〕141号）中要求，各类机构或委托第三方机构不得通过暴力、恐吓、侮辱、诽谤、骚扰等方式催收贷款；各类机构应加强客户信息安全保护，不得以“大数据”为名窃取、滥用客户隐私信息，不得非法买卖或泄露客户信息。这一通知将监管对象扩大到被委托催收的第三方机构，提出明确禁止催收中可能涉及侵害个人信息安全的行为具体类型。《中国银保监会关于银行保险机构加强消费者权益保护工作体制机制建设的指导意见》（银保监发〔2019〕38号）提出金融机构应推动落实对存在合作关系的中介机构和第三方机构消费者权益保护的监督评价工作，将消费者权益保护相关要求纳入中介机构和第三方机构的准入、清退条件，并在合作协议中予以明确，防范外部风险向本机构传导。这里就包括委托第三方催收的管理问题。《中国银保监会关于银行业保险业常态化开展扫黑除恶有关工作的通知》（银保监发〔2021〕23号）中强调金融机构要做好金融放贷专项整治工作，围绕“违规向客户收取费用、损害客户个人信息合法权利、实施非法催收行为”等重点开展排查和整治。从各地监管情况来看，2017年深圳互联网金融协会发布的《深圳网贷催收规范》专章规定了“委外催收行为规范”，2020年3月23日《江西银保监局关于严格执行个人贷款管理规定规范第三方合作业务的通知》（赣银保监发〔2020〕2号）中就与包括营销获客、逾期催收等第三方合作中的保护客户信息安全进行了规定，对通过合作机构收集个人金融信息应遵循必要、合理、最小化原则，收集信息前应向客户书面提醒并获得客户同意；与合作机构签订服务协议时，要明确其保护个人金融信息的职责、侵权违约责任和保密义务，并要求合作机构在合作业务终止后，及时销毁因合作业务而获得的个人金融信息，避免客户信息不当使用和泄露。《上海银行业保险业建立健全打击防范黑恶违法犯罪长效常治机制的若干意见》（沪银保监通〔2020〕47号）要求金融机构加强规范催收行为，但并未涉及个人金融信息的内容。《中国银保监会厦门监管局关于规范辖内银行业金融机构与第三方机构合作个人贷款业务的通知》（厦银保监发〔2020〕75号）针对包含逾期清收在内的第三方机构进行了明确规定：各银行业金融机构不得与违规收集和使用个人信息的第三方开展数据合作；不得违反法律法规和借贷双方约定，不得将风险数据用于从事与贷款业务无关或有损借款人合法权益的活动；不得向第三方提供借款人风险数据，法律法规另有规定的除外。可以看出，各地针对第三方机构的监管标准差异，容易引发监管套利的行为。

第四节　消费金融领域个人信息保护监管的完善建议

个人信息的合法获取和安全流动是消费金融公司开展各项业务、提供金融产品和服务的基础，个人信息与个人数据构成金融业新经济数量最庞大的基础生产资料，传统的货币融通开始转向以信息和数据为载体的信用融通，金融机构积累的个人金融数据规模亦随之急剧扩张。金融监管如何回应金融科技带来的变革，在政府干预、市场创新与私权保护之间寻找平衡才是难题所在。随着2021年个人信息保护法的出台，个人信息保护的整体框架和基本思路已经确立。作为个人信息保护法在金融领域的特别法，《个人金融信息（数据）保护试行办法（征求意见稿）》（以下简称《个金信保办法》）仍遵循个保法的基本框架，坚持个人信息保护的基本原则，但对个人金融信息的界定将会更加细化。与《金融消费者权益保护实施办法》相比，未来《个金信保办法》的立法目的兼有保护个人金融信息安全与促进个人金融信息的合理应用。在具体的个人金融信息安全保护规则设计上，个人金融信息与其他个人信息的差异，要求在收集、处理、使用、对外提供、展示、保存、销毁、跨境流动方面都应突出其敏感信息的特征。根据人民银行官方的信息显示，《个金信保办法》列入到人民银行2021年规章制定计划，消费金融领域的个人金融信息保护将会迎来更加细致、具有操作性的监管规则。

一、建立多元主体协同机制

中国人民银行、银保监会的金融行业监管之外，消费金融领域的个人金融信息的活动还受到国家网信办、工信部、公安部等多部门的监督管理。2020年4月公安部与中央网信办牵头，最高人民法院、最高人民检察院、工业和信息化部、国家市场监督管理总局等部门共同建立打击危害公民个人信息和数据安全违法犯罪长效机制。2020年7月，中央网信办、工信部、公安部和国家市场监管总局启动2020年APP违法违规收集使用个人信息治理工作，制定印发了《APP违法违规收集使用个人信息行为认定方法》《APP违法违规收集使用个人信息自评估指南》等政策规范，并成立专项治理工作组，对2300余款APP进行评估、核查，并就其中问题突出的260款APP采取了公开曝光、约谈、下架等措施。

从金融监管部门的执法趋势来看，《中国人民银行金融消费者权益保护实施办法》（中国人民银行令〔2020〕第5号）指出“中国人民银行及其分支机构与其他金融管理部门、地方政府有关部门建立健全金融消费者权益保护工作协调机制，加强跨市场跨业态跨区域金融消费者权益保护的监管，强化信息共享和部门间沟通协作”。在部门监管协同方面，2021年4月26日工信部就《移动互联网应用程序个人信息保护管理暂行规定（征求意见稿）》向社会公开征求意见，其中“第四条 国家互联网信息办公室负责统筹协调APP个人信息保护工作和相关监督管理工作，会同工业和信息化部、公安部、市场监管总局建立健全APP个人信息保护监督管理联合工作机制，统筹推进政策标准规范等相关工作，加强信息共享及对APP个人信息保护工作的指导。各部门在各自职责范围内负责APP个人信息保护和监督管理工作。”鉴于消费金融领域个人信息的特殊性，有关个人信息保护的具体监管上应以行业主管部门为主导，与网信办、工信部、市场监管等部门在统一监管的标准之下进行协同合作，避免监管的空白与重叠。

二、强化信息技术监管措施

2019年9月中国人民银行发布《移动金融客户端应用软件安全管理规范》，要求金融机构按照规范对APP进行整改，并向中国互联网金融协会进行备案。2019年12月中国互联网金融协会启动客户端软件实名备案工作。截至2020年12月31日，已有4000多家金融机构在中国互联网金融协会备案系统注册，拟申请通过备案的APP1342款。各金融机构应当严格按照规范要求，全面建立客户端软件安全管理全程覆盖机制，完成备案工作。以争议较多的格式条款为例，移动金融APP内置平台协议或运营方为重复使用而预先拟定，并在订立合同时未与对方协商的条款均为“格式条款”。根据民法典第四百九十六条的规定“采取合理的方式提示对方注意免除或者减轻其责任等与对方有重大利害关系的条款，按照对方的要求，对该条款予以说明”，并明确未履行提示或说明义务的责任后果：“提供格式条款的一方未履行提示或者说明义务，致使对方没有注意或者理解与其有重大利害关系的条款的，对方可以主张该条款不成为合同的内容。”

消费金融机构的个人金融信息保护的情况在资产收购与上市过程中呈现监管强化的态势，深交所在《关于对北京梅泰诺通信技术股份有限公司的重组问询函》（创业板许可类重组问询函【2018】第7号）提出收购方需补充说明标的公司对用户信息的收集、传输、保存及应用的现状是否符合《信息安全技术个人信息安全规范》的要求。证监会2018年出具的《关于请做好浙江每日互动网络科技股份有限公司发审委会议准备工作的函》中要求发行人说明并在《招股说明书》中披露APP产品《用户协议》《隐私政策》中收集用户信息并向第三方共享的行为是否属于“提升本APP服务之目的”。因此对收购方来说，应明确被收购方的个人信息收集行为、数据共享是否合规，并且对被收购方的数据安全保障能力进行核查。第一，被收购方的个人信息收集行为应当遵循“合法、正当、必要”原则，具体依据网络安全法第四十一条有关个人信息收集的规定。第二，被收购方在收购前的数据共享是否合规。2019年墨迹天气在首发申请时被证监会否决，其中发审委提到用户信息收集的问题：发行人通过自主收集及第三方途径获取用户数据及标签，并利用数据进行商业化变现，发行人于2019年7月16日收到APP专项治理工作组发出的《关于APP收集使用个人信息相关问题的通知》，APP专项治理工作组要求发行人就收集使用个人信息中存在的问题进行整改。尽管墨迹天气并不属于消费金融领域，但以上案例预示着消费金融机构有关个人信息的活动是否合规将影响未来上市之路。因此，消费金融机构应对资产收购、重组和上市过程中可能涉及的个人金融信息相关的活动严格符合规范要求予以充分关注。

三、健全金融机构内控制度

根据《中国人民银行金融消费者权益保护实施办法》第八条的规定，银行、支付机构应当落实法律法规和相关监管规定关于金融消费者权益保护的相关要求，建立健全金融消费者权益保护的各项内控制度：其中第三项为消费者金融信息保护制度。具体来说，金融机构应当建立起涵盖个人金融信息分类分级管理、信息系统分类分级授权管理、脱敏管理、安全影响评估、外包服务机构与外部合作机构管理、安全检查与监督、信息泄露安全事件应急处置、投诉与申诉处理等内容的制度体系。例如在个人信息数据库分级授权管理制度上，金融机构可根据个人金融信息的重要性、敏感度及业务开展需要，合理确定员工调取信息的范围、权限和程序，严格落实信息使用授权审批程序，在机构内部形成相互监督和制约机制，防止信息泄露或滥用。2020年9月23日中国人民银行印发的《金融数据安全 数据安全分级指南》（JR/T 0197—2020）对金融数据进行分级管理。在个人金融信息保护组织架构的建设上，金融机构应明确机构内部个人金融信息保护的责任部门和责任人、具体个人金融信息岗位的职责和权限、个人金融信息人员的管理等制度。在个人金融信息使用管理制度完善上，根据2020年2月13日中国人民银行发布《个人金融信息保护技术规范》（JR/T 0171—2020）的要求，金融机构应当加强全生命周期，《个人金融信息保护技术规范》中将“个人金融信息生命周期”界定对个人金融信息进行收集、传输、存储、使用、删除、销毁等处理的整个过程。技术管理，强化风险识别和监控，建立健全事件处置机制，保障个人金融信息主体合法权益。

四、完善全面催收管理规则

债务催收是指当债务人出现违约或逾期还款时，债权人以自身名义或委托第三方以其名义收取欠款的行为。债务催收的本质在于帮助信用违约的债务人挽回信用，进而保护债权人的合法债权。专业成熟的催收有助于降低交易成本并提升整体社会福利。① 根据催收主体可以分为内部催收和委外催收，其中委外催收在利益驱动下容易诱致行为失范，导致债务人合法权益遭受侵害。在规范与个人信息保护相关的债务催收行为上，应厘清催收行为的合理边界，特别是明确不当债务催收行为的负面清单，对已经纳入公法制裁的暴力催收行为不宜进行重复。如果逾期债务经合法催收仍无法实现，应要求债权人即时终止债务催收行为并转向公力救济，建立债务催收退出机制。

金融机构应当充分审查、评估外包服务商保护个人金融信息的能力，在相关协议中明确外包服务供应商保护个人金融信息的职责和保密义务，并采取必要措施保证外包服务商履行上述职责和义务。金融业机构因金融产品或服务的需要，将收集的个人金融信息委托给第三方机构（包含外包服务机构与外部合作机构）处理时，应注意：第一，C2 类别信息中的鉴别辅助信息和 C3 类别信息，不应委托给第三方机构进行处理；第二，可委托处理信息的，还需要注意《个人金融信息保护技术规范》6.1.4.4 委托处理部分的要求：委托行为不应超出已征得个人金融信息主体授权同意的范围或遵循 7.1 中对于征得授权同意的例外所规定的情形；对委托处理的信息进行脱敏处理；对委托行为进行个人金融信息安全影响评估；对受托机构进行监督，并通过技术检测发现一旦超出约定的行为，立即采取措施切断接入。

五、规范出境安全评估办法

数据作为数字经济的核心要素，已经成为国家之间争夺的重要战略资源，“数据主权”“数据隐私”“数据跨境流通规则”等越来越受到国际的关注。欧美已经形成较为体系化的数据跨境管理制度，完善我国数据出境管理规则势在必行。2019 年国家互联网信息办公室公布《个人信息出境安全评估办法（征求意见稿）》中第二条明确：“网络运营者向境外提供在中华人民共和国境内运营中收集的个人信息（以下称个人信息出境），应当按照本办法进行安全评估。经安全评估认定个人信息出境可能影响国家安全、损害公共利益，或者难以有效保障个人信息安全的，不得出境。国家关于个人信息出境另有规定的，从其规定。”网络安全法第三十七条规定，“关键信息基础设施的运营者在中华人民共和国境内运营中收集和产生的个人信息和重要数据应当在境内存储。因业务需要，确需向境外提供的，应当按照国家网信部门会同国务院有关部门制定的办法进行安全评估；法律、行政法规另有规定的，依照

---

① 王怀勇、刘帆：《债务催收治理的法制困境及出路》，载《南方金融》2019 年第 04 期，第 21 页。

其规定。”

2011 年《中国人民银行关于银行业金融机构做好个人金融信息保护工作的通知》就明确指出，“在中国境内收集的个人金融信息的储存、处理和分析应在中国境内进行。除法律法规及中国人民银行另有规定外，银行业金融机构不得向境外提供境内个人金融信息。”2019 年《中国人民银行金融消费者权益保护实施办法（征求意见稿）》中第三十四条对个人金融信息出境进行了规定，但在 2020 年 9 月发布的《中国人民银行金融消费者权益保护实施办法》却删除了这个条款。总体来看，对个人金融信息出境仍呈现强化监管的态势。2022 年 7 月 7 日，国家互联网信息办公室公布《数据出境安全评估办法》（以下简称《评估办法》）再次确认针对个人金融信息出境的态度，第四条规定“数据处理者向境外提供数据，应当通过所在地省级网信部门向国家网信部门申报数据出境安全评估”①。该办法就个人信息和重要数据的出境安全评估管理措施提供具体的法律解决方案，是我国破题数据跨境流动管理规则的重要实践。《评估办法》不仅是对网络安全法、数据安全法、个人信息保护法等法律法规中“出境数据安全评估”规定的细化落实，也是保护我国基础性战略资源和国家安全的关键措施。

---

① 明确规定四种应当申报数据出境安全评估的情形：一是数据处理者向境外提供重要数据。二是关键信息基础设施运营者和处理 100 万人以上个人信息的数据处理者向境外提供个人信息。三是自上年 1 月 1 日起累计向境外提供 10 万人个人信息或者 1 万人敏感个人信息的数据处理者向境外提供个人信息。四是国家网信部门规定的其他需要申报数据出境安全评估的情形。